JN065133

フェミニストが見直す ユング

Jung
A Feminist Revision

スーザン・ローランド 著／中村このゆ 訳

Susan Rowland/Konoyu Nakamura

追手門学院大学出版会

Jung: A Feminist Revision
Susan Rowland

iii

日本語版への序文

　誰も C.G.ユングがフェミニストであることを責めないだろう。結局のところ、ユング全集には、女性が、合理性の領域で男性に劣っているという言及が散見される。一方でそれは、ユングの事業全体として失われた女性性を回復しようとする試みだと見なされる。『フェミニストが見直すユング』は、この矛盾を扱い、ユングの周りの女性と、後に発展した批判的遺産を検討するために書かれた。

　ユングは、西洋近代が、感情、身体、自然、関係性などの特質を女性と他者性とみなすことで脱価値化してきたことを喝破していた。ユングは、アニマもしくは魂とよんでこの失われた女性性を取り戻そうとした。ユングの心理療法を通して、アニマは男性のこころから掘り出され、または呼び戻されることができた。女性には、女性の無意識の支配的題材であるアニムス、心理的男性を提起した。このような二分法の根底には、性とジェンダーは身体的に形作られるという仮定があった。男性は本質的に意識的には男性的であり、女性は女性的だった。ユングは、本質主義者であり、この父権性の遺産にすっかり居心地よく居座っていた。これは、女性を病的として見なし、人間の可能性の範囲を広げるのに、主要な人間として男性を中心に置いた。

　しかしながら、男性に女性の魂を、男性的魂を女性に割り当てることで、ユングは自分の文化的本質主義をそのままに、ある意味で自分の業績を完全に振り返ることは無かった。

　ユングが提起した無意識的なこころは、イメージと元型と呼ばれる意味づけにより創造可能性として形作られた。これらは両性具有的であり、いかなるジェンダーもしくはジェンダーのないものとしての可能性を持っていた。ユングは、男性の心が、異性愛を成立させる女性的側面を発達させるであろうことを期待していた。しかし、このような異性愛規範は単なるユングの仮説にすぎなかった。むしろ、ジェンダーが流動的な心と指定するユング心理学は、ジェンダーとセクシュアリティを多面的、多様なものとしてみることに非常に向いている。

　千年紀の変わり目にかかれた『フェミニストが見直すユング』はクレア・ダグラスのパイオニア的業績を引き継いでいる。その著書『鏡の中の女』は、ユングを取り巻く女性たちの驚くべき創造性を明らかにしている。[1] というのも、彼女らはユングのアニマ、アニムスの硬直した二元論と折り合いをつけたからである。これらの女性の能力はユングのジェンダー元型の特質から発散している。それを、ユングの著作の中の個人的神話とグランドセオリーの間の対話と筆者は呼んだ。というのも、死後に出版された『思い出・夢・思想』によって、ユング全集の中では暗示的に示されたものを明らかにした。それを、ユングが、こころを詳細に見極める自分の視点として用いたのである。『個人的神話』は、この種々の概念がユング自身の人生経験からどのように融合したかを表わしている。この意味で、ユング心理学はユングにとって高度に個人的なものである。その中には、女性心理学者が女性のこころについて著述するための短いが有益な論評が含まれている。

　一方で、ユング全集には、グランドセオリーもしくはユングが普遍的にあてはまる物と説明する諸概念が提供されているようだ。これらには、自己実現、無意識の活性化した元型による生涯にわたる自我の脱構築、より広大で、よりヌーメン的なものと親密さに通じるものが含まれている。このような考えは、ユングによってすべての人のために切り開かれた。すべての人類は、無意識の集合性を作りだす元型的基礎を有している。この著書で提起するユングの著述の価値あるものは、個人的神話とグランドセオリーの対話の関係であり、その関係こそが個性化の活動なのである。心理学の中に、ユング自身の特別なこころのロゴスを据え、ユングは患者、被分析者の夢、後には宗教、神話そして錬金術などの外部の資源にも目を向ける。このやり方で、ユングは、誰にでも適用できるグランドセオリーを仮定する。しかし、そこにも個人的神話の次元が残されており、その中にユングの心理学理論があり、それらの多くの概念がまた暫定的である。なぜならユングの個人的経験と結びついているからだ。ユン

グは述べている：

> 何かを主張することが問題ではなく、一つのモデルを構築することが問題だ。そのモデルは探索の領域を保証し、有効なものである。何かを主張しないモデルは、そのため、それは観察のための特有な様式を単に説明しているに過ぎない。(CW8.:para. 381)(2)

　ユング心理学は、ユング自身のこころだけではないが、ユングのこころから分離され、超越する物でもない。むしろ、宇宙に普遍的な内在性と個人、もしくは神の超越性と普遍性という二つの立場の創造的対話である。このような構造は、ユングの女性への父権的視点を、具現化し、歴史的に据えられた観点を自認すると解説している。

　従って、ユングの世代の女性と彼女たちの理論的根拠を持ったのち、われわれのすることはユングの壮大な計画と協働することであり、それに追従するのではない。これは着想のレベルでの個性化である。なぜなら、ユングがジェンダーについて著述したどのようなことも、あらゆる評論と継続的改造に開かれているのである。

　この著書の日本語訳という仕事を懇切にも引き受けてくれた傑出した研究者、中村このゆ博士に大きな謝意を表する。ユング心理学の現在進行形の進歩への博士のこの貢献が、日本の同僚やユング心理学に関心を抱く人に価値あるものとして示されたことは、非常に光栄なことである。『フェミニストが見直すユング』はフェミニズムの著書である。というのもこれが、ジェンダーがしばしば一人の未知の研究者が著述した視点から著述されているからである。また、現代は女性性と女性の価値下げをする父権性に影響を受け続けているが、これらの用語は進化しており、文化の中で表現されている。
　本書は、6章からなっている。1、2章はユングに、3、4章はジェンダーに関

する女性のユンギアンに、そして最後の 5、6章は、ユンギアンフェミニズムの可能性に注目している。この中には、ポスト・フロイディアン、ポスト・ラカニアンのフェミニズム理論を含むことになる。本書は常にユングへの称賛を意味している。まず、ユングの女性性を掘り起こす壮大な計画、そして次に同時にことさら女性のユンギアンの無視されてきた業績、そして今日本の将来の研究者とそれを超えたものに。エンマ・ユングのエコロジカルで肯定的アニムスから、ジネット・パリスそしてその他の女性研究者まで、女性は、二十一世紀のこころとジェンダーについて再びイメージすることに関わるのである。

スーザン・ローランド　2020年8月

序文

　本書は、ユング心理学の初学者、フェミニズムに携わるすべての人と研究者を対象に書かれている。1・2章では、ユング、彼の女性との人生を概略し、それからユングの重要な概念を全て丁寧に紹介する。C.G.ユングは、その生涯を通して女性的なるものを愛した。女性的なるものはユングの業績とこころ両方における中軸的支点である。しかしユングが女性の社会参加を奨励するフェミニストではなかったことは確かである。

　3・4章では、ユングの女性・ジェンダー・女性的なるものへの込み入った態度に対してポストユンギアンが応えようとしてきた遣り方を見る。その後、ユングのフェミニスト版を作り出すために、5・6章を費やす。そのためにフェミニスト分析・歴史的研究・脱構築・ポスト・フロイディアンフェミニズム・ポストモダニズムの中で研ぎ澄まされた批判的方法を用いる。

　フェミニズムはユングをその問題性のために、無視してきた。この無視の理由は多岐に渡っている。フェミニスト思想へのフロイトを中心にしたこと、フロイトのユングとの決別の理由がその結果によるものであるという誇張。紛れもないユングの女性蔑視をフェミニズムが乗り越えるためのユングの著作に対する興味をそそる批判的な分析がないためである。

　もちろん、ユング理論抜きでジェンダーや文化理論を構築するフェミニストはいない、という議論は正しくないかもしれない。ユング派の心理治療の中のフェミニスト志向の考えとどうように、「女神フェミニズム」(3章参照)と呼ばれる伝統的なユング派フェミニズムは、すでにジェンダーをより広い文化に位置づけるユング派の貴重な遺産となっている。「女神フェミニズム」は、価値のある、時に洗練された主要研究であるが、残念なことに非ユング派がユングに救いがたく宗教的であるというレッテルを貼った影響のため、ユング派は歴史的に条件づけられたものとしてのジェンダーから切り離された。後で述べるが、これはユングの潜在的なフェミニスト理論にとって無用な過度の単純化である。

　本書はユングの考え方に触れたことのない読者のみならず、フェミニスト研

究においてユングを顧みない人すべてに向けたものである。したがって、彼が著述したことだけではなく、より重要な、いかに書いたか、ということを探る。ユングの著作には絶えず二つの衝動がつきまとっていると捉えることで、それらを有効に特徴づけることができる。筆者が「個人的神話」と呼ぶ衝動とユング個人の経験を超えた世代の考え、「グランドセオリー」の二つの衝動が人のこころと文化の包括的物語を提供するのである。

　心理治療の世界に限らず、ユングの影響は現代の文化に深く長く息づいている。フェミニズムも、ユングの研究におけるジェンダーの探索とフェミニスト的改訂に着手する批判的能力をようやく獲得した。これにより、ユングの研究が、現代世界におけるジェンダーの政治を理解する中に位置づけるであろう。本書の目的は、現代のフェミニズムにユングを導入することである。

　どのようなフェミニスト改訂版でも、初めてユングを読む時に出遭う問題に対応する必要がある。ユングの概念の複雑さ、ユング心理学の一般的な形態、その知的背景についての丁寧な紹介が必要である。したがって、個人的神話とグランドセオリーが、ユングの個人的、理論的両方のジェンダーの絡み合いから、どのように生じたかを明らかにする。ユングの研究には、女性への偏見の言説がある。ユングにはジェンダー本質主義の傾向があり、良かれ悪しかれ女性のアイデンティティは、女性の身体によって授けられていると見なしていた。本書での「ジェンダー」という用語は、本質主義者のものではない。ジェンダースタイルとそれらの表現は、歴史と文化から離れたものではなく、それらの中で、明らかにされると仮定される。

　その他にフェミニストのユング理解を難しくしているのは、ユングの以下の傾向である。すなわち自分の性差、個人的内的な女性性（「アニマ」として知られている）を女性一般への偏見ある言説に紛れ込ませることである。ユングの著作に存在する、この重大な構造は、彼のスピリチュアリズムと女性霊媒師への傾倒に関係するのだろう。私はこれらの伝記的な要素を歴史的フェミニスト批評の基礎とする。

　フェミニストであろうとなかろうと、ユングを分析する際に、彼の個人的な
キャリアが反ユダヤ主義という非難を引き起こしたということを無視すべきで
はない。この非難に輪をかけたのは、ユングがスイスに住んでいた1930年代、
ナチスドイツのある地位についていたという事実である。フェミニスト改訂版
の主要なテーマではないが、ユングの政治への残念な脱線と反ユダヤ主義の発
言について1章で詳細に検討する。

　筆者の目的は、ユングを最新のフェミニズム批評にさらすだけでなく、ポス
トモダニティにおいて利用可能な資源として使用することである。ユングが自
分の欲動を本質主義へ、彼の文化に存在するしきたりという厳しい縛りから解
放したものこそ、未来のフェミニズムに何かを提供できるものを持っている。
人のこころに存在する、未知で不可知の、自らのものにすることができないも
のに対するユングの粘り強い関心が、進歩的で急進的思想の基礎となったかも
しれない。ユングの存在をポストモダニティにおけるフェミニズムを回復する
ものとしてみることができる。それはちょうどユングの存在が啓蒙思想におけ
るすべての制限を裏切るものとみるようにである。啓蒙思想には「女性的」と
して非合理的なジェンダー抑圧に「理由」を提供する傾向があったのだが。

　本書のユング研究に対する貢献の一つは、ポストユンギアンの分野が今や単
一のユンギアンフェミニズムより、多彩なユンギアンフェミニズムを提供でき
る地点に到達したという前提にある。このフェミニズムの可能性の拡大によっ
て生じた、新たな機会の探求に本書は捧げられる。特に、このような発展を、
ユング自身が権威ある理論の概念への真っ直ぐな探求の中で引き起こしたこと
を、示唆したい。これらの衝動は、個人的神話への衝動として2章で述べる。

　本書、『フェミニストが見直すユング』では、ユング、フェミニズム、そし
てフェミニスト研究のなかにユングという思想家を位置づける批判的改訂のた
めに明確で包括的な導入を提供する。したがって本書ではポストモダニティの
紹介もとりあげる。というのは、ユングは、ロマン主義者であり、ポストモダ
ン主義者でもあるからだ。ジェンダーがパワー、知識、アイデンティティの衝

突といったユング心理学内の危機的問題であることを本書で示している。本書はユングのフェミニスト版であるだけでなく、ユングがフェミニズムにとって新たな光明であると述べたいのである。

　本書の完成には、まずジェラルド・リヴィングトンの計り知れないほどの支えへの感謝をあげなくてはならない。彼の惜しみない励ましと独自の洞察なしでは、この本は完成しなかったであろう。私の家族は、他では得られない励ましとなってくれた。特に、数学者の兄弟、ジョン・ローランド博士、音楽療法家の姉妹、キャシー・ローランドの助けに感謝したい。

　とりわけ、アンドリュー・サミュエルズに感謝する。本書のごく初期の段階においてサミュエルズの鋭いコメントによって、ユングの著作の中にジェンダーの政治を説明し得る構造を発見することができた。結果と誤りに関する責任は、もちろん全て私にある。加えて、クリストファー・ハウケにも感謝する。彼の研究と個人的励ましによって、ユングを伝統的に位置づけていた今までの範疇を乗り越えることができた。

　グリニッジ大学は、私のアイデアを発展させるための財政的支援と快適な研究環境を与えてくれた。筆者の同僚、ピーター・フム、ジョン・ウィリアムズ、アン・バティソン、ニコル・ボイヤー、ジョン・ダン、デイビット・パティらの静かな支援は特筆せねばならない。学生では、とりわけクリスティン・ワード、サラ・ディクルーズ、ジョアン・オロー、そして2001年の「ユングポストモダニズムと文学」のクラスである。彼らは非常に私の考えを刺激し明確にした。友人では特に、エヴァン・デイヴィス、エドモンド・クジック、クレア・ダイソン、ウェンディ・パンク、クリスティン・サンダース、アイルサ・カム、ジュリエット・ジョン、ヴァル・ゴッホには、挫けそうなとき、大いに慰められた。皆にお礼申し上げる。

本書の使い方

　ユングの新たな読者には、1・2章で、ユングその人と研究の両方を紹介する。ユングにより親しんでいるものの、ポストユンギアンの発展についてあまり馴染みのない読者は、3・4章のユング研究におけるジェンダーの地図を読む前にグランドセオリーと個人的神話、そして2章の女性についての部分を読むことをお勧めする。

　5・6章の新たな研究では、重要なフェミニストの文脈における脱構築、精神分析、ポストモダン主義、どうように新たなユンギアンフェミニズムの思想を紹介する。リュス・イリガライ、エレーヌ・シクスー、ジュリア・クリステヴァによるポストフロイディアンフェミニズム、脱構築、ジュディス・バトラーの身体についての研究、ポストモダン主義、啓蒙主義、崇高なるもの、ゴシック風は全て始めての学生のために書かれている。5・6章で提示される新たな多様なユンギアンフェミニズムは一般の読者どうよう、新たな読者のためのものである。

　最後にユングの幽霊のような女性性に立ち返り、本書を終える。ユングと彼の宗教的言語は、時に表現が難しく、現代のフェミニズム理論では周辺領域に属するものである。今こそジェンダーに取りつかれたユングと、ユングに取りつかれたフェミニズムが、互いに対話を始める時なのだ。

目次

第1章
ユングの生涯 [訳注1]

アイデアは、一人の人間の個人的人生に
内包されているものだけではない源泉から湧き上がる。
我々がアイデアを作り上げるのではない。アイデアが我々を作り上げるのだ。

(Jung, 現代人の魂の問題 ,1933)

　この章はユング自身の伝記を概観することから始まる。とりわけユングの理論に重要な文化的、理論的、個人的な危機の時期に注目する。ユングの生涯とキャリアにおける重要なできごとに集中することで、私的なできごとと関心事がどのように理論的なものに結びつくかということを示すことができる。2章でのユングのアイデアへの探究の序曲として、このアプローチは必要不可欠である。基本的に私的なものの重要性が、ユング研究においてはとりわけ特徴的だと思われる。私的なことが、フェミニズムにとって真実と従来無視してきた機会をもたらす。

　またこの章は、ユングの人生と仕事の中で、女性の重要な役割を描くことを目的としている。どうように彼のジェンダーについての理論を位置づけ、着目し、初期の女性ユング理論家達を紹介する。これらの女性の業績は、第3章で検討する。

なぜ伝記から始めるのか?

この本は、ユング研究を新しい読者に紹介するために構成されている。そし

てユングの深く影響力のある心理学的理論に、フェミニズムの解釈を付与する。最後に、ユングと彼の理論に伴い、ジェンダーに関するユングの思想を紹介する。5・6章では、フェミニズム理論とポストモダンフェミニズムの観点から、ユングに関する新たな研究について述べる。

どのような思想の躯体に接近するにも、成育史は最初の助けとなる。ユングとフェミニズムにとって、伝記の調査はより大きな機会を与える。ユングは『思い出、夢、思想』という自伝を残した。それに続く伝記は、必然的にこの魅力的な著作との対話の中に存在している。『思い出、夢、思想』はユングの心理的成長の伝説とよめる。『思い出、夢、思想』にはユングの重要な考えが描かれ、知的キャリアと内的な歴史が、不可分に融合されている。二つの鍵となる重要な時期はジグムント・フロイト[1]との熱烈な協同とそれに続く悲惨な決裂であり、このトラウマの後、ユングは精神的な衰弱に見舞われた。

他の文献からも知り得るが、ユングは非常に感情的な人生を送ったにも拘わらず、両親を除いて、他にこれといった重要な個人的な関係がなかったと自伝に書かれている。実際、『思い出、夢、思想』はユング自身の著述に基づくものであるため、扱いには注意が必要である。ユングの死後に出版されたので、アニエラ・ヤッフェ[2]によって大幅に編集され、ユングの重要な女性共同研究者、トニー・ヴォルフの章は、ユングの家族の要請により省かれた。

『思い出、夢、思想』を少しでも知っている読者にとっては、ユングの研究の方向性がその生涯のそれぞれの段階によって、異なっていることは周知のことである。またユングは自分の主要著書を改訂し続けるという癖があること、彼を取り巻く多くの女性たち、その多くがユング心理学について書いている女性たちとの関係の重要さも含まれている。従って、「C．G．ユングの生涯」と題するこの章では、ユングのこみいった人生だけでなく、フェミニストの関心を惹くものをも示す。多くのユングの私的な文献を調査した後、「自伝とフェミニズム」というこの章の最後の部分では、ユングの自伝的知識を用いて、ユング派理論の起源におけるジェンダーの政治を検討する。

フロイディアンになる

神話のこども

　ユングは自分の子ども時代について、『思い出、夢、思想』の最初の数章で述べている。当たり前のことだが、彼の当時の心理的発達に関する目撃者は他に誰もいない。しかしながら、自伝では子ども時代の夢と（怪しいほど詳細な）ファンタジーの記憶が後からの解釈と融合される傾向にある。例えば、ユングは初めての重要な体験として強烈な夢を記録している。三、四歳の頃、彼が洞窟の地下へ降りると、王座の上に棒状の肉の塊があるのを見る。その不思議な物体は、「人食い」[3] だという母親の声を聞く。この夢は生涯にわたって付きまとい、その肉の塊は儀式に用いられる男根だと後に解釈している。

　また幼い頃、ユングは母親を不可解な存在だと見ていた。母親は平凡な、日常の人格を持っていたが、その裏には影のような第二の「No.2」の人格があった。ユングの母親、エミリー・プライスヴェルクは、定期的に交霊会を行う家庭に生まれた。彼女は父親の二番目の妻の娘であり、父親は亡き先妻と毎週のように交霊会を行っていた。異常なほどの霊媒であるエミールの父親は、幼いエミリーに霊を避けるために父親の椅子の後ろに立つよう指示した。[4] 驚くにはあたらないだろうが、ユングが幼い頃、母親がある期間精神病院に入院していたことを思い出し、そのことがユングの生涯続く「女性」と「愛」への不信につながった。[5]

　牧師であるユングの父親パウルを、息子のユングは無力であり、本当の信仰とのいかなる接触もなくしてしまっているとみていた。ロナルド・ヘイマンのような伝記家たちは、近年の印象的な研究の中で[6]、ユングのキャリアと心理学は、母親の不可解な経験（息子のユングも悩まされた）と父親の神学の構造を結合させようとする、生涯にわたる苦闘であると指摘している。ユングの研究は、その時代の伝統的キリスト教でないとしても、宗教との妥協という必要に駆られたものであった。まさにこの点が、後にフロイトとの不和を引き起こすことになる。

4

　幼い子どもの頃、ユングは「主キリスト」に関して不吉であると記録している。なぜなら、葬式や父親の強まりつつある不幸が、キリストと大いに関係していると思ったからである。家庭の雰囲気に圧迫されていたユングは、定規に人間の形をした人形を刻み、筆箱の中にベッドをつくり、特別な石とともに入れた。それを家の中で入るのを禁じられている場所に隠すことは、幼いユングにとって安心感をもたらした。

　学校に上がると、彼はひどい罪悪感に駆られるようになる。彼は数日の間、許されない行動をしそうになる感覚に抗ってもがいた。ついに、ユングは自分自身の神学に取り掛かり、神はアダムとイヴをあのように創られたのだから、アダムとイヴが原罪を犯すに違いないと意図していたはずである、と結論付けた。そこで彼は罪深い考えを自分の心の中に抱くことを許した。大聖堂を思い浮かべ、神が大きな大便をその上にし、大聖堂を粉々にするというものである。(7)

　この話は、男根の夢のように、自伝の中で有名な話である。神との格闘という記述の中で、ユングは、これがユングにとって聖なるものは非合理的であるという、最初の経験であると示している。この頃、彼は宗教に対して個人的な接触を持たないことに悩み、不満を抱く父親を、哀れに思うようになった。この夢のみならず、ユングの後のアイデアによって、彼のキリスト教神学への驚くべき介入が予想される。また後のすべての思想の支えとなる、基本的な構造と一致している。それは、自我が服従すべき「他者」の優越な力を明示したことである。

　これら重要な体験によって、母親がそうであったように、若きユングもまた日常の自分とNo.2のパーソナリティに分裂しているのだと決めたのは驚くべきことではない。ユングにとって生徒として学校生活に順応するのが簡単ではなく、数ヶ月間、自宅にひきこもる病気を引き起こしたいじめ事件に甘んじた。彼は、父親が金銭問題と空想にふける息子への落胆を話すのをふと耳にする。このことが、ユングにより良くなる決心をさせた。

　ユングが小さな子どもの頃に隠した人形が、彼の分裂した自己と安全感の基であることを表していた。思春期のユングは、日常的なNo.1の自己を優先させるべきであったこと、それがこの世界では効果的であったと理解する。しか

し分裂しているという感覚は、大学で何を専攻するかを選択するに当たって再浮上した。ユングの日常的自己は科学を好み、一方No.2は依然、比較宗教学に魅了されていた。典型的なのは、医学を専攻するという決定が、ユングを科学知識の探求に方向付ける夢の影響であるといわれていることである。

　ユングの分裂自己の感覚は、もちろん彼の心理学における重要な要素となった。後年、ミヒャエル・フォードハムという後輩の同僚が、ユングは子ども時代に統合失調症の症状を呈していたのではないかと診断した。興味深いことにユングはそれに反論しなかった。[8] 年老いたユングは、この医学用語にたじろぐことはなかったようだ。なぜならユングは強力な心理的ファンタジーは、必ずしも病的ではないと信じていたからである。それらのファンタジーを単に病気の兆候だけで終わらせる必要はない。その代わりに、圧倒する幻影と夢は、人のこころの優越的側面からくるメッセージのようなものだとみなされるべきなのだ。

　ユングが、当時見下げられていた精神医学を専攻することを決める前に、彼の分離した自己は再び二つに引き裂かれた。彼の父親の死は、結果的に一家に経済的な困窮をもたらした。ちょうどその前に、ユングと母親はプライスヴェルク家の従姉妹たちと継続的な交霊会を始めた。これらが、彼の将来の研究に決定的な影響をもたらすことになるのであろう。

スピリチュアリスト、医師そして結婚

　『思い出、夢、思想』の中で、ユングは、彼自身の家族に焦点を当てた神秘的催しである一連の交霊会への参加について述べている。定期的な交霊会への参加は、若い霊媒とこれら説明のつかない精神的不安性との間に、何らかのつながりがあるのではないかというユングの推測で説明できる。[9] ユングは後に交霊会を中心として博士論文を書いており、それは、ユング全集第1巻に収められている。[10]

　この中で、ユングは（S.W.嬢に憑依した）霊媒の幽霊のような声は、精神疾患の産であると結論づけている。ユングによればヒステリーは、現実から乖離した夢を見ているような状態に導くと診断される。霊媒の話術や「ロマンス」がセクシュアリティに基づくというユングの脚注での提案は、彼がその頃

読んだばかりの性的抑圧や夢についてのフロイトの著書に関係している。[11] しかし後の研究で、この博士論文でどれほど隠ぺいや曲解がなされたかを明らかにしている。[12] 例えば、催眠により霊媒をトランスに導く、交霊会をユング自身が組織していたことは明らかにされていない。霊媒であった彼の従妹ヘレーネ・プライスヴェルクは交霊会を始めた頃、論文では15歳半となっているが、実際には弱冠13歳半であった。

したがって、プライスヴェルクが「祖父」と交霊した時、ヘレーネは交霊会を調整していた魅力的な医学生との相互的な関係を証言している。[13] 彼女はユングと恋に落ちており、この思いは完全な片想いではなかったという、後の彼女の家族の証言を裏付ける結果となる。「客観的」な研究者であるユングは、この霊媒にある預言者についての本を渡し、それは彼女の後の材料に次々と重大な類似性を与える。

ユングの後の研究にとって最も興味深いことは、想像力があり超越した精神を持つイヴネスと呼ばれる霊媒との交霊である。この霊は、自分はユダヤ人女性であると言い、何度も生まれ変わり、前世ではユングと親密な関係にあったという。イヴネスを通して生まれたこの幻想的な話は、印象的なイヴネスのパーソナリティの本質によって厳粛さが付与され、ヘレーネの身体を通して完全に顕された。

この博士論文は、イヴネスの描写を通して後のユングの諸理論を予見している。ヘレーネの燃えるような霊性は、彼女のこころの中にある何か自律したものと将来のパーソナリティの可能性（2章の元型と自己を参照）を意味し得ると言われている。ユングの積極的にコントロールした交霊会への参加に関する偽りの記述はともかく、論文に決して書かれなかったことは、人生形成の段階でスピリチュアリズムを真剣に捉えるというユングの意志である。

実際、霊媒によって創り出される現象と取り組むことが、彼の職業において中心的なパターンとなった。F.X.チャレットがいうように、スピリチュアリストの語りは、ユングの活動と『ユング全集』の中で本質的筋道を形作っている。[14] ユングの知的関心の発達の観点に立てば、初期のユングのヘレーネ・プライスヴェルクとの体験が、超自然の可能な証拠として、スピリチュアリズムに対する信頼を示している。博士論文は、心的「証拠」をフロイトの理論に融

合させることから始まったが、霊性が心的現象であると示唆することで、ユング独自の理論の萌芽をも含んでいる。この霊性についての考えには、無意識のある部分は、自我から独立して働くことが示されている。

ユングは、後年の著書と『思い出、夢、思想』の中で少なからず、これら自律的なこころの部分は、きわめて形而上学的とみなされる可能性があると示唆しているように見える。彼の著書の中では、霊性もまた、宗教と死後の世界という曖昧さを含む超自然的なものとして表面化するようである。ユングはこの心理学と宗教の間の連続体を、イマヌエル・カントの知的な伝統を継ぐものとして正当化する。

哲学者カントは、現象と物自体というきわめて重要な区別をした。現象は、時間と空間に存在する対象である。一方、物自体は、信念の上にのみ存在できる対象であり、宗教的な現実は物自体においてのみ存在できる。[15] ユングは夢のイメージを現象とし、それら夢のイメージを作り上げる力は、物自体として存在すると主張した。もし物自体が理性と信念を必要とすることでのみ推論されるならば、自律的で創造的なこころの部分は、信念によって、聖性もしくは霊性とのコミュニケーションと見なされる。

この観点の問題は、第一に多くのカント哲学者が議論するように、夢のイメージの指すものが、現象もしくは（ユングがしばしば主張するように）「経験主義的」であるという点である。結局のところ夢は、客観的には実証できない。第二に無意識のイメージを根源的ヌミノースの精神力と同一とみなすとき（2章の元型と元型イメージを参照）、ユングはたびたび現象と物自体を混同する。さらにユング心理学におけるスピリチュアリズムのフェミニストの議論では、この章の最後の節で論考する。

ユングは、チューリッヒのブルグヘルツリ精神病院で研修医として働いている時、博士論文を完成させた。ユングは、とりわけ啓蒙的な精神科医、オイゲン・ブロイラーによって雇われた。ブロイラーは、統合失調症のファンタジーを無益なたわ言ではないと考えた先駆者である。ブロイラーは、部下の医師たちに、精神疾患の患者の幻影の話に注意深く耳を傾けるよう促した。ブロイラーこそが、ユングにフロイトの最も重要な初期の著作、『夢判断』を紹介し、一般的な議論のためにレビューさせた人物であった。またブロイラーはユング

と他の同僚に言語連想を学ばせた。[16] これには、刺激語に対する患者の反応実験を含んでいた。結果は、しばしばセクシャリティと関係のある、抑圧された無意識のコンプレックスを指しているように見えた。今では彼の性的抑圧の精神分析理論と思われるが、ユングはそのときはフロイトと別に研究を行っていた。

　1903年にユングは裕福な若い女性、エンマ・ラウシェンバッハと結婚し、ブルグヘルツリ精神病院に居を構えた。翌年、長女アガサが誕生した。アガサの誕生前に、ユングは精神障害のある、若いユダヤ人インテリ女性、ザビーナ・シュピールラインという新しい患者の治療を始めた。

フロイト派との関わり

　ユングはフロイトの『夢判断』を1900年に読んでいたにも拘らず、その理論に傾倒するまで数年を要した。ユングがフロイトに言語連想の研究論文を送り、1906年にユングと年上のフロイトとの魅力的で驚嘆すべき文通が始まった。[17] ユングの文面は、無意識は性的抑圧に支配されているという精神分析の中核的な考えを確認してようにみえる。

　フロイトとユングの感情的な繋がりは、最終的に1913年はじめに二人の関係が終わるまで、精神分析運動の歴史を支配していた。もし今日公刊されている往復書簡を読めば、二人の関係における情熱的な友情、専門家としてのライバル関係、理論的対立という問題を識別するのは不可能である。フロイトは、明らかに精神分析運動の息子と跡取りを探していた。ユングは、彼の心理的な安全のための父親の姿を探すとともに、しかしまた彼自身の力にも興味があったようである。結局のところ、後継者になることが自分の理論的な関心の制限を意味するなら、ユングは誰かの弟子に甘んじることはできなかった。

　ユングとフロイトとも、中核的アイデアに深い感情移入を見せている。フロイトにとって、それは性欲とエディプス理論の至高の重要性である（2章参照）。ユングにとって、なんらかのやり方で宗教と神話を説明する必要があったが、そのやり方は完全に二次的で幼児性欲に由来するものとしては定義されない。初期の協同作業においてさえ、性的抑圧と幼児性欲というフロイトの排他的な意見に関する制限をユングは記録している。[18]

　ユングとフロイトの根本的な相違は、今日の別々の心理学に見られるように、深く絶対的に尾を引いた。ユングはイメージの、フロイトは言語の理論家である。ユングにとって無意識的イメージが第一義であり、それが現実であった。無意識的イメージの「理論」への適用は、その目的と機能とを損なう恐れがあった。イメージは無意識が思考し語るやり方だからである。

　フロイトにとって、思考は言語のみの問題である。イメージは性的抑圧の初期のプロセスの「産物」にすぎなかった。この根本的対立により、なぜユングが宗教的ファンタジーを自分達の重要な研究対象と主張したのか、理解できる。フロイトは、最初からこのような活動を過ちだとみなしたが、次には自分の研究に対する裏切りだと考えた。最終的に、ユングの理論的逸脱は、フロイト自身への裏切りとされた。ユングの神話的イメージと宗教的ファンタジーに関する著作の公刊は、二人の破局を早めた。(19) イメージを第一義とみなすことで、ユングはフロイトのリビドー概念を、排他的な性欲では無く、中立のエネルギーと再定義した。2章では、さらにユングとフロイトの伝説の中で、理論的な違いを見ていこう。

　当時、ユングの心理学的研究はフロイトとの関係に支配されていたにも拘らず、性生活ではより持続的なあるパターンが始まっていた。結婚外で、ユングは仕事とロマンスを絶えず見出していたようである。ザビーナ・シュピールラインは、女性患者に対する後年ユング派の典型となる最初の人物である。ユングの分析を受け、同僚分析家または理論家としてチューリッヒに留まり、そしてどこにいてもユングの研究の推進者となった。シュピールラインと後のトニー・ヴォルフにとって、患者から同僚への変容は、ロマンティックな関係によってこんがり合いながら深められていった。とはいえ、他の元女性患者でユング派分析家や著作者になった人が、どうようのケースを辿ったと言っているのではない。

　トニー・ヴォルフはユングの個人的パートナー、共同研究者として、30年以上過ごした。反対に、ザビーナ・シュピールラインは、ユングがフロイトとの関係に巻き込まれている頃、ユングと深い恋に落ちていたが、ユングの影響を避けるため、ウィーンのフロイトのサークルに去った。もともとブルグヘルツリ精神病院でユングに分析を受けていたが、ユングとフロイトの共同研究が

不信と苦痛を伴って崩壊していたちょうどその頃、1912年シュピールライン
はフロイトの分析を受け始めた。ウィーンのサークルで、シュピールラインは
彼女の鍵となる精神分析の論文、『生成の原因としての破壊』を発表した。[20]

　ジョン・カーは、新たに明らかとなったシュピールラインの論文を論拠に用
い、シュピールライン、ユング、フロイトの間における、理論とエロティック
な相互作用の驚くべき話を証明した。[21] シュピールラインの研究は、確かに後
年フロイトの研究、死への欲動の多くに影響を与えている。しかし性欲と破壊
の相互関係という代替の観点も提案している。ユングもフロイトもシュピール
ラインの理論を真剣には捉えていなかったようである。シュピールラインは、
不幸な結婚をし、後にロシアでナチスによって殺された。

　カーが言うように、個人的な関係は、プロフェッショナルな同盟と重なって
いる。シュピールラインとエンマ・ユングは、共にフロイトへユングについて
書いている。ユングとシュピールラインは、ドイツの神話の英雄、ジークフ
リートを中心とした広範囲にわたるファンタジーの伝記を分かち合った。この
医学とエロティックな混乱の中で、彼女は危険にも、患者、恋人、無意識の同
僚、理論家の全てであった。このような境界のあいまいさは、ユングの衰弱、
後に最終的なフロイトとの別れを予見していた。

　フロイトとフロイト派の分析は、ユングの後の人生に影響を与え続けた。フ
ロイトとフロイト派分析がしばしばユングの著作で言及されている。例えば、
1916年にユングが書いた主要論文「無意識の心理学」は、1918年、1926年、
1943年と改訂されている。[22] ちょうど1939年のフロイトの死後、ユングはフ
ロイト理論であるエディプスコンプレックスは、いくらかの患者にとって重要
であるという側面を認め、再統合することができた。彼は、性的抑圧の「個人
的無意識」が、彼の「集合的無意識」（これら用語に関しては2章参照）に加えて関係
があると認めている。

ユンギアンになる

理論的熱狂

　後年、ユングは自分の重要な洞察のほとんどは、フロイトと別れた後の病気

であった1913年から1918年の間の無意識のファンタジーから生じたという主張を好んだ。『思い出、夢、思想』ではこれらのできごとは、ヒューマニティのための勇敢な「無意識との対峙」と描写されている。[23] 確かにこの点において、以前の患者、トニー・ヴォルフは彼にとって必要不可欠となったが、エンマ・ユングは、素直にトニーの存在を受け入れず、今に至るまで、ユングのファンタジーのための恋人かつ霊媒兼分析家の役割であった。離婚についての話し合いもあったが、結局トニー・ヴォルフは、認められた愛人であり重要な共同研究者となった。

　1913年にユングは理性を失い、第一次大戦の前兆の中、血の幻想に苦しめられた。怒りの感情を表現するための精神的イメージを見つけるという必要性は、特に重要であった。装填されたけん銃をベッド脇に置き、自暴自棄であることを示した。『思い出、夢、思想』によると、1913年12月12日、彼は無意識に落ちることに身を任せた。[24]

　彼は、小人と輝くクリスタルがある洞穴の幻想を見、クリスタルを動かすと、金髪の男性の死体、スカラベ、赤い新しい太陽、血の流れる地下の川を見た。後に、彼は茶色い肌をした男性に夢の中で会い、その男はユングに、その英雄、ジークフリートを殺すと伝えた。次にファンタジーの中に現れたのは、若い女性サロメを連れたエリヤの姿であった。後年、これら自分の内的世界の人物が自分に無意識の自律性を教えたとユングは信じた。

　エリヤから、カワセミの羽をつけた異教徒フィレモンへ、さらに神話的な人物に発展した。さらにユングがカーと名付けた男性の存在があった。エリヤとサロメの幻想の中で、失ったばかりの二人の重要な人物、フロイトとザビーナ・シュピールラインであるという解釈をユングはしたようにはみえないことが、多くの研究の中で分かっている。[25] ユングにとって、彼の個人的な歴史（おそらく感情的な失敗）から独立した無意識から、これらの人物を見ることは、さらに重要であった。この概念は、彼の理論発展に決定的に影響している。

　ある時、女性の声が、科学ではなく芸術に従事するのだと、ユングの心の中に入ってきた。かつてユングは彼女が自分の有力な女性的なもの概念の元型となることを、この人物と取り決めた。それがアニマである（これについては2章参照）。

ユングの個人的な人生において、この霊的性質は、1916年に彼が自身の家は霊で溢れていると確信した時、頂点に達した。彼の子どもたちでさえ、幽霊の存在を感じとっていたようである。[26] ある日曜の午後、ドアベルが勝手にけたたましく鳴った。ユングは、典型的な霊媒師の「霊」の活動——つまり執筆に方向づけられること——の中で、ペンを取ることによって、耐え難い気持ちを軽減することができた。彼が生み出したものは、ついには『死者への七つの語らい』として出版された。[27]

ユングは文章を書くことによって、霊媒の役割を身に付けたにも拘らず、師弟という普段の立場では、逆であった。死んだ魂が生者の知識を伝える代わりに、権威あるユングの姿（アレキサンドリアのバジリデスとしての神話的外観）は、不幸な死者の師である。これら疲弊した魂は、自暴自棄の中で彼の助けを請い求めた。なぜなら、「我々は探し求めていたものが見つからなかったエルサレムから戻ってきた」からである。[28]

『死者への七つの語らい』は重要な文献である。なぜなら、ユングの後の中核となる理論、元型と個性化を予見しているからである。これは、彼の衰弱は完全に創造的な病だというユングの主張を明らかにしている。この作品は、彼がこころについての直観に焦点を当てることを可能とし、意義深いことに、彼はフロイトから受け継いだものと別れることができた。この時期を通して、トニー・ヴォルフは、ユング自身が霊媒のようなイニシエーションを受けるサポートをした。彼女は、頻繁に霊媒のようだと当時の人々から言われていた。彼女のキャリアの中で、ヴォルフは、患者の無意識のファンタジーに触れる上で患者を助け、驚くべき成功をした分析家であるという名声を得た。

ユンギアン

1919年、ユングは、無意識の創造性とヌミノースの側面と見なす、決定的な用語である「元型」を生みだした。[29] この時期からユングは、精神的なバランスを回復した。ユングは彼のアイデアを、旅行や家での活動を広げることによって普及させ始めた。1920年代初頭には、イギリスでセミナーをし、アメリカでは、かつてフロイトと共に働いていた頃に作った知人と積極的に関わることによって、その地位を確立した。

　その後の研究において主な影響は、錬金術に対する魅力の高まりであった。ユングのあいまいな著作とファンタスティックな象徴の研究は、中国の錬金術の研究の本『黄金の華の秘密』が、1928年にリチャード・ヴィルヘルムから送られたことによって刺激された。[30] ユングはその本に対する解説をし、後にユング全集のいくつかの巻として発行されたが、その大部分は類似した錬金術と自分の心理学を識別することに費やされている。ユングの理論は、今では「分析心理学」と呼ばれ、フロイディアンの「精神分析」と区別されている。

　ユングはまた、郊外のボーリンゲンに土地を購入した。それは、自身の隠遁の家を作るためであり、ボーリンゲンの塔として知られている。ここにユングは気に入ったわずかな人物を招いたが、家族は滅多に招かなかった。トニー・ヴォルフは、そこで多くの時間をユングと過ごした。彼の個人的な生活の、非常に重要な構造は、旅によって高められた。アフリカやアメリカへの訪問で、彼は「原初」の心理学にとりわけ感銘を受けた。

　一方でユングは、白人による植民地化の残虐さや、他文化が西欧諸国よりもよほど良い心理的態度を持っているかもしれないという自分の感覚の認識を記録した。また一方で、アフリカンやネイティブアメリカンに対する彼の「原初」という用語の駆使は、これらの文化は、西洋の「進化」の物語の中では、単にかなり「遅れている」という意味だと仮定すれば、ユングの伝統的植民地化の心性を証明している。このような他文化や他民族に対する態度によって、ユングは多くのトラブルに巻き込まれるところだった。

ユングとナチス

　1933年から1940年まで、ユングは心理療法のための国際一般医学会（International General Medical Society for Psychotherapy）の会長を務め、関係のあるジャーナル、『精神療法中央誌』（Zentralblatt für Psychotherapie）の編集者であった。この組織は、ドイツを基盤とし、ドイツ人の会員がかなりを占めていた。結果的に、ナチスが1933年に政治力を握った後、干渉を受ける。ユングこそ、自分の会長就任が、学会の再編であるという事実から、これが問題であると明白に気づいていた。[31]

　国内分野では、それまで国際的に禁じられていた、個人会員という範疇を認

めるという改編によって、ユダヤ人のような人々が会員に留まることができた。しかし、この学会の主要な地域はドイツに留まった。これはおそらく、彼ら自身による『精神療法中央誌』の編集を目指したのであろうが、これは実現しなかった。代わりに、ドイツ人編集の『精神療法中央誌』が、ユングを編集者として出版された。その中にはドイツ地域のリーダー、マティアス・ゲーリングによる『わが闘争』の推薦書が含まれていた。

ユングは、彼の心理学がドイツにおいて禁止される第二次大戦開戦まで、明白にナチスを非難することを拒否した。その前の、1930年代に彼がナチスを批判するのは、1936年の論文「ヴォータン」である。このエッセイの中で、ユングは嵐と狂乱の異教徒の神が政治や歴史以上にドイツにおける出来事を説明することを示唆している。[32]

ヒトラーとドイツ人を「取りつかれた」と描写し、彼らは元型としてのヴォータンに取りつかれたとユングは論じた。彼は全ての状態を非難することを避けた。なぜなら元型は、神または悪魔にとってヌミノースの力だからである。：現在（1936年）ナチ現象は、とても不吉であり、未だ肯定的潜在能力を持っている可能性がある。このような態度は、政治的観点におけるユングの根本的な弱さを証明している。これは彼の心理学が、歴史・文化・または権力といった全ての過激さを十分に説明しうると仮定した場合の危険を説明している。このエピソードは、2章において私が「グランドセオリー」と呼ぶ、ユングの傾向の危険性を説明している。

さらに、物議をかもす厄介な反ユダヤ主義という議論の中で、ナチスとの結びつきが、とりわけユングのモラルの欠陥を明らかにしているということである。ユングの『精神療法中央誌』の論文には、アーリア人はユダヤ人より「高い潜在能力」を有しており[33]、ユダヤ人は女性のように「肉体的により弱く」[34]、何よりも悪いことには、彼らの文化は「主」[35]役を務める文明化された国民を求めているという示唆が含まれていることである。1934年、ユングは他のところで以下のように書いている。「ユダヤ人心理学をおおむね妥当であるという結論を受け入れることは、まったくの許されざる過ちである」。[36]

このユングの仕事とキャリアにおける不愉快な側面についての私の結論は、反ユダヤ主義とモラルの欠陥ゆえナチ文化への参加という非難すべき証拠が存

在するということだ。しかし、ユングが明白に彼らの政治の援助をしていたことが示されているある期間、私はユングが「ナチ」であったとは信じていない。私は卓越したユング派の理論家アンドリュー・サミュエルズの観点に立つ。サミュエルズはユングのこの側面について広範囲に記し、ユング心理学は償いを果たすべきであり、ユング心理学は変化していけるようにすべきだと結論づけている。重要なことは、人種、文化という、心理学におけるとりわけセンシティブな問題を意識し続けることである。

　この立場を正当とするために、ユングのユダヤ人や「ユダヤ人の心理学」に対する発言をさらに見ていく必要がある。サミュエルズが指摘したように、「ユダヤ人」と「アーリア人」の主要な違いを受け入れることで、ユングはジグムント・フロイトのそれを含む物の見方に巻き込まれたのである。[37] 加えて、フロイトの影響に対するユングの生涯にわたる苦悩は、悲劇的なことに、ユダヤ人に対する攻撃的なコメントの良い部分の裏側にあるということである。ユングの反ユダヤ主義への転落の一側面は、「ユダヤ人の心理学」へ向かうフロイトの力に対するあがきを演じ続けるという、ユングの宿命的決定である。ユングは、ユダヤ人とは異なる心理学を作り上げるという考えと、ユダヤ人が作った心理学的理論であるフロイト派精神分析の両方を言い回しの曖昧さによって弄んだ。

　回想の中で、ユングは自分の理論を有利にするため、1930年代にかなり広がっていた反ユダヤ主義に関与することを望んでいたことが明確になる。このことは、彼が、実際の迫害を容認していた証拠があるということを意味しているのではない。たしかにユングは、ユダヤ人を特別に助けるために、一般医学会に個人会員という枠をつくった。しかしながら、ナチの迫害に対して意見を述べることの拒否と「ユダヤ人の心理学」へのユングの破滅的な旅との結びつきこそが、ユングを反ユダヤ主義の方に向かわせた。

　「ユダヤ人の心理学」の他の次元は何であろうか？　ユングは人種に基づく心理学的な違いを信じたのだろうか？　もしそうならば、ユングはこれをどう正当化するであろうか？　事実、集合的無意識の核となる理論は万人に共通であるにも拘らず、ユングは、人種または国民集団に相当する、精神的な「層」の概念を発達させていった。[38] これらの層の下には、無意識の元型の圧倒的

な潜在力がある。これら心の中に存在する民族的な蓄積を形づくっているもの
は、人々と先祖の地の結びつきである。

　ユングは、白人アメリカ人たちに囲まれた旅と信念について奇妙な話をして
いる。その信念とはユングの周りの人々がネイティブアメリカンの特徴を持っ
ているというものである。というのもそのアメリカ人たちが同じ風景の中で成
長したからである。(39) このことは、非人種的な人種的な信念を暗示し、いか
なる人種も相当な世代の後に、異なった故郷のこころを取り入れうるためであ
る。多様な民族主義は攻撃または拡大に正当性を与えない。

　不幸なことに、このような概念はユダヤ人と非ユダヤ人とを宿命的に区別
し、1930年代ユダヤ人は周知の通り故郷を失ったさまよえる民であった。白
人アメリカ人の民族的な変遷の物語と組み合わさり、ユングはユダヤ人には先
祖代々の土地との「土着的」繋がりから得られた根深い種が欠けている、と描
写した。(40) 人種の層の仮説は、ユングのこころの全体像に統合されることはな
かった。この考えは、ユング派分析家によって取り上げられることも、『ユン
グ全集』に収められることもなかった。従って、この概念はユング派分析の遺
産とはみなされていない。

　それにも拘らず、1930年代、特にナチドイツの出版した機関誌において繰
り返されたユダヤ人との違いと、ユングが気づいていたユダヤ人迫害とを、無
邪気に分けて見ることはできない。1916年にユングは、彼の患者とユングの
信奉者（しばしばとても流動的な分け方だが）のために、チューリッヒに心理
学クラブを設立することを認めた。1944年には、クラブは25%の招待会員と
ともに、10%をユダヤ人メンバーに割り当てることを課した。トニー・ヴォル
フやリンダ・フィルツ・デイヴィッドによって導かれた、この反ユダヤ主義の
動きは、ユングの承認があったに違いない。(41)

　ユングはナチではなかった。彼はナチの政治や迫害を支持していない。彼が
したこととは、私の意見では、反ユダヤ主義に携わり、自発的にナチ文化に参
加したことである。彼の当時の行動を非難されても、後に明白な悔悛をするこ
とはなかった。(42) 結果としてこの問題は、今日に至るまで彼の名声に付きま
とった。ユングのフェミニスト改訂版は、この歴史的な背景を必要とする。ユ
ングのキャリアの歴史的な見方は、彼の著作を個人的・文化的に彼の時代の物

語の中に位置づけることを可能にする。このような明白に権威的なユングの概念への挑戦という動きは、フェミニストの行動であろう。なぜなら全てをジェンダーや民族といった歴史的構築から引き離したのであるから（本章の最終セクションを参照）。

知恵ある老いた分析家と批評家

　1940年、ユングは65歳であり、ヨーロッパでは戦争が勃発した。第二次大戦後、彼は二度と国際心理学の政治に関わらなかった。その代り、彼のキャリアはユダヤ・キリスト教や錬金術の書物の研究に特徴づけられた。ユングは、『ヨブへの答え』で、聖書における神の分析に等しいことを生みだし、後の主要な研究は、最も熟考した錬金術に関する本：『結合の神秘』である。[43] マリー−ルイーズ・フォン・フランツは、後年の主たる共同研究者であり、三巻を執筆した。ユング心理学の継続の確立にとって最たる発展は、1948年にC.G.ユング研究所をチューリッヒに開設した事であった。将来の分析家の訓練とユング派研究の促進を形作った。

　ユングは病気の時も、知らぬ間に身についた無意識の探求を行うことを止めなかった。1944年は転倒と心臓発作の後、ユングは死の危険に近づいた。ユングは地球を離れるという空想的な経験、さらに後に死の意味への熟考と心的存在の可能性に刺激されて他次元に入っていった。[44] このような関心は、ユングが最も親しい関係を続けた二人の女性の死によって自然に強められた：1953年、トニー・ヴォルフは心臓発作で突然亡くなり、エンマ・ユングは癌で1955年に亡くなった。トニーとの関係はユングの1944年の病気以来冷めていたが、ユングは彼女の死を悼んでボーリンゲンで、石碑を刻んだ。そこには、「トニー・ヴォルフ。蓮の花。修道女。神秘の者」と読める。

　さらにエンマの死でユングの受けた打撃を明らかにするのは、家族ぐるみの友人であるルース・ベイリーに自分の面倒をみてもらうようにと頼んだことである。事実ルースは、ユングが1961年に亡くなるまでユングの世話をした。晩年、『思い出、夢、思想』が着想され完成した。この著書は、元々ユングの協働のもと、秘書であるアニエラ・ヤッフェの仕事として計画されたが、ユングは徐々に熱中した。結局、彼は人生の初期について記述し、残りの巻のテキ

18

ストを監修した。しかしながら、ユングの死後、ユングの後継者を主張するトニー・ヴォルフに関する章が削除され、相当な編集がなされたことは、記憶されるべきであろう。

人生と理論における女性たち

『思い出、夢、思想』に出てくる唯一の有名な女性は、ユングの母親であるエミール・プライスヴェルクにも拘らず、後の研究では、五人の女性たちが、ユングの人生や理論の生成に重要な役割を担ったことが示されている。五人の女性は、年代順では、ユングの母親（初めて第二のセルフを示唆した人物）、彼の霊媒の従妹ヘレーネ・プライスヴェルク（初めての患者）、ザビーナ・シュピールライン（分析における初めての患者）、エンマ・ユング（彼の妻）、そして彼の長きに亘る同僚トニー・ヴォルフである。[45]

当時、女性分析家や著述者の第二のサークルがあり、彼女らは大抵ユングの患者としてスタートした。彼女たちの本は、ユングが序文を書くことで、しばしば承認を与えられた。これらの女性たちは、ヨランデ・ヤコービ、バーバラ・ハンナ、マリー-ルイーズ・フォン・フランツ、エスター・ハーディング、リンダ・フィルツ・デイヴィッドと共に、エンマ・ユング、トニー・ヴォルフらであり、最初のユング派の理論家たちである。このうちいくつかの研究は、伝統的ユンギアンフェミニズムである。3章では、彼女らの影響について考察し、1章のこのセクションでは、これら重要な女性達をユングのキャリアとの関係で見ていくことにしよう。

霊媒の女性たち

エミール・プライスヴェルク・ユング、ヘレーネ・プライスヴェルク、ザビーナ・シュピールライン、トニー・ヴォルフなどの霊媒のような女性は一連となって、ユングの感情的な人生に深く埋め込まれ、彼の理論として実現された。『思い出、夢、思想』では、彼の考えを形作る役割は、ユングの母親のみである。ユングの改訂にも拘らず、これら全ての女性たちの精神的な影響は、『ユング全集』の中で明瞭にされている。これらの女性たちは、ユングに現実

と、無意識的ファンタジーの妥当性を広い意味での意識的自我の独立をしめす何かであるという事を印象付けたように見える。このことは、彼女ら自身のこころ（ザビーナ、トニーが患者として始めた）の曝露を通して達成された。しかしまた意義深いことに、これら四人の女性は、ユング自身の無意識的ファンタジーへの許容を推し進めた。

（フロイトを含む）ユングを取り巻く多くの精神医学の実践と、ユングを決定的に区別するのは、ユングが自発的な無意識的ファンタジーが病的であることとをはっきり拒否したことである。彼の無意識は、意味に満ちた、癒しの場であった。ユングにとって統合失調症は、必ずしも非難されるラベルではなかった。事実、精神病で苦しむ人が、心の重要な理論家であるべきでない、という理由はどこにもない。ユングの理論的世界における霊媒の女性たちは、彼自身の無意識と接触する意味において、機能している。

特に、トニー・ヴォルフは、ユングがフロイトとの別離の後、無意識的ファンタジーの「霊媒」になった。ヘレーネ・プライスヴェルクは、霊媒の女性の原型であり、ザビーナ・シュピールラインによって引き継がれた。この原型は、ユングのエロティックな関心とどうように彼の無意識的ファンタジーを刺激する役割を果たした。ユングの生涯史から、彼の女性霊媒に対する欲求と、自分が自分自身の霊媒になることの必要性の間の重要な移動が見て取れる。これによってユングは自分の内なる創造的声に近づき、それを放出した。この自伝的な物語は、アニマと無意識の反対の性といった彼の理論の概念に構築されている（2章参照）。

結婚生活の外側でユングとロマンティックな生活を送った三人の霊媒の女性は、大いに運命を変えていった。ユングの博士論文の中の「S. W. 嬢」、ヘレーネ・プライスヴェルクは個人が同定されないようにされたにも拘らず、ヘレーネだと明らかになってしまった。その結果、ヘレーネは奇異に見られ、故郷では結婚できない状況になった。結局、パリの洋裁学校へ送られ結核によって35歳で亡くなった。博士論文でのユングの主張は、プライスヴェルクは、十分な証拠もなく精神薄弱のように見えたということであった。ザビーナ・シュピールラインは、フロイト派の理論家・分析家となった。一方トニー・ヴォルフは残りの人生をユングに忠誠を誓い、彼の信念に忠実であった。ユング派の

女性心理学における彼女の重要な研究は、3章で検討する。ここでは、ユングのその他の女性の同僚について見ていく。

女性分析家と著作者たち

■ヨランデ・ヤコービ（1890-1973）

　ユダヤ人を先祖に持つ裕福な両親のもとブダペストに生まれたが、宗教的にはカトリックであった。ヤコービは結婚し子どもをもうけ、オーストリア文化サークルにおいて有名になる。ヤコービは1927年にユングを含めた講義を計画し、ユングに自分が分析家になるための訓練を依頼する。[46] ユングは冷淡にも、ヤコービに博士号を取ることを要求したので（他の学生はされなかった）、彼女はウィーン大学で学んだ。学位取得を成し遂げるため、ナチのユダヤ人迫害を口実に1938年ヤコービはチューリッヒにやってきて、ユングのサークルに入ることを認められた。第二次大戦中にヤコービは夫と両親をナチスによって失うが、息子たちは生き残った。

　ヤコービは、（ユングの言葉によると）非常に外交的で、多くのユングの他の同僚たちとぎくしゃくし、この偉大な男性（ユング）との刺激的な関係を好んだ。一旦ユングはヤコービを一段見下した。それでも、ヤコービのユング心理学導入に関する著作はユングに称賛された。そしてC.G.ユング研究所の設立計画を立案したのは、ヤコービその人であった。ついに1948年に研究所が開設されると、ヤコービは来訪者との重要な連絡係の役割を与えられ、より広い世界で研究所の名声を打ち立てた。

■バーバラ・ハンナ（1891-1986）

　司教の娘であるイギリス人ハンナは、パリで芸術を学び、1928年のユングの「ヨーロッパの女性」[47] に触発されチューリッヒへ行く。初期の頃はとても攻撃的と評され、後に強い信念を持つ支持者となった。ハンナは分析家、ユング派の著作家となり、ついにはC.G.ユング研究所で教えるようになる。彼女のユングに関する伝記は、思われていたほど英雄崇拝的ではなかったものの、原典を批判することなく扱った。ハンナ自身について、ユングはマリー‐ルイーズ・フォン・フランツと共に住むよう提案したと彼女は記録している。そ

の後彼女らは、ハンナが死ぬまで共に生活した。

■マリー‐ルイーズ・フォン・フランツ（1915-1998）

　近年までフォン・フランツはC.G.ユング研究所の重鎮であり、創設者が何を欲し何を欲しないかという判定者であった。[48] このような態度は、おとぎ話や錬金術扱いに関する影響力のある、彼女の多くの出版物の方向性を探る鍵である。

　オーストリア貴族の娘であるフォン・フランツは、他の若者達とボーリンゲンを訪れた18歳の時、ユングと出会った。さらに後に、ユングの承認によって、彼女はボーリンゲンに自身の塔を作る。言語学の博士号を取得した後、すぐにユングの助手となる。彼女はユングの錬金術の研究と『結合の神秘』の共同執筆によってユングの研究にとって決定的に重要であった。エンマ・ユングの死後、フォン・フランツはユングの要請により、聖杯伝説に関する著書の執筆を終えた。フォン・フランツの研究は、ユングの著作と願望に対する忠誠によって特徴づけられている。

■エスター・ハーディング

　エスター・ハーディングの女性心理学における神話に関する著作は、ユングの周りの全ての女性の（3章参照）ユンギアンフェミニズムにおいて、最も創造的で最も影響力がある。[49] 特に『女性の神秘』は、女性の霊性を再考する後年のフェミニズムを、特にアメリカで、触発した。アメリカで、ハーディングは、ユング派の同僚、エレノア・ベルティン博士と共に多くの業績を築き上げた。[50]

　イギリスの田舎に生まれ、ハーディングは20世紀初めに医師の資格を得た。ユングが1920年に初めてイギリスでのセミナーをコーンウォルで行った際、ハーディングは選ばれたグループの一人として出席した。その後、ハーディングはユングに従ってチューリッヒに戻り、三年間の分析を受け、分析家になるための準備を行った。そして、アメリカに基盤を置いたが、ユングと接触し、また分析のため、チューリッヒに定期的に戻った。エレノア・ベルティンやクリスティーヌ・マンと共に、非常に大きな影響力を持つC.G.ユング研究所を

ニューヨークに設立した。

　長年ハーディングは、この研究所を支配し、手ごわい人物として多くの講師を威圧した。ユングは彼女に、神秘の聖職者のようであり、謙虚さに励むように伝えた。ハーディングが83歳で亡くなった時に、ニューヨークの研究所に100万ドルを残した。

■ リンダ・フィールズ・デイヴィッド（1891-1964）
　バーゼル市民として、リンダ・フィールズ・デイヴィッドは大学入学を許可された初めての女性であり、ドイツ言語学を学び、後にハンツ・フィールズと結婚した。[51] 1920年代にフィールズ一家とユング一家は友人となる。ユングはリンダの夫と旅行しながら、およそ保守的とは言えないリンダのロマンティックな状況を分析していた：彼女は夫とイタリア人のいとこ両方に恋をしていたのである。

　後に、フィールズ・デイヴィッドは、分析家として働き初め、文学のユング派の解釈について講義をした。ユングの提案の結果、彼女は版画を作成し、アニマの探求に関する本を1938年に出版した。彼女は女性のこころに関するさらに重要な研究、『女性のディオニュソス的イニシエーション』を1955年に上梓した。[52]「ジークリンデ」とユングに呼ばれていたが、フィールズ・デイヴィッドは、ユングの女性的な見方の無視をなんとか是正しようとした。

自伝とフェミニズム：霊媒からアニマまで

　もし自伝が理論の主体へ近づくひとつの方法ならば、フェミニズムは批評的に吟味するツールを提供する。[53] ユングを査定するいくつかの問題の一部は、彼の研究におけるジェンダーの構築である。本書の後の章でこれを試みる。しかしながら、ユングの自伝的研究は、彼の人生においてジェンダーの役割が（彼によって）あまり認められていないと示唆することを可能とするだけでなく、彼の人生における女性的なものとの経験が、どれだけ彼の理論の構造の核であるかを考察することもできる。

　霊媒プライスヴェルク、シュピールライン、ヴォルフとユングとの関係は、

彼の複雑で感情的な人生の証拠であるだけでなく、彼女らは自律性と無意識の創造の理論を構築する一部となった。実践では、ユングの霊媒タイプの女性との関係は、彼自身の無意識に至ることを可能とした。もしも、「霊性」を心理学において無意識的ファンタジーと再定義するならば、スピリチュアリズムとユング心理学の歴史は軌を一にする。このような同一性は、ユングの最初の患者である霊媒ヘレーネ・プライスヴェルク、ファンタジーの生を共有したザビーナ・シュピールライン、そしてユングにとって最も価値のある創造的なファンタジーである霊媒の助産師トニー・ヴォルフの役割の中で、起こる。フェミニスト批評によってここで示せることは、ユングのオカルト的霊媒としての女性的なものとの出会い、患者として再定義されたものと男性的主体のために「霊媒」の立場をとるというユング自らの後の意図との間で作用するジェンダーの政治である。

　私がここで意味しているのは、ユングはこれら霊媒の女性たち（彼の母親を忘れてはいけない）に魅了されただけでない；自分が霊媒になることを望んでいたのである。実際、彼はそうした。特にスピリチュアリズムの著書、『死者への七つの語らい』の中で、彼の後の心理学における重大な側面を予見した。そして、アニマ概念の理論的な構成は、彼自身の心の女性的な声との霊媒的な接触によって作られたと自伝の中に述べられている。この点において心理学の形成の中で、「女性」または、より正確に言うと「女性的なもの」が霊媒からアニマへと置きかえられている。

　勿論、男性のこころにある女性的なイメージであるアニマとして、実在の歴史上の女性がアニマになるということをユングが信じていたと筆者は主張しているのではない。しかし2章で紹介する、女性と女性性の彼の多くの言説は、ユング自身の無意識的アニマの概念に倣っていたようである。彼がフロイトと別れた後の精神衰弱の間、「彼女」は初めて彼の「他者」の声の「霊媒」体験の中に現れた。ここで、ユングが自分のヴィジョンを知ることを助ける上でとても重要であったのがトニー・ヴォルフである。ファンタジーアニマとして現実の女性を見なすことなく、ユングは著作の中で男性的な主体に対する霊媒のポジションを措定し、アニマの形の中の女性的なものを扱うことを好んだ。

　私は、ユング心理学が女性性を男性的なこころの「他者（アニマ）」として

置きかえる一つの衝動のなかにどのようにジェンダーの政治を含んでいるかを示してゆく。この衝動は、ユングの自伝的な霊媒の女性たちとの関係に写し出すことができる。彼のセクシュアリティは、理論的には共謀である。というのもそれによってユングは自分への、すなわち男性の主体への霊媒的ポジションの措定を可能にする。問われているのは：すなわち、ユングが霊媒の女性を魅了したのは、ユングが必死に激しいファンタジーの生を表現する方法を探していたからであろうか？　もしくは、逆に、ファンタジーの世界は制御できない性的衝動にいたるのであろうか？　どちらがより根源的か：セクシュアリティまたは（セクシュアリティに還元できないものとしての）無意識のファンタジーのどちらであろうか？　フロイトには一つの答えがあった。ユングには別の答えがあった（2章参照）。

　フェミニズム批評によって、ユングの人生と著作の中で、霊媒からアニマへの移行を広げることが可能になる。そして、その移行をより大きなジェンダーの歴史的背景、オカルトと医学の中に位置づけることができる。ユング家とプライスヴェルク家のスピリチュアリズムへの没頭は、19世紀後半、ヨーロッパやアメリカにおいて交霊会や霊の大流行の一部としてみることができる。(54) 1850年以降の霊性主義と特に区別されるのは、女性霊媒の台頭であり、彼女らの多くは公的に裕福な専門職についたり、私的に催される「パフォーマンス」に高給で迎えられた。

　実際、ヘレーネ・プライスヴェルクの短い生涯の職業が、完璧に19世紀末までの女性の霊媒の軌跡を描いている。かつて、冥土からの「証拠」と見なされた霊媒の霊的「声」は、当初本気で超自然的なものと見なされた。その後、女性の霊媒たちは、ユングが若い従妹について博士論文で記述した、ヒステリーを伴う精神的な病という再定義を蒙った。女性の霊媒は、公的な演壇から、分析家のカウチへ引きずりおろされた。この文化によって、危険な無資格の女性の「言葉」と「無責任」（字義通りに）の自律的著述は、（男性的な）医学の厳密な支配下に置かれることとなった。

　従って、私たちはユング派理論の発生の中に、ジェンダーの政治をみることができる。それは、この理論家の個人的な親しい関係と野心であり、同時に大きな歴史的運動の一部であった。この文化的観点から、霊媒は「女性的な」立

場と見なすことができる。女性的なものは、何よりも霊媒をオカルトとみる社会的な規範からすると、「他者」である。というわけで、霊媒の女性は、精神病的な患者になった。そして、ユングによって、その男性権威的な理論の著作の中で、信用できない女性は、再びアニマの役割という「他者」の役割、男性的な主体にとって「他者」の役割を与えられたのだ。

　ユング自伝へのフェミニストアプローチは、ユングの心理学の形成における、歴史的、個人的両方のジェンダーの政治を写し出す。次章ではユング心理学の理論を紹介する。私が述べてきたように、ユングの考えは彼の個人的な経験から完全に離すことは不可能である。なぜなら、『思い出、夢、思想』で少なくとも部分的にはユング家歴代の個人史が、形而上学的な枠組みに同化されているからである。重要なのは、自分の理論と自伝の両方を「個人的神話」とユングが述べることの意味を極めて慎重に考察することである。

1章のまとめ

　ユングの生涯の物語は、職業と知的成長の分かりやすい歴史ではない。それどころか、それは圧倒的な心的経験や、ジグムント・フロイトとのトラウマティックな関係、非常に物議をかもすナチとの関係が、強調されている。ユングの伝記的説明は、自叙伝的『思い出、夢、思想』と関係付けられる必要がある。しかし、ユングの死後、その一部が削除されているため『思い出、夢、思想』は問題のある著作である。また、それは内的な発達の一つの伝説であり、多くの外的側面、さらには人生の政治的側面が省略されている。

　ユングの個人史の中のジェンダー政治の分析は、彼の著作の中のジェンダーの構造をユングの個人的、歴史的背景双方（霊媒がアニマへ置き換えられた）の中でとらえる必要性を示唆している。それは、ユング個人のジェンダーの形成を、非常に影響力を持つユングの心理学の著作の中に、どのように深く広げるかにかかっている。

26

更なる学習のための文献

Anthony, Maggy, *The Valkyries: The Women around Jung* (Shaftesbury: Element Books, 1990).
アンソニー・マギー『ワルキューレ：ユングをめぐる女性たち』
　　ユングの人生と理論における女性たちに対して、同情的で短い説明がある。何名かにインタビューを行っている。読みやすく、使えるが、これらの女性たちの適切な伝記が必要である。

Charet, F. X., *Spiritualism and the Foundations of C. G. Jung's Psychology* (New York: State University of New York Press, 1993). チャレット・F・X『スピリチュアリズムとC．G．ユングの心理学の基盤』
　　ユング理論のスピリチュアリズムの役割を徹底的に調べ、説得力がある著作である。特に、彼の博士論文と自伝の関わりについては秀逸である。

Hannah, Barbara, *Jung: His Life and Work: A Biographical Memoir* (London: Michael Joseph, 1977). ハナ・バーバラ・ユング『ユング　その生涯と仕事——伝記的回想』
　　英雄的な論調であるものの、ユングを良く知る人物によって書かれたこの伝記は、有益な資料と啓蒙的な逸話に富んでいる。

Hayman, Ronald, *A Life of Jung* (London: Bloomsbury, 1999). ヘイマン・ロナルド『ユングの生涯』
　　秀逸で詳細な自伝であり、彼の知的発達の説明は新しい思想を取り入れる力量によって、近年の研究を統合している。

Homans, Peter, *Jung in Context: Modernity and the Making of a Psychology* (Chicago: University of Chicago Press, 1979). ［ピーター・ホーマンズ、村本詔司訳『ユングと脱近代　心理学人間の誕生』（人文書院、1986）］。
　　ユングの文化的背景に関して、より幅広い知的な紹介が有用、フォン・フランツも扱っている。下記参照。

Roberts, Michéle, *In the Red Kitchen* (London: Methuen, 1990). ミッシェル・ロバーツ『赤いキッチンで』
　　この魅力的なフェミニスト小説は、19世紀の霊媒から精神科の患者への移行を、正確に述べている。著者のロバーツによればユングの博士論文は本書の出展の一部である。

Samuels, Andrew, *The Political Psyche* (London: Routledge, 1993). アンドリュー・サミュエルズ『政治的なこころ』
　　本書は、ユングとナチスを知る上で、必要不可欠である。

Von Franz, Marie-Louise, C.G. *Jung: His Myth in our Time,* translated from the German by William H. Kennedy (New York: C. G. Jung Foundation for Analytical Psychology, 1975). マリー－ルイーズ・フォン・フランツ『ユング：私たちの時代の彼の神話』ドイツ語からの翻訳は、ウィリアム・H・ケネディによる。

　ユングの理論の重要さにとって情熱的で高度に価値のある議論。

第2章
ユング心理学理論の紹介

私に夢に関する理論はない；夢がどのように生起するのかは分からない。
夢を扱う自分のやり方が「方法」という名に値するかどうかについてさえ
全くもって疑わしいのである。

(Jung, 現代人の魂の問題, 1933)

　この第2章では初学者向けにユング心理学を紹介する。最初の節では、ユングの記述の仕方、またどのように諸々の概念をその心理学の中で築き上げたかをみる。初めてユングを読む多くの人が難しいと感じる訳が分かるだろう。筆者が明らかにしたいのは、ユングの「理論」に関する記述が通常のものとはかけ離れているということである。というのも、それらの記述にはファンタジーと神話の要素も含まれているからである。

　第2節では、ユング心理学の全ての基本的考え方を説明する。同時にそれらのアイデアが「ユング派」の世界状況の中でどのように相互に繋がっているかを示す。それから、フロイトとの論争によって、「ユング派」という立場の本質の違いが明らかになったことを示す。フロイト派の精神分析とのさまざまな違いについては、後の章のフェミニズム的議論の中で再度触れる。最後に、ユングが女性とジェンダーについて本当のところ何を書いたかを探索する。ユングの女性に関する記述は、後年のユンギアン、非ユンギアンを問わずその女性性概念の幾つかの重要な論考に継承された。

ユングは理論を書いたか?

理論的心理学としての問題点

　「ユング派の理論」という言い方は、『ユング全集』にユングの基本的考え方すべてについて何らかのきちんとした説明があると思わせる。なににせよユング心理学を理解する上で重要なのは、曖昧さのない記述であろう。そうすれば、ユングの著作から、一貫性のある、本当の、そして何より確実な心（mind）の地図ができあがるはずである。

　初めてユングを読む読者はユングへのいらだちを覚える。というのも読者はユングがそのような著作を残していないことに気づき、さらにユング自身の著作スタイルが、そのような理解をまるで妨げるように見えるのである。ユングはこころ（psyche）（すべての精神的内容、意識と無意識すべてを含む）について、それとなく書くのである。ユングの文章はユング自身の作った概念にちょっと触れて、ちょっと述べるが、その概念はしばしばユングの患者、もしくはユング自身のファンタジーに埋め込まれている。

　もっとまずいことに、ユングはキリスト教から離れた宗教的著作、たとえば一般読者にはなじみの薄い神秘的テキスト、錬金術などを広範に取り上げる。ユングは多くの文化から神話学的類似物を用いる。それどころか、ユングは折に触れて宣言さえする。それは、客観性、論理性と科学的妥当性を含む「理論」という見解そのものに対する、根深い抵抗を意味している。たとえば、一例をあげると、人が考え方を「創っている」のではなく、考え方がその人を「創造」するという事などだ。[1]

　それならばユングは理論について全く記述していないのだろうか？　そして、もしもユングが通常の意味での「理論」について著述してなかったなら、ユングが生み出したある種の心理学にとって、それはどのような意味を持つのだろう？　フェミニズムへの貢献も含めた後世の文化へのユングの深い影響をどう説明できるのだろう？

　そこでまずこの章の最初の部分では、ユング心理学の基本的考え方を紹介する前に、ユング派の著述形式について吟味する。それから、フロイトの精神分

析との概念的関係について概説する。どうようにユングが、女性とジェンダーについて本当に書いたことを調べる。本章の最後では、ユングの業績の中にあるフェミニズムへの潜在的可能性を示そう。それは、3章で筆者が「伝統的ユンギアンフェミニズム」と呼ぶ議論の方向性に引き継がれるきっかけとなったものである。

　ユングの著述スタイルを調べる事から始めることは、一つの心理学を説明する上で何が問題となるかという点で、一考の価値がある。「こころ―理論（Psyche-logos）」、またはこころに関する言葉は、著しく主観的活動である。何といっても、人間の心はその人の心を探るのに唯一有効な道具である。ある人の心全体を観察するための非―精神的領分は存在しない。個人心理学者は、他者の精神的出来事を、感情を全く交えずに記録できると主張するかもしれない。しかし、その心理学者は自分の精神状態が、記録結果に干渉しないとは絶対保証できない。

　「理論」という言葉は、「観察（see）」する、また概念化するという「ギリシア語」から派生している。したがって、人間の心を「観察する」ことは、観察者自身の心の力動から完全に離れて作用することは絶対ないので、心理学理論は普通の客観的意味の「科学的」ではありえない。こころに関するアイデアの本体が主観的、個人的偏見から自由であるという保証は絶対できないのである。

　ある心理学を作ることに伴うこの問題は、研究者が無意識という見解を明らかにしようとするとき、より厄介になる。無意識がその定義により、思考不能であり、知りえない、確実に地図化できないものであるという事を忘れるのは容易である。無意識は心の中でつねに神秘的であり、時に凄い力である。もしそれが、不可知であれば、それを適切に理論化することはできないという事になる。

　伝統的フロイト派の精神分析では、この非合理的な領域を、人間主体形成の中で無意識が構成されるという物語で解決しようとした。無意識は幼い子供の精神生活の発達の中で形作られるのである。

　ユングの著作はこの主観が純粋科学理論の殿堂になだれ込むという点について寛容である。ユングはその著作で、以下のような主張をする。すなわち、ユ

ング自身のパーソナリティーのみならず、無意識的ファンタジーも認めること
が、ユングの考え方を形成する上で影響をあたえるかもしれない：「全ての心
理学は主観的告白という性格を有する」。[2] ユングの著作類に決定的な影響を
もつこの洞察を理解することこそ重要である。

ユング理論の中のファンタジー

　上記の説明によって、『ユング全集』のみならず、別に出版された自伝『思
い出、夢、思想』の中に最も一貫した、分かりやすいユングの説明が存在する
のだという、驚きを少しは減らせる。とりわけ『自伝』は「主観的告白」であ
る。その中で、ユングは自分の精神的挫折に大きな関心と熟慮をもって記述し
ている。自分の心理学の展開は、強力なファンタジーが決定的役割をはたし
た結果であるとユングは主張する。要するに、ユング自身の無意識的ファンタ
ジーがユング理論のその基本的構成要素として描写される。

　一方で、個人的で非論理的な基礎を使用して、このような深い影響力を持つ
理論を構成するのは、驚くべきやり方とみえるかもしれない。しかし、また別
の面では、ユングが繰り返し述べたように、自分自身の無意識を探求すること
が、最も信頼性の高い研究の形だった。例えば、ユングの患者のファンタジー
のように他者の心を調べようとするとき（そこに、勿論、自分の個人的洞察が
付け加えられた確証を見出すとユングは強く主張した）、研究者は自分自身の
主観を完全に消すことは絶対にできないのである。分析家の無意識が他者の心
の知覚に干渉したり、色付けするかもしれない。いかなるこころの理論家に
とっても、さしあたっての唯一の心は、その理論家自身のものなのだ。ここ
に、精神的挫折を背景にアニマというアイデアの重要さの、ユングの表現の形
成過程の神髄がある。

　　そうして、「たぶん私の無意識は私ではない、一つの人格を形成しつつある。し
　かし、それは表現を通して現れることを強く求めている……」と私は考えた。私
　の結論は、彼女が、「魂（soul）」に違いないということである……後年、私はこ
　の内的な女性的表象が、男性の無意識の中で類型的、もしくは元型的役割を果た
　すと考えるようになり、これを「アニマ」と呼んだ。[3]

　無意識的ファンタジーがユングの中心的アプローチを提供すると考えれば、ユングが自分の理論を自分の「個人的神話」の記述の中に見出したことは驚くに当たらないだろう。この「個人的神話」という言い方は、『思い出、夢、思想』の中で三つの基本点として登場する。[4] また、これはユングの神話と神話学全般への態度と共鳴するようになる。翻って、ユング理論の著述には、あらゆる類の神話が決定的に重要なのだ。

　自伝の序論の中で、主観の必要性を認め、「個人的神話」は、ユング自身の経験の忠実な表現が用いられている。ここでの「神話」は、よりユング自身の個人的なものであり、「科学」の物語が可能にする以上の伝記なのである。

　自伝のずっと後の方で、ユングの職業的、感情的危機の時、「個人的神話」はユングに不足しているものになる。これは、ユングの存在を有機的にする深い信頼を得るための欠如を表している。ユングはキリスト教の神話がもはや情熱と内的意味を伴って人生を活性化できないと自覚したので、彼の人生は空虚なのだ。ユングの精神的挫折時の苦悶の叙述には、平穏と「私の個人的神話」へと続く一つの夢の説明が含まれている。[5]

　ここで起こるのは、「神話」が「伝記」と「理論的枠組み」を橋渡しする用語になっているようだという事だ。ユング理論を個人的神話として著述することで、ユングはその主観性への感覚を持ち続けられる。「個人的神話」はユングにとって個人的なものであり、また信頼にたる客観性の内的本質である。それは、単にユングの職業的実践のみならず、ユングの人生全体を構成する。この中で、個人的神話としての理論が、ちょうどユングが宗教をそのように使ったのとどうようの働きをする。ユング心理学での宗教の性質についてはこの章の後半で再び触れるが、ここでは、ユングの神話の用い方についてもう少し見てゆきたい。

　ユングにとって「個人的神話」という表現は、他の意味でも価値がある。というのも「神話」の宗教的含蓄が、無意識の根本的不可知と圧倒的性質を表現しうるからである。これによって、ユングは自分の著作の中に通常の理論という概念（すべてを「説明」する力）に対する懐疑を埋め込むことができ、どうように無意識の根本的他者性を重要視する方法を提供できたのである。これ

が、ユングが無意識、夢の最初の加工物を理論や通常の意味での「理解」に還元すべきでないと主張した理由なのである。

　加えて、「個人的神話」という用語は、ユングを「神話学」という文化的領域に拡大させるために意義深いのである。

　ここまで、ユングの著作について筆者が述べてきた限り、ユングの著作がつつしみ深い一つの織り込みであると思えるだろう。いかなる心理学にせよ主観の強調によって、ユングの著作中の言辞と実践双方の野心は確実に制限を受ける。しかし、ユングの『全集』をよむと、読者はたちまちまったく正反対の印象に捉われる。一貫した理論化の放棄によって、すべての人類文化の鍵となる要素の見立てが可能になる：個人的神話が遠回しに頻繁に「グランドセオリー」に変化させられるのである。グランドセオリーという言葉で言いたいのは、それが人間の行動と歴史の顕れの多様性を説明する野心を持つということである。このように高次な枠組みを絶対的に求める理論は、単に個々の患者の問題のみならず文化全体を説明しうるのである。ユングはこれをどのように扱うのだろう？

グランドセオリーと個人的神話

　筆者は一貫した心理学へのユングの知的野心をグランドセオリーへの衝動とよぶ。個人的神話からグランドセオリーを創り出すために、ユングは単に自分の考え方の証明の主張よりさらに遠くに行く必要がある。なぜなら、その理論的根拠は最もユングに身近な自分のファンタジーから引き出されるからである。もしも、どの心理学も主観的告白の性質を持つなら、どのような主観的告白も一つの心理学をもたらしえるのだろうか？　実際、夢を理論化するのではなく、夢を無意識の表現として扱う全体的見解が、ユング派の種々の臨床的技法の基本である。すなわち分析心理学では、「理論」の主観性が神聖視される。そればかりでなく、ユングの文化、宗教、そして少なからぬ女性に関する著述は、ユング自身のファンタジー投影の優越の強調をはるかに超えて、グランドセオリーに到達しようとする。自分の「個人的神話」を拡大し、より広範囲な論拠付けを主張するために、ユングは自分のファンタジー生活と一連の文化的物語との繋がりを確立しなければならなかった。ユングの個人的神話は、単に

彼自身の人生のためではなく、多くの、もしくはほとんどの人々のための特殊なものであった。フロイトとエディプスのように、ユングは自分の文化的語りが神話学であることを見出した。特にそれらは確立された種々の宗教と錬金術であった。

　このようなわけで、個人的神話の形成は、自伝が理論になることを認めただけでなく、「神話」という用語、さらに個人と文化の間の移行によって理論が拡大することを容易にしたのである。

　ユングの著作では、「神話」という用語は二重の意味でつかわれている：個々人の個人的神話の中の不可知な無意識の証拠であり、種々の文化（キリスト教を含む神話学）の中の無意識の証拠である。宗教的で超自然的な物語を表すことで、神話は無意識の優越的で御しがたい雰囲気をもたらす。確立された神話学の形式の中では、神話は時を超えた文化の中の無意識の貯蔵庫なのである。ユングは自分の出会った神話を無意識の強制力に対する人間の主観の物語として理論化する。そして、このような語りと物語が、ユング理論を構造化する道具を供給したのだ。

　例えば、ユングの自伝はアニマ概念を描写する。それは、自律的な女性像のユングのファンタジーから立ち現れたもので、ユングの中世キリスト教神話の知識と混ぜ合わされている。いったん、神話学が理論を打ち建てるための語りのレンガとなると、太陽神、近親姦、聖婚などの異文化間に共通する要素が、基本的テキスト、文化的証明のための肥沃な基盤をもたらすのである。従って、ユングの著作が人類の聖婚を捉えるのに精神分析の臨床的記録を加味しているのも驚くに当たらない。

　もしも、端から神話にその理論の決定的に重要な要素を取り上げるとすると、理論を正当化するための神話使用が、堂々巡りになる危険をはらむという議論が起こるかもしれない。ユング派の理論は人間の心を神話的にする。言いかえれば、ユングは繰り返される夢のイメージや無意識的ファンタジーを神話的なものだと明かそうとする。

　ユングの神話使用の独特なところは、神話的語りを存在の物語とすること、心理的に構造化することである。これは無意識的なものが優越であることに価値を置くものである。この点が、筆者が次の節で明らかにしたい点である。さ

らに述べておかねばならないことは、ユング派の心理学が一分析家としてのユングの臨床実践に関するものであり、ユング一人だけに関わるものではない！ユング派理論は、こころと文化の理論であり、そして心理治療の方法論なのだ。

　ここで、筆者は本章の後の節を借りて、ユングの種々の概念どうようその著述スタイルの双極傾向について述べる。ユングの主要な概念は反対物間の緊張の上に成り立つので、ユングの著述には葛藤的であると共に密接な相互関係を持つ推進力があるのだ。ある時、ユングは精神的現象を、ある種すべてを包括する「規則」に問題なく還元するという、狭い意味での「理論」を論破する。それとほとんど同時に、ユングは文化と宗教の壮大な（grand）な語りを提供する。

　とくにユングとフェミニズムに示したのは、いわば、ユングの理論化とつなぎ合わせの文学的性質である。というのも、それは個人的神話を神話的語りによってグランドセオリーにしたからである。そこで、私はユングの文学的骨折りが生み出したものをより綿密に取り上げてゆきたい。

ユング心理学の基本的概念

　ユング心理学の根本的見解を扱うのに「心的現実」という見解から始めるのがよいだろう。ユングにとって、すべての人間の内面的、外面的心が経験し、感じ、学び、出会うすべての現実が心的なのだ。よくわかっているように、自分たちのこころのフィルターを通さないものなどないからである。ここで重要なのは、「こころ」がすべての精神的内容と精神的操作を表すという事を忘れてはならないということである；そこには知覚された心に影響を与える意識的、無意識的効果の両方を含んでいる。人が何を「現実」だと思うにせよ、この定義によれば、これらも心的なのである。

　その結果、ユング派の無意識の定義は、無意識は毎日の体験にその時その時決定的だと強調する。ユング派の考え方がフロイト派の精神分析と著しく異なるのは、無意識を恐れるのではなく、むしろそれを尊重することを求める点である。ユング派の無意識は概念的に自我よりはるかに優越である：無意識は

意味、感情そして人間の人生の価値を見出す可能性の資源である。そこでは、（フロイトのように）無意識がその人自身の家族関係を通し、エディパルな抑圧にそって形成されるという観点はより小さくなる。ユングは、これを「個人的無意識」と呼び、それは無意識固有の莫大な肯定的な可能性を損なわない。そうであるなら、無意識が人間生活の中で癒しの資源、また価値ある資源というのはどういう事だろう？　無意識はどのように有効に働くのだろう？

まず最初に、無意識は元型とよばれる遺伝的に可能性を持つ構造を含む。結果として、ユングのいう無意識は集合的である。なぜなら、全ての人々が多かれ少なかれ同じ元型を基礎的本質として有しているからである。筆者は元型を「可能性のある構造」そして「本質」というように非常に慎重に扱ってきた。というのも、ユングの元型が遺伝的イメージであるという誤った共通認識があるからである。これは真実ではない。ある元型は、ある性質のイメージのための生得的可能性なのだ。活動的な心のイメージのように見えても、集合的無意識だけによるものではないだろう。種々の元型的イメージは歴史、文化、時代の要素のような、その人の意識的経験も反映する。

仮に壺をたとえとしてみよう。壺の入れ物としての一般的概念は遺伝するかもしれない。しかし、壺が夢に現れたとき、その形、材質そして夢見手にとって特別な中身には歴史的、実際に見た壺の数々そして壺によっておこるファンタジーが含まれるだろう。このような元型に影響をうけた精神的イメージは元型的イメージとして知られている：元型的イメージは元型の形成力と人生経験と自我が先に取り入れたものが混じり合ったものである。

元型と元型的イメージという重要な概念の区別は、残念なことに、ユング自身がその二つを滅茶苦茶にするかのようにしばしば混用している。ユング理論におけるこの一般的な誤解には幾分ユング自身に責任がある。このユングの著述スタイルの形は、ユング理論の中の神話の構成的重要にさかのぼる。また、女性に関する著述を問題にする時にも、このユングの著述スタイルは問題となる。

しかしながら、種々の元型を定義するとき、ユングは明瞭であった：潜在可能性としての構造は遺伝するが、イメージは遺伝しない。ユングは、飽和溶液の中の水晶という、有効で興味深い科学的比喩を創り出した。元型についてユ

ング曰く：「その［元型］形式は、たぶん結晶軸構造に準えられるかもしれな
い……。それはそれ自身の物質的存在を持ってはいないが」。[6] このような潜
在的可能性としての元型はそれ自身の中に無数の可能性を含んでいる。ユング
はこのような個々の元型、男性の女性性（アニマ）、女性の中の男性性（アニ
ムス）、母親、老賢者／老賢女、トリックスターそして再生を考える。これら
の元型はすべて複数で両性的である。すなわちこれらの元型は多くの形を持ち
うるし、女性もしくは男性の中に等しく存在する。元型は二極性であり、その
中に反対物を含む。そのため、母親元型は世話をする女性の形で顕されること
もあるし、一方呑み込む怪物の母親イメージを創り出すこともできるのだ：そ
れはすべてその時の自我の欲求にかかっている。

　両ジェンダーを含むように、種々の元型は善と悪、動物と人間、聖と悪魔、
高さと低さとして表現することができる。これらの元型の両極的性質はこころ
を支える反対物の緊張というユングの直感を反映している。ユングの考えで
は、ギリシア語の揺り戻し（enantiodromia）という用語を借りて、全ての事
は結局のところその反対に行き着くというものである。もしそうならば、元型
は絶え間なく意識的自我の主体性を再イメージもしくはイメージするに違いな
い。

　種々の元型が自我に介入し、自我を導くこの過程こそ個性化として知られて
いるものである。無意識は自我への補償的関係を持ち、これがユングのこころ
に固有の自己を癒す性質をもたらす。自我がトラウマティックな出来事で傷
ついたり、自我があまりにもろいやり方を発展させてしまったりすると、無意
識が補償し、肯定的なエネルギーを供給する。それとは逆に、限定された力に
過剰に依存している、過度に強固な自我は、下位からのものすごくそして多分
恐ろしい反対物に出会うだろう。ユングにとって、健康なこころとは、優位で
より良い導き手としての無意識とより緊密な絆を常に形作ることを意味してい
る。

　個性化は何も神経症に限ったことではない。個性化の過程は、目的論的であ
り、そのゴールを目指し、どこに行くべきかを示すものである。誰でも個性化
を必要とする。人生の前半においては強固な自我を作り上げることが求められ
るとユングは信じていた。人生の残り半分では、自我は、人生の意味と価値へ

の旅のために、無意識の神秘的で、ヌーメン的力とこれまでになくより深い関係を発達させることを必要とする。

　集合的無意識は、無意識と自我の継続する対話としての個性化を積極的に推し進める。種々の元型の活動を通して、無意識は一面的に発達した自我を補償する。この元型の活動を通して、無意識が自我の一面性を補償することになる。これは、全て充足し、すべてわかっていると肥大した自我への反活動が要求される時に、反対物もしくは過剰な力としての創造的エネルギーを作り上げるのである。このような時、自我がバランスを崩すと個性化は分析の助けを必要とするかもしれない。

　もしもある人が無意識をことさら恐ろしいものとして経験しているなら、ユングはそれをペルソナと影の喫緊の問題とみなした。自我は意識の中心である。しかし、自我は神秘的な無意識との親密さを発展させることなしには、不適切であり、未完成なのである。世界中の毎日の人生で、自我はそれ自身をペルソナという仮面によって表現する。ペルソナはある種表層的「人格」であり、世界を見慣れぬものとして扱うように作られている。もしも、無意識が自我との関係から（不健康に）締め出されると、親密な家族に対してさえ心理学的「顔」はその人の職業で、表される。

　自我の過剰な意識的ペルソナとの連合は、影の形となって無意識からのダイナミックな反動を引き起こす。影とは字義どおりに述べると、その人物が持ちたいとは望まないもののイメージである。その人物の自我が抑制また否認するすべての考え、性質、習慣が影を作り上げてゆく。そしてそれは、夢と無意識的症状の中に顕れる。影はしばしば同性の邪悪な人物の形姿で表される。自分がより善良だと信じれば信じるほど、その人物の影はより暗いものとなる。

　定義によれば、分析は、こころの自己治癒力、補償のメカニズムとしての個性化を促進させるためのものである。分析の最初の課題は、大抵「彼［影］」が示すより暗い性質を認識し「自分のものとする」ことで、患者が影と折り合いをつけられるようにすることである。勿論、自分の夢に「犯罪」の影をもつ善良な人が泥棒に手を染めるという事ではない。むしろ、夢の中の犯罪におびえる代わりに、自分には、実際、犯罪への欲求があるという事実を受け入れねばならない。そのようなファンタジーを受容できるようになることであり、そ

のようなファンタジーに巻き込まれることではない。一旦、自我が自分は全く潔白で道徳的だと主張するような一面的であることを止めれば、影のものすごい力が減り、こころの地平は恐ろしい元型的イメージがより少ないものに整えられる。

ホラー映画の類やゴシック風の影と出会った後、（分析の有無に拘らず）個性化はお決まりのようにロマンスへと移る―異性の元型的形姿である。ユングはこれらの形姿、男性の元型的女性性をアニマ、そして女性のこころの中のこれに相当する男性的形姿をアニムスと名付けた。これらの創造人物についてはこの章の後のユング、ジェンダーの節でさらに詳しく取り上げよう。というのも、ユングのアニマに関する著述の構造は、特に、フェミニストの改訂に非常に適しているからである。

ここでは、ユングがジェンダーアイデンティティを身体的性に落とし込む傾向があったと述べるにとどめておこう。ユングは、身体の形が直結するジェンダーアイデンティティを女性、男性にもたらすと信じていた。このような態度は女性性や男性性が生得的であるという本質主義的見解に結びつく。

しかしながら、この本質主義全体は、（ユングが十分に検討したわけではないが）アニマ、アニムス理論そして文学と宗教の中の女性的なるものが文化的に形作られるというユングの研究によって、かなり和げられている。それを最も基本とするため、ユング派の無意識の補償的欲求は、ユングを自分で望むほどには本質主義者にしない。

ユングとフェミニズムにとって実りあるこの後の議論になるのは、ユング派の無意識の宗教的性質である。先に指摘したように、ユングの種々の神話の理論化はそれらを特別な文化の中で無意識が活動する語り（narratives）の数々と性格づけたことである。ユングにとって、一つの神話は一人の人間主体の物語（story）である。なぜなら、神話は、自我がより偉大で、より意味深くそして無意識の元型的エネルギーに従うように働くからである。このような種々の物語の中で、無意識は聖なる力を吹き込まれ、あるいはギリシア神話とローマ神話の中の聖性が人格化したものとして立ち現れることができるのである。

ユング派での無意識は以下の二つの理由で基本的に宗教的である：まず一つ目の理由として、無意識の不可知で制御できない次元のために、種々の宗教的

神話が必須の語りの源泉となる。どうように無意識が自我の源泉と自我の未来
の行く末になるという事実のためである。そうすることで、それはかろうじて
比喩的になる；ユングの元型は神々であり、女神たちである。というのも、人
間主体の形成において神々や女神達が最も活動的な力だからだ。その力は人間
の外界との出会いに常に影響を与える。神々（女神達）のように、種々の元型
は、その人物の人生に（精神的イメージを通して）自らを表現することで、そ
の人物を作り上げる。

　ユングの無意識が宗教的であるという二つ目の理由は、ユングのもっとも基
本的な命題にさかのぼる：すなわちすべての現実が心的だということである。
したがって、もし誰かがどんな類にせよ宗教的体験に出会ったとすれば、その
人はこころのヌーメン的活動に出会う最初である。ユングならこれを種々の元
型の創造的力との出会いと定義するだろう。この宗教的感情の心理学定義が伝
統的宗教に落ち込むことから防ぐには、ユングの宗教的無意識が人の外側にあ
るキリスト教徒の神もしくは神々を必要としないということである。もっとも
それはそれらの神々を無視するという事ではないが。

　ユングの種々の考え方の中で宗教的体験は（フロイト派の理論と全体的比較
については、次節をみよ）、純粋で真正である。さらにその真正は何らかのあ
る公的な宗教的教義を「提供」するのではなく、元型のそれである。聖性の感
覚はいつも元型的であり、集合的無意識の感覚である。それは、外部にある超
越的な神が無意識を通して働いていることの顕現かもしれない。もしくは、無
意識がそれ自身を表現しているだけかもしれない。この違いを説明する方法は
ない。

　キリスト教徒のような超越的宗教の信者はユング派の理論を受け入れ可能か
もしれないが、無神論者も受け入れ可能である。神（God）や神々（gods）は、
このユング理論の中で機能しているように見えるかもしれないし、見えない
のかもしれないのである。ユングの業績のこの観点は、現代文明の中でユングの
可能性を示す一つの理由である。ユングは、宗教的真正を伝統的宗教の教義を
必ずしも用いずに再発見することを可能にする。

　ユングは、個性化のゴールとして、「自己（self）」と呼ぶ至上の潜在可能性
が支配する元型を据えた。ここで重要なことは、ユングが「自己」という用

語には通常の「パーソナリティー」と全く異なる意味があると強調する点である。ユング派の自己は不可知である。自己は、全ての人々にあるヌーメン的、潜在可能的、無意識的性質である。ユング派独特の意味で、自己で分かっているのは、個性化の目的であるという事である。自己は逆説的に以下のように定義される。ある人物の心的過程のすべて、また、同時に全体性と意義の元型であり、宗教をその性質に必須とする元型である。元型をその人のこころの最も深い中心の原理と見なせば、この逆説の並立はより容易となる。

　個性化のゴールは自己実現（self-realization）であるが、この自己が通常の意味で自我に同一化することではない。無意識的な元型を作ることでこの自己が人の中核となる。自我の成し遂げるべき役割は、自己の衛星であると自覚し、その軌道の周りを巡ることである。そして自己の星のように輝く力で活発に働くのである。

　自己との深遠な関係を確立することを通し、存在の中心でヌーメン的無意識と生きることは、宗教的感情の人生を送ることである。ユングは、人はある宗教的神話の中で生きるべきだと信じていた。宗教的神話は、優越的で意義深いものとしての無意識の発展を包括し、可能にする道なのだ。これが、ユングが信仰という意味で自分の個人的神話を述べたものである。そして、これが、ユングの心理学からいかに個人的神話を切り離せないものにしているかということであろう。個人的神話は必然的に宗教的である；それは必ずしも外的な聖なるものを必要とするという意味で抽象的である必要はない。

　ユングが自分の「理論」のために望んでいたように見えるものは、彼の理論のための意識と無意識の両方の創造的力の所産である。「神話」は、ユングの表現では文化的形式なのだ。従って、ユングの自己のイメージがしばしばこころの中の神―イメージと思われるのも驚くに当たらない。もしくはユングがイエス・キリストをキリスト教徒に自己イメージをもたらすものとして描くことさえ当然である。元型は両性具有的で多義的である。そのため、キリストと自己の結合は、伝統的キリスト教のキリストを女性的、悪魔的にさえする過激な読み替えに結びつく。宗教と女性性に対するこのような修正的態度の可能性については続く章で検討してゆきたい。

　ユングの無意識に関するさまざまな示唆は「客体的なこころ」もしくは今日

的表現では「自律的なこころ」という言い方に要約される。したがって、夢は、フロイト理論のように、隠された願望を読み解くものではなく、夢自身が意味にあふれたものとして尊重される創造的テキストなのだ。

ユングは、夢が無意識との直接的コミュニケーションだと信じていた。[7] 夢は無意識自身の言語による自我への語り掛けである。従って、自我は夢の事柄に耳を傾けるべきであり、それを種々の言葉や概念に還元しようとするべきではない。いわゆる合理的理論化によれば、自我は夢自身の言葉で翻訳される夢の力を通常とは違うやり方で大切にとっておくことである。

勿論、そこに夢の分析から「理論」や「解釈」を取り去る可能性が全くないわけでもない。なぜなら、夢の真正を尊重する原理さえも、それ自身理論的見解だからである。そうではあっても、ユンギアンにとっては、どのような夢の判読も創造的無意識を知るために供されるべきであり、自我を支えるためではないのである。

無意識的ファンタジーにより接近するために、ユングはある治療技法を用いた。それは「能動的想像（active imagination）」と呼ばれる。能動的想像では、自分の夢のあるイメージや外界の文化的背景（しばしば神話的な）を黙想するように求められる。最初のイメージから種々の創造的イメージが溢れ出るかもしれない。その目的は心の自我の統制を解き放ち、無意識的材料が意識の表層に届くようにすることであった。能動的想像では、ファンタジーは自律的なものとして出現する。というのも「他者」としての無意識がそれらのファンタジーを導くからである。

ほとんど反対のやり方が、「拡充法（amplification）」と呼ばれるユング派の技法であった。分析家と患者は夢の物語と種々の文化的神話の間を並行して進めることが勧められた。拡充法は個人の心的出来事を神話、おとぎ話や宗教的語りと関連付けることである。このやり方では、夢を完全に個人的なものとすることを減弱し、そして自我志向を弱める。しかしながら、このやり方は、夢を見た人の特別な歴史的状況を十分に加味しない結果になる可能性がある。

また、個性化で重要なのは、ユングが「超越的機能（transcendent function）」と名づけたものである。超越的機能とはこころのある側面であり、それは、特に葛藤と困難が起こっているかもしれないところでの反対物を仲介

する。たいてい、超越的機能は反対の力の間の緊張を保持するために十分に共鳴する種々の象徴を形成することで、作用する。このような象徴は、しばしばヌーメン的もしくは明らかに宗教的である。ユングは自分が錬金術のテキストで見たイメージの多くを超越的機能の好例だと信じていた。

一般には錬金術は金に代わるといういつわりの主張で惑わされやすい人を騙す方法と思われてきた。しかし、錬金術は多くの神学者とどうように初期の科学者にとっては大まじめに取り上げられた哲学であった。ユングは、錬金術師たちが自分たちの無意識的創造性を複雑な化学実験に投影することで、個性化の実践を最初に行っていたと信じていた。錬金術師の活動は、ユング派の初期の分析の形であった。金の探求は本当の金の影の物質もしくは賢者の石、自己の聖なる力であった。

このような錬金術の見方は、心的現実を社会的、物質的自在に拡張するというユングの考えに糸口を与えた。後年の著作で、ユングは共時性の概念を創り出した。これは、種々の意義深いが因果関係のない出来事が結び付けられる人間の人生で、このような重要な偶然を説明するために作られたものである。共時性は外的現実と内的現実が出会うとき起こる。ちょうど内的要求が突然完全に未知の物と出会う時のようなときである。

最後に、ユング派における身体について考えたい。霊、宗教そしてユング派の無意識の自律性の至上を強調するので、ユングが身体の役割を軽視しているような印象を与えるかもしれない。これは真実からほど遠い。ユングにとって、身体はそれ自身の欲求を伴った現象であり、心と分かちがたく結びついた両方なのだ。種々の元型は心身的であり、それらが、また身体であることも意味する。本能の形の中で身体に深く根付くことにより、元型はもう一つの双極性次元の霊性の中に格「上げ」となる。したがって、身体は元型を通して霊性に結び付けられる。要するに、種々の元型は元型的イメージをとおして身体を心理学的にする。

一方で、この身体はこころの身体的側面を表現する：身体的体験と欲求は心理的体験と欲求を反映する。このことは、ユング派の身体が「サトルボディ（subtle body）」であることによって、心理的、元型的として体験されることを意味する。特に身体的本能と体験として、セクシャリティは身体的どうよう

に元型的となりうる。翻って、これが（フェミニズムにとって）ユングの価値
ある論争へと導く。すなわちセクシュアリティは、（霊的やり方の元型を通し
て）宗教的体験に結びつけることができる。したがって、セクシュアリティ
は、聖なるものにとって本能的「他者」として見なされるべきではないのだ。
　さて、ユングの種々の基本的概念をみてきた。フェミニズムにとってはフロ
イト派の精神分析とのユングの大きな違いを考えることが重要である。

フロイト派の精神分析とのさまざまな違い

概念に関する論争

　フロイトとユングは、少なくとも部分的な論争に陥っていた。というのもフ
ロイトとユングは心的エネルギーの性質について合意できなかったからであ
る。フロイトにとって、こころの力動は性愛に根差したものだった。フロイト
はリビドーの概念を基本的に性的欲動の上に成り立つものとし、この原理にお
墨付きを与えていた。ユングは、性的意味が支配するというこのリビドーの考
えを拒否していた。ユングは、もっと中立的な「エネルギー」という用語を好
み、性的、もしくはそれ以外にも公平に顕現されうると考えた。
　より深刻な不一致は無意識の特徴にまで及ぶ。フロイト派の精神分析では、
無意識は、性的抑圧によって人間主体の性質の構成されるものと見なされた。
エディプスコンプレックスがそのような抑圧の第一義的手段である。男の子
は、自分の母親との性的つながりが排除されたのは、強い父親の役割で厳しく
放棄させられることを知る。それにより、激しい情熱が起こり、それに続いて
禁止された欲求の抑圧が、フロイト派では無意識を構成する。
　恐るべき父親の手による去勢への恐怖だけが、男の子の近親姦への情熱を断
ち切る。その男の子個人の自己、ジェンダーそして抑圧された性的無意識が同
時に起こる。女の子の場合は、女性性にとってもっと危険な過程を通る。女の
子は、自分が既に去勢されてしまっていることを認めなければならない。自分
のような親、すなわち母親への落胆によって、女の子は、その愛の対象を父親
に切り替える。この捻じれた移転によってだけ、女の子はフロイトが自然とみ
なした異性愛志向というものに達することができるというのだ。

　エディプスコンプレックスがこの発達的過程の中心に大きく据えられたために、エディプスコンプレックスはしばしば神経症の表面的トラウマとして移し替えられた。古典的フロイト派の夢分析の実践は、上記のような無意識のテキストに形を変えて埋められた性的欲望を解読することである。

　この簡単な要約からみると、ユング派の理論は無意識の性質のみならず、エディプスコンプレックスと夢についても、フロイトとは異なっている。まず最初にエディプス期を取り上げ、ユングはエディプスの苦悩が子どもの発達の中で、個人的無意識の構成を理解する上で有効な手段だと結論付けた。エディプスコンプレックスは確かに存在した。しかし、それが重要だったのは一部の患者であり、全てではなかった。ユングの無意識の見解ではエディプスコンプレックスは中心から遠く、種々の元型の集合的無意識の中の包括的諸要因の圧倒的な影響力に比べれば、周辺的なものである。

　ユング派の理論では帰すべき原理は、無意識に肯定的に応じる必要性である。種々の夢は、それらが伝えねばならない無意識そのものである。ユングが非常に強調したのは、夢を自動的にその個人のエディパルな物語とみなすべきではないということだ：夢は優越的な「他者」からのメッセージである。夢を解読したり、解釈しようとする試みは、種々の元型の自律的生産物である夢の真正を傷つけることである。本当の意味で、そのようなことをすれば、夢を見た人を裏切ることになるかもしれない。なぜなら、その人の真実の「自己」は無意識の中にあり、決して自我の中にはないからだ。

　無意識と夢に対するこの非常に大きなアプローチの違いは、象徴と宗教的体験に関してフロイト派の精神分析とのさらなる論争に繋がる。ユングは、フロイトが夢の象徴を単なる記号もしくは無意識表現の症状としか見ないと信じていた。夢の象徴のこのような扱いは、フロイト派の夢の解読の実践には必ず伴うものである。これはしばしばその夢をみた人物をエディパルなものに戻すやり方なのだ。

　ユングにとって、象徴は無意識的、元型的表現の手段であった。（フロイトどうよう）ユングは多くの夢が自我の凡庸さを反映しているに過ぎないことを認めていたが、夢の力強い象徴は集合的元型の活動を意味していた。元型的イメージとしての象徴は、無意識の創造のつかみ難い世界とみなされる。これら

の象徴は、不可知なもの、それだからこそ非―理論的なものとして考えられなければならない。また、象徴は未来を指し示す。ある人が、無意識的力との親しみを育てることは将来の発達に向けたものであり、エディパル期の考古学に舞い戻るものではない。

どうように、ユング派の象徴は、心理的衝突の中で非常に力があるので、聖性の意味をもたらす。フロイトが宗教的体験を原理的な心理的セクシュアリティに紛らわしてしまったところで、ユングは、宗教的感情を集合的こころの真正の表現と捉えた。これは、ユングが本質的に宗教的なものとしてこころを説明することを意味したということである。ユング心理学は、外部の超越的神を排除するものではないが、必ずしもそのような神への信仰を求めない。

セクシュアリティは、元型的でもありうるし、ヌーメン的なものに繋がることができる。そのため、ユングにとっては、フロイト派の実践をしながら、宗教的夢に性的問題の表現を付加的に見ることが可能となる。どうように、ユング派の分析では夢の中の性的イメージの聖性の含みを探索することになるだろう。なぜなら、セクシュアリティは霊を含む無意識的なコミュニケーションの連続体の一部だからである。フロイトは認めなかったが。

ユング派の治療実践のこのような柔軟性は、ユングの集合的無意識が力強い、超越的「他者」であるという見解の統合から直接派生している。どうような柔軟性は、あまり知られていないが、早期の子どもの発達過程のユングの説明にも見ることができる。ユングは、フロイトがエディパル構造の過剰な中心化には同意しなかったが、子ども時代の発達を無視したわけではなかった。ユングは、プレエディパル期、母親―赤ん坊の絆を早くから強調する思想家だった。

母親は子どもに無意識の最初のイメージをもたらす者である。身体的な母親は子どもに身体の誕生を授けるが、心理的に分離してはいない。活発な無意識が別の人間主体としての子どもの誕生のプロセスを開始させる。この大仕事を成し遂げるために、この生まれかかった無意識は、子どもと母親との心理的繋がりに使われる。

ユングによれば、エディプスコンプレックスは、無意識の事前活動を伴いパートナーとして働いて、子どもの発達を助けることになる。『分析心理学に

関する二つの試論』の改訂版（特にフロイトの死後）[8] の中でフロイト理論への関係を再評価している。その中で、ユングはフロイトのエディプス理論が、ある患者にとっては明確にする役割を果たしうるであろうことを慎重ではあるが認めていた。しかしながら、ユングは自分の初期の見解、すなわち近親姦ファンタジーが、他の物を一切排除しない、もしくは性的なものだけが支配的でない比喩的な象徴として考えられる可能性を捨てなかった。

　フロイト派の理論との概念的違いを説明することは、臨床的適応に多様性を与える上で必須である。ユング派にしろ、フロイト派にしろ、その分析のトレーニングを受けたセラピストは、理論的違いどうよう、実践においても違いを感じるだろう。この節を分析と用語と現在のユング派実践現場について述べることで終えたい。

分析における違いとポスト・ユング学派の出現

　ユング派の分析はフロイトとその後継者たちの実践を変更している。その変化の中には、自我をより深い無意識的自己との関わりに導くような心的過程の尊重によって、被分析者を将来の方向へ向かわせることも含まれている。また、ユング派の分析家は夢を解読したいという誘惑に抵抗しようとするかもしれない。分析家は、無意識が自我の問題を補償する構造を形成するのを見ようとするかもしれない。そして、しばしば生得的な癒しとしての宗教を探すだろう。

　また、ユングは分析の出会いでの逆転移の重要性を説いた最初の実践家であった。フロイト派の精神分析は、「おしゃべり療法」にとって決定的なものとして転移の概念を早くから発展させた。これは、夢、感情そして無意識的兆候を取り扱う時、分析家が患者のこころが投影される重要な部分であるスクリーンとして機能しなければならないことを意味する。この無意識的転移を用いて、フロイトは患者の苦痛をいくらか和らげることを望んだ。逆転移は、分析現場への分析家自身の投影への気づきを持ち込むことで更に一段階進む：この方法で、分析家のこころは無意識的に患者を想う。今日の治療実践では、ユング派、フロイト派どちらの分析家も逆転移を真剣に取り扱う。そして、これはこの二つの心理学が分析と並行して発展してきた唯一の点ではない。

　さて、ポスト・ユング学派分析の重要な三つの学派について簡単に見ていこう。中でもその中の一つはフロイト派の遺産をより継承している。

　アンドリュー・サミュエルズの著書『ユングとポスト・ユンギアン』[9] が、ポスト・ユング派の学派を整理する標準的著書となっている。それらは三つの学派からなっている：最初は「古典派」であり、この学派の分析家は、ユング自身の治療実践にもっとも忠実であろうとする。次は「元型派」であり、アメリカで成り立ったものである。最後は「発達派」である。この最後の「発達派」は、特に前エディパルな母親の役割について、ポストフロイト派の理論を最も包括するものだ。

　発達派どうように、自らを元型的心理学と呼ぶ元型派は、ユングの『全集』とユングの臨床的技法として知られているもの両方を忠実に再現する見解から離れている。元型心理学者は意識的なポスト構造主義[訳注1] との協力の中で新たな理論のさまざまな手段に注目している。本書第4章では、ユングのフェミニストによる見直しに対する元型心理学の貢献について検討しよう。それには、ユング自身の女性とジェンダーに関する見解に立ち返ることが必要である。それは、本書第3章の主題「伝統的ユンギアンフェミニズム」と呼ばれるものに広く貢献してきたのである。

女性とジェンダーにおけるユング

女性のグランドセオリーと個人的神話

　本書では「女性的」という用語が非本質主義的に用いられる。「女性的」であることは、歴史的に条件づけられた「他者」として、女性の性質は文化的構造とみなされる。そして、「女性的」であることは女性の身体に必ずしも位置づけられるものではない。このためには、ユングのテキスト中の「女性的」という言葉を言い直すことが必要となる。ユングの使い方は、しばしば心理的ジェンダーを身体的性に落し込む。このような傾向は、ユングの心理学の重要な部分が、単純な定義に反対しているにも拘らず、ユングをジェンダーに関しては本質主義者にしてしまう。

　ユングの全ての諸概念の中で、ユングの女性とジェンダーに関する表現は、

グランドセオリーと個人的神話という前提の上に組み立てられた著述との関連で考えられなければならない。グランドセオリーへの野心と個人的神話のファンタジーの価値の強調の両方が、女性に関するユング『全集』の非客観性について必要な妥協となるにちがいない：「男性が女性の感情的生活について語るほとんどが……男性自身のアニマから届けられており、そのため歪められている」。⁽¹⁰⁾ このグランドセオリーは、全ての現実を、基本的にユングが自分の女性に関する知識をどのように説明するかという心的なものへ戻すものである。それは、ユング自身の女性性とアニマの無意識的元型によって決定的に色づけられている。したがって、男性は科学的、非個人的という意味で女性に関して客観的ではありえない。このフェミニズムの観点から好ましい男性自認は、ユングがお返しに指摘する女性に関する対照的言辞によって幾分損なわれる——すなわち、女性は男性に関して客観的になりえない。なぜなら、女性の無意識的男性元型が同じように干渉するからだ——「女性が男性に関して作る、驚くような仮説とファンタジーは、アニムスの活動から来ている。アニムスは、果てしない非論理的議論とばかげた解説の供給を作り出す」。⁽¹¹⁾

　ユングは単なる性差別的本質主義者だと非難する前に、無意識的元型はすべて両性具有的で双極的であることを思い出さねばならない。もしも、ユングがジェンダーを身体的性に落とし込み、ユングの著述がそうみえるのであれば（しばしばそうだが）、読者はユングの言辞が、まさしくユングの無意識的ファンタジー（アニマの歪曲）かもしれないと捉える。もし、こころが、それ自体流動的ジェンダーならば、身体は単純に心理的ジェンダーと同等にはなりえない。ユングは、女性の身体が生得的な（もしくは文化的歪曲が一掃されたあとの深い意味での生得的）心の女性性と同等であると信じる、単純な本質主義者ではありえない。

　両性具有の元型は多様であり、自我の経験を補償する役割を持つ。心は決して一つの固定したジェンダーではありえない。そして、諸々の元型は、その時代の文化で見られた女性性と男性性と共に機能し、それらと対照的な見解を産出する。生得的で永続的なジェンダーアイデンティティは存在しえない。なぜなら、一旦このような状態が分かると、自我を不可知で非固定的なもっと滋養豊かな無意識の栄養へ切り替える元型の重要な方法の一つが止まることになる

からだろう。ジェンダーはプロセスでなければならない。それならば、どうして、ユングには、あたかもジェンダーアイデンティティを身体的性に落とし込んでいるような書き方がしばしばできるのだろう？

　ユングのアニムスと女性の知的能力を見下げるような言辞をグランドセオリーの中の文化的偏見だけのせいにすることはできない。もう一つの反対物のペア概念、エロスとロゴスについて、ユングは、本質主義的言辞の理論的枠組みを作るということに最も近づいている。

　エロスとロゴスは、精神的に機能する元型的原理である。エロスは感情と関係の質を意味し、一方ロゴスは、合理性、霊性、知性を包含する。ジェンダーの中に大抵これらの性質が振り当てられる傾向があることは驚くに当たらない：エロスは女性的で、ロゴスが男性的というわけだ。それにも拘らず、これらの原理はそのまま本質主義を表さない：エロスとロゴスは生物学的両性のどちらの人の中にも存在する。

　現在の分析的実践ではこれらの性質は両方のジェンダーに等しく有効なものとみなされている。しかし、(12) ユングのエロスとロゴスに関する言辞は、女性についての本質主義的仮説に対するユング自身の欲求を裏切るものである。男性はロゴスによって支配され、女性はエロスによって支配されていると信じて、ユングは書いている：「一方、女性にあっては、エロスが彼女たちの真実の性質の表現であり、彼女たちのロゴスはしばしばただの嘆かわしい災難である」。(13) 女性の真実の性質が関係の機能であり、女性の思考は何かの間違いであるというこのユングの主張の何が正しいのだろう？　元型的無意識の補償する性質、両性具有的性質からみて、このような意見は女性蔑視者の歪みの最たる例に見える。しかし、そう決めつける前に、ユングの著述がグランドセオリーと個人的神話を織り交ぜた特殊なものだと考えてみる価値はある。

　理論を著述するときのこの二重のアプローチは、合理的自我と無意識の中の非合理的にファンタジー化する他者からの著述を意味する。グランドセオリーは個人的神話と絡み合ったものである。この見方は、ユングのアニマを歪曲させる仕業としてのユング派の著述のなかにある是認できない文化的偏見を表す。ここで述べたいのは、ユングが軽卒にも見下げて女性にあてがったエロスの質を、ユングが自身のアニマの特性として、もっとも直接的に精神的に体験

52

したのだ。

　『思い出、夢、思想』の中で、ユングはアニマを陰険、好色、狡猾、繋がる
ものとして描いている。ユングは、自分自身のアニマを根拠に女性性に関する
種々の仮説を作っている。そして、これらの仮説は、女性心理学に関するユ
ングの考えを歪め、時には奪うことに使われる。ここで、個人的神話が、「ア
ニマ」を「女性」に落とし込む中で非常に確実に作用していることが見て取れ
る。ユングの個人的神話の一側面から、その著述の中に非常に強烈に実現して
いることが分かる。この「女性を［自分の］アニマに落とし込めたい」という
欲求はユングのグランドセオリーから完全に切り離すことはできない。なぜな
ら、ユングのアニマは、彼自身の概念化した用語のなかで、ユングが使える最
も直接的な「現実の」女性性の形だからだ。結局のところ、全ての現実と精神
的経験がそもそも心的であるならば、ユング自身の元型的こころが、彼の著作
にもっとも密接なのである。ユングのアニマとアニムスに関する言辞をさらに
検討することが求められる。

アニムス、アニマとアニマとしての女性
　アニムスとアニマは人の無意識の中にある他のジェンダーの元型である。反
対の性の元型的イメージを作り出す中で、それらの元型は無意識の他者性のた
めのメタファーとして解剖学的違いを使う事で機能する。もちろん、元型なの
で種々の元型はジェンダーでさえ双極的である。そのため、元型は一つの身体
的イメージもしくは人間の形として表現することが制限されるわけではない。
例えば、両方の元型は動物もしくは聖なるイメージとして等しく表現すること
ができる。

　不幸なことに、これら二つの用語に関するユングの言辞は、これらの元型の
外形に自分の個人的なものを投入することで活気づけられているようだ：ユング
はエロスとロゴスの潜在可能性に自分の体験を非常に多く結びつける。アニ
マが「気分」を代表するところでは、そのアニムスは「意見」になるだろう。
実際、このアニマをエロスの性質に（ユング自身のアニマを描写するやり方
で）結びつけることは、男性性の意識をまずはロゴスが支配すると定義するよ
うなやり方が、唯一の理論化の方法となる。反対物間の緊張というユング派の

中核原理に基づくと、「エロティック」なアニマを男性の無意識とすることは、文化的価値があるロゴスの論理的な議論の能力が男性的意識の側に属することを意味することになる。ロゴスとエロスを反対物とするせいで、男性の知性は合理性と識別能力が優勢であり、女性の思考は「拡散」しており、関係性の能力ということになる。

　さらに、上記と並行して、女性のロゴスの力は大抵、アニムスの罠にかかっている優越な無意識ととられるので、女性のエンパワーからほど遠くなる。この女性のアニムスは種々の「意見」を作る傾向がある。その傾向は、硬直した「知識人」、「女性の最悪の敵」そして男性を激怒させ、辟易とさせる悪魔的な情熱」[14]さえ引き起こすものとして斟酌なく広げられる。「男性的」職業につき自分のアニムスを涵養する女性は、結果的に不感症、性的攻撃性、同性愛のように「男性化」しやすい。このような女性は、自分の「女性的性質」に逆らっているのである。[15]

　誰もこのようなジェンダーヒステリーをまじめに取り上げないと信じたいのだが。実際、ユングのこのような女性蔑視のコメントを、彼の著作の中のヒステリーとして考えることも不可能ではない。グランドセオリーと個人的神話の間の特筆すべき、実り多い緊張が、ここではジェンダーの点で筋の通らない議論を活気づかせる。これこそヒステリーである。というのも女性蔑視的本質主義者のこれらの意見は、元型的無意識の種々の中核的原理によって正当と認められない。女性性に対するジェンダーの偏見は、無意識の両性具有性と不可知性の両方によって成り立たない。

　特に、ロゴスを男性の意識に、エロスを女性の意識に、不変なものとして割り当てる意見には理論的正当性が成り立たない。ジェンダーの発達の歴史的影響の中で、伝統的文化ではそうかもしれない（ユング派の理論でも、元型的イメージの構成が文化的であることを否定していない）。しかし、ユング派の無意識は、優越的、創造的力の結節点であり、文化的に由来するものではない。無意識は、文化的ステレオタイプを補償し、それと闘うべきなのだ。

　さらに繰り返すが、エロスとロゴスを身体的性の位置に刻印付けることもできない。なぜなら、ユング派の無意識は、身体的本質主義に抗して作用するからだ。女性の仕事に対するユングの見た目の警告でさえ、女性の「ユンギア

ン」たちに自分の指示一般のもと働くようにすすめる彼自身の実践から生まれ
たものではない。

　興味深いことに、むしろユングは、ある一点において、アニムスを非常に良
く描写している。それはちょうど、「父親や権威者の集まり」への作用と比較
しながら、父権性文化に夢中になることであった。それらの人々のおぞまし
い見解の数々が、半ば子ども時代から覚えた言いぐさであることを証明してい
る。[16]

　ここで、第1章での女性の移行を思い起こす価値がある。ユングのキャリア
の中で女性が霊媒の役割からアニマに移行することである。まず、女性と霊媒
が入れ替わり、呵責ないアニマに滑り込んでいくことは、個人的神話を著述し
たように見える。かりに、ユングの人生の中のアニマの歴史的根元が霊媒の女
性なら、治療実践から個人的神話の発展に写し取ることも可能である。この治
療的実践は、医学的研究を重要なジェンダー政治の中でオカルトスピリチュア
リズムと組み合わせた。

　ユング派の心理学は、スピリチュアリストの実践を医療化する（そして、そ
れはその時代の男性支配の専門職に男性化する）ものである。ユングの仕事の
前には、スピリチュアリズムは19世紀に公式もしくは通常の制度外の女性霊
媒の仕事によって、特徴づけられたものであった。

　ユングは、自分のアニマと接触するやり方で、自分が霊媒の地位に就く。そ
こで、霊媒のユング版は、ユングが個人的神話とその中の男性的主体を組み合
わせた基本的姿勢となった。この個人的神話は、グランドセオリーに埋め込ま
れたものになり、そのためユングに続く支持者が女性とジェンダー規定に関す
るユングのより生きた言辞を固定化させることになった。

　女性とジェンダー関する個人的神話の次元を見てきたが、ユング心理学に
よって文化全体に包含されるグランドセオリーの役割は何であろうか？

ユング、女性性の文化批評

　ユングは、常習的にジェンダーを身体的性に落としこんでいるにも拘らず、
女性の解放運動が有効であろうときには、ユングはそれを確実にはしなかっ
た。実際、それは、ユングが生物学的な女性から「女性の本質」を解き放とう

とする文明批評である。一つの良い例は、聖性のジェンダーの双極性（元型の両性具有性のため）を無視することを教えるキリスト教へのユングの一貫した批判である。そこでは、女性性の要素も包み込んでいるに違いないのである。ユングの出した答えは、女性の僧侶（女性にとっての物質的、象徴的力）ではない。ユングは、特に男性が自分の無意識的アニマを通して有効な形成をすることによる、文化的女性性の再評価を好む。

　それにも拘らず、「他者」を抑圧するキリスト教への攻撃によって、悲惨な神学的過ちである女性への魔女狩りを検証することにユングは関わる。[17] 加えて、ユングが聖性の中の多様性とセクシュアリティの聖的側面を広範に理論化することは、フェミニストのアプローチにとって潜在的価値があるものである。

　有りがたいことに、ユングは、女性性の文化的抑圧が何世紀にもわたって続いたと考え、そのことを神経症的だと定義した。女性性の抑圧は、精神的、文化的病の源泉である。ユングの女性蔑視は、言葉を損なうという中で、個人的神話の周りにそれとなく集められている。たぶん、これはユングの著述方法の文化的次元を見通すものであり、文化にとって必須の女性性の増進と、女性の社会的進歩を区別するものとなる。

　仮に、この個人的神話は女性を否定的に描写していると歪める本質主義者；また、文化の中の女性性に関する非本質主義者、いずれにせよそれは、男性的主体の関心の中で形作られるようだ。さて、この章で、フェミニストの見直しのためにユングについて最後に提言できるものは何であろう？

ユングはフェミニズムか？

　ユングのジェンダーの取り扱いを定義すると、その本質はユングが女性性を自分の心理学の中心に据えたことである。同時に女性を社会的、物質的、歴史的存在から外している。文化の中の女性性に関する理論家としてユングは、ジェンダー政治に限って言えば、ユングの権威あるテキストの歴史的位置付けを吟味する限り、有効な出発点を提供している。特にアニマの外観をとる女性を見下げようとする欲求は、ユングの著述の中の男性的偏見を明らかにするために歴史的に問題にされる必要がある。しかしながら、個人的神話と絡まって

おり、互いに支えあっているグランドセオリーの創造者としてのユングを考え
ることは、ユングのアニマに関するテキストを、男性のファンタジーにしっか
りと、「密かに」根付く「女性」理論として説明することもできる。アニマ理
論は、ユングの諸概念の中に位置づけられるものであり、女性と女性的なもの
が歴史的に経験したものとは区別して位置づけられる。

　結局のところ、すべての人間主体の中にある優越的、創造的、意味を創造す
る機能としての集合的無意識の中核的理論は、重要なフェミニズムの議論を
提供するだろう。このような一つの資源は、個人的神話のジェンダーファンタ
ジーに必須の批判によって無効にはされない。実際、この章で示そうとした、
グランドセオリーと個人的神話のユング心理学は、その重要な本質によって、
フェミニズムの批判の余地を作る。そこでは、ユングの考え方を批判的、肯定
的精神両方から捉えることができる。

　ユングに関して提供する最も重要なことは、理論を組み立てる中で、他者、
ファンタジーを通して表現される無意識そして神話表現に対する、ユングの
優位性である。次章では、伝統的ユンギアンフェミニズムの発達について述べ
る。それは、グランドセオリーの創出者としてのユングへの広範な応答であ
る。そこでは、階級の中でフェミニズムをグランドセオリーの下位に位置づけ
ないフェミニズムが探求される。それはまた、一つの個人的神話の著者のユン
グと協働するのである。

2章のまとめ

　ユング心理学の描写は独特である。というのもそれは理論の中にファンタ
ジーと神話を組み込んであるからだ。筆者はこれをユングの著述が個人的神話
にグランドセオリーを巻き付ける形式であると説明する。ユングの考え方を理
解するためのこの出発点は、全ての現実が基本的に心的であり、無意識は第一
に元型と呼ばれる優越的、創造的力の機能である。

　ユング心理学はフロイト派の精神分析と無意識の定義、セクシュアリティ、
宗教の役割という点で理論的に異なる。治療的には夢、象徴、分析の未来志向
という点で異なる。女性性に関するユングの決定的な姿勢は、ユングがジェ

ンダーを身体的性に落とし込む傾向である。しかし、すぐさまユングをジェンダーに関する本質主義者とすることはできない。というのもユングが無意識の双極性と両性具有性に優越性を認めているからである。ユングの著作の男性的偏見にも拘らず、フェミニズムのアプローチにとって前向きな可能性が存在する。その一例として、文化の中の女性性の根強い無視に対するユングの批判が挙げられるだろう。

更なる学習のための文献[訳注3]

http://cgjungpage.org/
　　初心者にとって最も役立つWebである。セミナー、著書評論、論文、工夫されたリンクがある。

Fordham, Frieda, *An Introduction to Jung's Psychology* (Harmondsworth：Penguin, 1953).［フリーダ・フォーダム、吉元清彦・福士久夫訳『ユング心理学入門』(国分社・1974)］
　　明解なユング心理学の重要な諸概念の紹介。興味深いユングの序文がついているが、通常の意味でユング心理学の「理論」を引き出すことの難しさを示唆している。

Jacobi, Jolande, *The Psychology of C.G.Jung：An Introduction with Illustrations* (London：Kegan, Paul, Trench, Trubner, 1942).［ヨランデ・ヤコービ、池田紘一訳『ユング心理学』(日本教文社・1982)］
　　直接ユングを知る著者によるユングの考えの中核を把握しようとする初期の試み。ユングの序文は上記どうよう、通常の理論として自分の心理学を考えることが難しいとみなしている。役には立つが、初心者には詳細に過ぎる。

Jung, C.G., *Modern Man in Search of a Soul* (London：Kegan, Paul, Trench, Trubner, 1933).［C.G.ユング、高橋義孝・江野専次郎訳『現代人のたましい』(日本教文社・1970)］
　　初期のユングの英語の評論。分析題材としての夢、心理治療、フロイトと文学へのアクセスを含む。

Jung, C.G., *Aspects of the Feminine* (Princeton：Princeton University Press, 1982；Ark Paperbacks；London：Routledge, 1982). ユング、C.G. 『女性性の諸側面』
　　ユング全集からの女性と女性性に関する著述選集。生きた言葉の重要なさまざまな例を含む。

Samuels, Andrew, *Jung and the Post-Jungians* (London：Routledge, 1985).［アンドリュー・サミュエルズ、村本詔司・村本邦子訳『ユングとポスト・ユンギアン』（創元社・1990）］
　　ポスト・ユング派の分析家によるユング心理学の発展を背景にした基本的著書。ポスト・ユング派の三つの学派を概説している。ユングを真剣に学ぶ者にとって必須の書。

Samuels, Andrew, Shoter, Bani and Plaut, Fred, *A Critical Dictionary of Jungian Analysis* (London：Routledge, 1986).［アンドリュー・サミュエルズ、バーニ・ショーター、フレッド・プラウト、濱野清志・垂谷茂弘訳『ユング心理学辞典』（創元社・1993）］
　　ユングの考え方とそれらに続く発展の詳述。ユング心理学の基礎を極めた著者による価値のある文献的著作。

Storr, Anthony, *Jung* (Fontana Modern Masters：London：HarperCollins, 1973).［Ａ．ストー、河合隼雄訳『ユング（岩波現代書庫）』（岩波書店・2000）］
　　ウィットにとんだユング紹介。学習意欲をそそるだろう。

第3章
女神と女性原理

私たちは、神話がただ楽しいだけのお話でなく、忘れ去られた時代の神々や英雄、
あるいは悪魔に関するたわいないお話でもないということに気づく。
神話は生きた心理学的素材について語り、そして個人の内的生活に対しては、
まさに真理の宝庫としての役割を果たしているのである。
このことは、単に個人に対してのみならず、共同体の生活に対しても同じである。

(Nancy Qualls-Cornett, 聖娼-永遠なる女性の姿, 1988) [訳注1]

　この第3章では「ユンギアンフェミニズム」として知られているものを紹介する。「ユンギアンフェミニズム」を「伝統的ユンギアンフェミニズム」と後の章で言及するより多彩で異なった可能性をもつ「ユンギアンフェミニズム」に分けて考えるつもりだ。伝統的ユンギアンフェミニズムは、ユングのグランドセオリーの態度を堅持する。これは、伝統的ユンギアンフェミニズムがユング自身のこころと文化に対する一貫した理論への試みからジェンダーと女性的なるものの堅固な概念を得ようとすることを意味する。ユンギアンフェミニズムの主要な著者の業績をこのような文脈で検討する。

　ユンギアンフェミニズムは、ユング派の技法の拡大、見直し、そしてユングの拡充法の見解を通して、ユングの著作の外側へ向かう。これらの著者は、新たな社会状況の多様さに応えるために、アニムスとアニマ理論を拡大し、改訂する。拡充法のもとで、ユングの問題あるエロスと「女性的なるもの」の結びつきは大きくなる。ある理論家のグループによる一つの対応は、「女性的なるもの」を両性に有効な形而上学的なもの、また西洋文明の中で悲惨にも抑圧さ

れてきたものとして定義する。

　（元型の中の）ヌミノースの中で、ユングの女性性の注目すべき拡大は、男性支配的な一神教文化の拒否であり、グレートマザーの聖性への「回帰」を支持するものである。「グレートマザー」が自然な世界に聖なるものを吹き込み、作り出す。「グレートマザー」は世界の中に、また世界のどこにでも存在する聖性であり、世界と切り離されずに、世界を超越する。そこで、ユングギアンフェミニズムは歴史、文化、宗教、美学そしてこころの最も野心的フェミニズムの神話となる。

　本章は、ユンギアンフェミニズム（グランドセオリー）が何を達成したかの評価をもって終わる。そこでは、心理学的フェミニズムにとって、神学の領域を超えた女神フェミニズムの魅力を示す。そのあと、それの代わりとして、よりポストモダン的な、「女神」への注目を構成する方法を提案する。それは客観的理論というより、むしろ「ユンギアン女神フェミニズム」を想像の中のある種の新たな試みとして考える可能性である。女神フェミニズムは、ポストモダン時代の自己のための創作を提供するかもしれないのだ。

グランドセオリーとユンギアンフェミニズムの紹介

　先の章で、ユング心理学には二重の欲求が込められていると定義した。一つは、「グランドセオリー」と名付けた、こころと文化を全て包括する権威的な説明を行う傾向である。もう一つは、「個人的神話」と呼ばれるものである。それは、純粋に合理的な用語では知りえない無意識の不可知性に反して、そのような主張を制限しようとする欲求である。「個人的神話」という見解は、ユングの基本的考えの発生をユング自身の伝記的説明に求める。

　ユング以降のジェンダーと女性性に関する業績は、ユングの思考のこの二つの方向に関連することで、最も容易に見ることができる。これは以下の理由による。まず最初に、心理治療技法としてのユング心理学ではなく、ユングの理論形成の企図から派生したものを漠然とユンギアンフェミニズム（ユングのジェンダーの扱いの中の特別で、批判的な興味を示すもの）と名付けたことによるかもしれない。加えて、ユングの理論化の活動の二重の意味をくみ取る中

で、ユンギアンフェミニズムはフェミニズムのより広範な関心を同時に嚙み合わせる。このような論争の幅は、生得的な「女性的本質」の上に立つ伝統的立場からジェンダーをその背景と特別な文化設定の中でしのぎを削っているものと考える立場にまで及ぶ。

　本章では、ユング以降のジェンダーと女性性をこころと文化のグランドセオリーへのユングの欲求という見地にたつ。そこでは、研究者たちはジェンダーの有効で権威ある理論のための素材を提供するユングに期待しているのだ。したがって、このような一つの理論は、女性と女性的なものに貢献するために使われる。しかし、このような研究者の多様なフェミニズムは政治的スペクトラムなものとなるかもしれない。ユング派のグランドセオリーの系統を継承すると、ジェンダーは分かりやすく堅固なカテゴリーであるという信念になる。しかし、偏向した創設者、ユングから遠くにあるユンギアンにとって、ジェンダーは社会的影響を受けやすいものである。

　ジェンダーと女性性に関するより一貫したユングの著作の外側で考えるためには、三つの方法が用いられる：拡大、見直しそして拡充である。ユング心理学の早期から特に女性研究者は、アニムスのような女性に関する領域でのユングの還元的意見についての論議を取り上げることに熱心であった（後の節で触れるリンダ・フィールツ-ディヴィッドをみよ）。このような研究者はユング自身のジェンダーの扱いを拡大し、改訂する。

　拡充法については、もう少し説明が必要であろう。というのも拡充法はユングが自分の著述どよう分析の中で発展させた技法だからだ。夢について論じる時、「拡充法」は心的イメージや物語から神話へ飛躍することを意味する。それは同じ元型的出来事を説明しているように思われる。ユングはグランドセオリーと同時代の神話学を用いた。『思い出、夢、思想』の中で示されるユング自身の心的イメージの数々がユングの個人的神話を形成する。ユング自身の元型的形姿を現存する神話に結びつけることで、ユングが一つの心理学を普遍的主張として構成することができるようになった。このように拡充法は心理治療的実践と理論を組み立てる構成的道具の両方となる。

　ユングの著作とこの章のユンギアンフェミニズムの著作の両方によって、拡充法は理論を著述するための二つの方向性に移る。自伝と分析の中の、心的イ

メージが元型的なものに理論化され、そして一つの神話に結び付けられる。さらにこの神話は、理論的議論の更なる例証として記載されていった。この心理学が心的イメージから文化的神話に代る。ユングはこの方向を正当化する。というのもそれが実際の心的素材に根差しているからである。そこで神話は、正反対の方向に置き換えることの正当性を保証するものなる：たとえばペルセポネーとデーメテールは一つの元型的素材を内包するものと定義される。そうして、イメージの数々とギリシア神話の物語に対応する出来事が、患者個人の夢の中で探し求められ、心理学のテキストに記載される。

　これこそ「女神フェミニズム」とよんでもよいユング派の前提である。それは、たいてい不安的な女性のこころをエンパワーするような筋書きをつくる。女神フェミニズムの早期の古典的な一例は、M. エスター・ハーディング の『女性の神秘』である。[1] この魅力的な著作は、女性のこころをエロス、関係性の機能、そして錬金術の月を重要とするユングの認識を拡充する。『女性の神秘』は月の女神の女性原理を活動的な権威とした素晴らしい労作である。このような女性性は、女性にとっては生得的なものとみなされる。しかし、男性心理学ではアニマのなかに存在するのである。

　この著作によって活性化されたことは、女性にキリスト教的一神教の制限の全く外部に、哲学的「居場所（home）」を授けることである。女性への援助にマイナスな面は、ハーディングが、女性の意識に対するユングの還元的な見解に固執した点である。それは、女性の意識がより散漫で、社会の中で積極的な立場をとるより他者との関係を作ることに向いているというものである。この例が示すのは、拡充法によって、いかにユンギアンフェミニズムが根本的に哲学的または神学的立場に性格づけられたということであり、また女性の現実の生活に対してはその規定の中で、いかに保守的に性格づけられたかという事である。

　この章の残りの部分では、ユング以降、ジェンダーと女性的なるものに関してグランドセオリーが示唆するものを、三つの側面から検討してゆく：アニムス、アニマ理論の拡大と見直し、エロスと女性原理の拡充、そして女神フェミニズムの生成である。各節でその領域の短い説明に続いて重要な研究者について考察する。

拡大と見直し：アニムスとアニマ

　ユングは、アニムスについてほとんど記述しなかった上、その大半は否定的なものである。勿論、ユングがアニムスを女性の中の元型的な男性性として定義したので、アニムスは女性研究者が最も吟味する基礎となる。ユング以降、アニムスとアニマは重要な改訂と推敲がなされ、両者は共に、肯定と否定の極を同等に持つものとして考えられてきた。これらのジェンダーに関する元型は積極的もしくは受動的に機能するとみなされ、個人的成熟と個性化として機能の中で、変化するものとして説明されてきた。複数の否定的なユングのアニムスに関する描写から、女性の研究者は、アニムスを単一で肯定的な存在とみなしうる改訂版を作り出してきた。

　異なったアプローチをとることで、ユングのアニムスの描写の中にある敵意を追及するフェミニストもいる。そして否定的アニムスは女性が内面化している父権性の取り入れであると考える。最近の研究は、アニムスとアニマ両方の元型的イメージの構築に文化的要因がより大きいと考える。

　また、ユングが、アニマ／アニムスを異なるジェンダーの中に形姿として持ち込み、身体的性とジェンダーを絶対的に同一視するので、ユンギアンフェミニストは更なる段階に進んだ。フェミニストは、アニマとアニムスが両性に平等に有効であると考え、アニマとアニムスを一つのジェンダーから切り離すことを提案する。したがって、男性と女性はロゴスを有するアニムスとエロスを有するアニマの元型的形姿に平等に関わることができるのだ。

主要な研究者

■エンマ・ユング──興味深いことにこのユングの妻[2]は、ユングの一般的原理に忠実な一方、自分たちの文化にある女性の劣等性の信念に対抗するように女性に促した。女性は、力を落とさず、社会の中傷を跳ね返すために「自らを高め」なければならない。[3]夫のユングと対照的に、エンマ・ユングのアニムスに関する考えは、非常に肯定的であり、アニムスの統合が「積極的、精力的、勇敢で行動力ある女性」へとつながる。[4][訳注2]

64

アニムスをロゴス、霊的意味と知性であるという定義を継承しながら、アニムスは、一連のステージを通じて進歩的に統合される。すなわち、力、行為、言葉そして意味である。そのような方法で、女性は自分のロゴスの能力を吸い上げ、情緒的活動と関わるエロスどうように知性的になることができるかもしれないのだ。エンマ・ユングにとって、もし女性が自分自身の権威としてのセルフに気づけば、そのアニムスをしっかりと管理しなければならないという事は、自明のことであった。そうでなければ、アニムスによって象徴される男性性原理は、内なる暴君となるかもしれない。またそれが、権力を持つ男性に投影されると、心理的依存という耐え難い状態におわることになる（非常に示唆深い考えである！）。

女性の有するロゴスというユング派のアニムス概念にどっぷりと留まりながら、エンマ・ユングは、女性が情緒的で知性的独立を達成するという肯定的構図を描いた。同時に、エンマ・ユングは、女性の内的発達促進を拒否する社会の中の女性のさまざまな問題に注意を向けた。

■リンダ・フィールツ−ディヴィッド──フィールツ−ディビッドは女性の個性化に関して二度にわたって述べている。最初は、神話の点から、後年にはアニムスの批判的改訂である。最初の段階では、フィールツ−ディビッドはアニムスを内面化された父権性と定義しているように思える。女性が、自分の父親や権威ある人物を通して霊的指示（アニムスの贈り物）を得ると述べているからである。次に、アニムスとアニマがジェンダーに固定しているというユングの傾向を捉え直している。これに対して、彼女は、アニムスとアニマを複数で両性具有的な無意識のプロセスと捉えた。フィールツ−ディビッドにとって、アニムスの霊的可能性の一部は母性的な役を担うものである：「アニムスの元型的イメージは、決して現実に存在しないような、魂（soul）の導き手、オルペウス教[訳注3]のサテュロス[訳注4]、母親─父親そして知恵ある教師のようなものである」。(5)

■イレーネ・クレアモント・デ・カスティヨ──イレーネ・クレアモント・デ・カスティヨはユングのアニムスの否定的側面を拡大した。しかし、特に焦

点をあてたのは、アニムスが女性の拡散した意識を精力的に活気づかせる構成品として統合されうる点を強調したことである。クレアモント・デ・カスティヨは、思考をアニムスと同等視しなければ、普通の女性を導くものとして機能しないと論じる。これは決定的なユングの改訂である。

　社会文化的要素の色眼鏡で見られた否定的なアニムスの顕現について、クレアモント・デ・カスティヨは『女性を知ること』の中で、次のように示唆する。すなわち否定的アニムスの表現は女性への男性の攻撃が内面化されたものである。[6] クレアモント・デ・カスティヨはユングの著作中の女性の中のアニムス、男性の中のアニマというジェンダー二元論と決別し始める。すなわち、女性の「魂のイメージ」が女性的であって、男性的アニムスではないと主張することで。しかしながら、クレアモント・デ・カスティヨはアニマという用語においてはより保守的である。なぜなら女性を男性のアニマを具現化し男性の個性化を可能にすると見るからである。

■ヒルデ・ビンスワンガー──ヒルデ・ビンスワンガーのジェンダーへの態度は、生物学的なものと文化的なものの組み合わせたものである。1963年の論文では、女性の男性性を二つの側面に分ける：アニムスは女性の内的男性イメージから成り立つ。しかし、また生物学的意味で女性は女性自身の男性性を有する。[7] この二番目の男性性をユングではエロスに繋がる（ユングが好んだように意識としてのロゴスではなく）理解と意識にビンスワンガーは拡大する。アニムスの否定的言説は文化的なもののように見える。心理治療の目標は、女性自身の男性的側面を活力、行為、言語そして意味という女性的形に向かって働くやり方のアニムスに一致させることになる。ビンスワンガーは、これらの性質が単に男性的と呼ばれるのは、それらの質に男性が最初に命名したからだと、説得力を持って主張した。「女性も自分の心を発達に当たって、特に男性的と女性的活力、男性的と女性的言語、男性的と女性的行為、男性的と女性的意味の発達とはなり得ないのではなかろうか？」[8] ビンスワンガーは両性間の違いを残すようにうまく扱いながら、女性性のために平等な作用と知的な可能性を理論化した。ここに、社会の中で男性性がもつ力と特権を心理学的に取り扱うことで、アニムスが女性の個性化の意味となったのである。

■アン・ウラノフ――ユングと女性性に関する精力的な研究者の一人であるアン・ウラノフは、一連の業績を残した。非常に影響力がある『ユング心理学とキリスト教神学における女性性』(1971)[9] から、もっとも最近のベリー・ウラノフとの共著『セクシュアリティの変容：アニマとアニムスの元型的世界』(1994)[10] があげられる。ウラノフはいつも、アニマは現実の女性と文字通りの同じものではないと主張する。

　ユング派のアニマとアニムスの役割概念に忠実なアン・ウラノフは1971年の著書の補遺を書くまで、ユングの女性蔑視的言説に触れることはなかった。1994年の著書では、ウラノフは「ユング自身の紋切り型還元の偏見」を批判し、こう述べている：「アニマ／アニムス理論を明確にし、『男性性』と『女性性』の本質のはっきりした表を作ることはほとんど不可能である。ましてや、長きにわたり神聖視された『ロゴス』の技術は男性に、『エロス』を女性にというユング派慣例の区別の分類など不可能である」。[11] ユングのアニムスとアニマ概念の拡大は見直され、アン・ウラノフの初期の著作で単純に両極的に想定されたものより、ジェンダーの差異はより複雑な概念となったのである。

■マリオン・ウッドマン――マリオン・ウッドマンの業績は、身体とジェンダーの元型的顕現という点においてひときわ目立つものである。そのひとつは、摂食障害の女性の分析である。アニムスとアニマ理論においては、ウッドマンは伝統的立場に立つ。それを延長し、アニムスの問題が種々の摂食障害を引き起こすかもしれないと主張する。ウッドマンは『完璧主義嗜癖：未だ清らかな花嫁』(1982)[12] とか『女性性の再発見―肥満とやせ症を通して』(1980)[13] のような著述で、父親の娘へのアニマ投影が、娘を傷つける結果について詳しく述べる。女性の摂食障害はアニムス憑依によって起こるのかもしれないという。女性は自分の身体の感覚に焦点づけられた不可能な完璧主義に駆り立てられる。

■ポリー・ヤング‐アイゼンドラス――ポリー・ヤング‐アイゼンドラスは、フェミニズムと女性をエンパワーする臨床実践のために、アニムスとアニマに関するユングの叙述を大幅に改訂し、拡大した。ヤング‐アイゼンドラスは文

化的神話と物語を性差別の攻撃のために修正的に用いた。その著作は想像力に富み、影響力がある。

　フローレンス・ヴィーデマンとの共著『女性の権威：心理療法によって女性をエンパワーする』（1987）によって、「包括的なユングの女性心理学」を提唱する。「その中で、女性の自己は、アニムスコンプレックスと女性がアニムスに投影している権威の再生を通して意識と力に到達する」。(14) この著作は、古典的ユング派のアニムス理論を女性のエンパワーメントのために再解釈するといった大きな改訂ではない。このやり方は、アニムスの心理治療的統合段階として刷新したのに似ている。

　ヤング−アイゼンドラスとヴィーデマンは、女性のアニムスとの関わりによって図式的なビジョンを提案する。それは、まず見知らぬ他者、そして父─神もしくは家長である。これらの段階に次いで、若者、英雄もしくは恋人としてのアニムスが続き、最後は内なるパートナーとなる。女性は、アニムスの元型的「真実」と両性性の中に表された、統合されたアニムスの段階に止まらねばならない。ヤング−アイゼンドラス単独の初期の著作、『夫婦カウンセリング──女が真に求めるものは何か』では、ユングが女性を本来受動的に描写したことを強く批判する。ヤング−アイゼンドラスは、「アニムスに乗っ取られた」状態という概念でユングがどれほど女性の有能な感覚を損なうかについて詳述している。(15)

■クレア・ダグラス──ユング心理学とジェンダー全体の領域で、計り知れない意義を持つ著書は、クレア・ダグラスの歴史的分析『鏡の中の女性：分析心理学と女性性』（1990）である。(16) ダグラスの見解は、改めてアニムスをロゴスと知性ではないと明確にする。アニムスは、女性にとって父なる大地、自然、霊、庭師、養育者や詩人のイメージとして感情機能の媒介者となる。「アニムス」と「アニマ」という用語はユングのテキストからそのままの形で用いるべきではなく、それらの説明に込められた二十世紀初頭の性役割が基準とならないようにするべきだとダグラスは主張する。

　ダグラスはユング派の伝統を強く議論する女性研究者である。否定的アニムスは、女性のこころの中で内面化され、女性を傷つけるような父権的表現であ

ると性格づける。「グランドセオリー」の中にとどまっており、アニマとアニ
ムス概念は、内なる「他者」という理論を保持している。それだけではなく、
ダグラスは、社会、文化的要因を、拡大、改訂して、ユング心理学の中にジェ
ンダーを含めるという有益な傾向を強める。

拡充法：エロスと女性原理

　女性性の伝統的ユンギアンフェミニズムは、ユングがジェンダーに関する著
作中で定義している二つの特徴に言及する：心理学的ジェンダーを身体的性に
滑り込ませることと（元型の両性性にも拘らず）、さらに意義深いのは、ユン
グの二元論的アプローチである。ジェンダーについてのユングの著述は、過
剰なまでに、二つに分けて定義し、相互に排除的なやり方になっている：アニ
マは女性、感情、エロス、関係性、女性性におとしめられる。一方、アニムス
は、思考、ロゴス、霊性、創造すなわち男性性を強調する。
　この章の前の節で、アニムス／アニマ理論の拡大と改訂がどのように心理学
的ジェンダー二元論を失い始めたかを述べた。また、少なからず社会的、文化
的要因をとり入れ始めたことも述べた。しかしながら、ユンギアンフェミニズ
ムの主流の方向は、現実の女性と男性の生活に文化的影響があることを認める
一方、ジェンダーへの二元論的アプローチを力説する。
　これらの理論は、ユングがエロス－関係性をいわゆる「女性原理」というい
くぶん形而上学的なものとして著述しているのと同時に、身体的性と切り離し
ていることを示唆している。女性原理は「男性原理」と二元論的関係として存
在する。この二つは、人間の両性に不均衡に多様に働く。種々の歴史と宗教の
人間文化の背景に、これら二つの形而上学的ジェンダー原理が、能動的、太陽
的、男根的男性性と受動的、受容的、月の女性性として横たわっている。

　　しかし、もしも男性性と女性性が男性と女性の程度を変えるものとして共有さ
　　れる単なる特性を意味するのであれば男性性と女性性について、何故わずかでも
　　議論するのだろう？
　　　男性－女性の差異は、先験的にきちんと根付いていたという事を改めて強調し

なければならない：それは、あらかじめ決められた一つの認識であり、無意識の
こころの中に元型的にパターン化されている。男性と女性の反対性と相補性は、
もっとも基本的な二元論的経験の表現に属する。それらは、太陽と月、光と闇、
能動的と受動的、霊魂と物質、エネルギーと実体、主導性と受容性、天と地など
の二極性を強調する。(17)

　ユングはエロスを感情と関係性に関わる機能の元型的様式として自己の著作
の中で紹介した。ユングはエロスが女性の支配的様式であろうと信じていた。
どうようにエロスは男性の中では眠っており、無意識的アニマと繋がっている
と信じていた。したがって、エロスは心理学的に女性性となり、ユングによれ
ば、女性原理は性とジェンダーが合わさったものを意味する。そして、ユング
の錬金術のテキストの中では、エロスが月の意識として拡充されたのである。
　後年、ユンギアンフェミニスト達は、ユングの性とジェンダーを同一視する
という還元的性質を避けている。彼らは、女性原理と男性原理は純粋に元型的
であり、女性、男性の双方に有効であると主張するのである。このことは「形
而上学」としてのユングの著作からの拡充であると説明されるかもしれない。
というのも、女性原理と男性原理を無意識の中の非―物質的前原型として捉え
ているからである。これらの「原理」は、社会、文化的要因に深い影響を受け
るが、決定されるわけではない。なぜなら、これらの原理は、元型的イメージ
をとおして機能するからである。女性原理と男性原理は、文化を超越し、（元
型的イメージを通して）その中に内在するものとしてのみ現れる。
　これらのフェミニズムとしてのユング派の理論が強調するのは、女性原理が
文化と個人のこころの中で、父権的思考によって、何世紀にもわたって壊滅的
に抑圧されてきたという認識である。そのため、この理論の研究者は、社会文
化的レベルと個人の心理治療レベルの両方で、傷ついた世界そのもの、怒れる
女性を癒すことについて述べる。勿論、この女性原理に固執するユング派の中
でも、広範で多様なフェミニズム的意識がある。社会に対する伝統的態度は、
女性原理の受容性と関係性のため女性は家庭的責務により似つかわしいことを
意味し、その主張のなかに正当性を見出す。
　性とジェンダーが元型的原理によると理論的には述べるにも拘らず、多くの

研究者が女性はより女性原理に向いており、男性は男性原理に向いているようだと考えているようだ。一方で、女性原理に二極的アプローチを持ち込むことで、男性・支配と共同する社会的レベルの資本主義の存在への深い批判をもたらしている。これによって、キリスト教の限界への攻勢を容認する。キリスト教は、過剰に男性的で、女性的と定義づけられた自然から略奪しているのだ。女性原理の「女神フェミニズム」へのさらなる拡充が、次節での主題となる。

主要な研究者

■M.エスター・ハーディング──『女性の神秘─月の神話と女性原理』（1935）は、ユング派のジェンダーに関する論考のみではないが、ハーディングのもっとも影響ある著作である。エロス／ロゴスというユングのジェンダーの二分法を引き継ぐことで、この著作はユングの考えをも受けいれている。エロスを「女性原理」に拡充することで、自分の師が期待するより、はるかに力強く、幅広く論じることが可能になった。

　重要なのは、ハーディングが、キリスト教の前の時期の月の女神の物語を取り入れたことである。これによって、女性原理の中に幅広い力が与えられたのである：ハーディングは、月の女神を「西欧の文化内で適切に認識、価値をおかれなかった『女性原理』」[18] を説明するものみなす。この著書の独創性は、女性原理の効力と暗黒という両側面の両価性を発展させた点にある。

　ハーディングは、一見女性が関係性と家庭により似合っているという点でまだユングに従っている。しかし、一方で父権性社会の女性への偏見に対して、女性の可能性を雄弁に語っている。女性原理を分析の実践に持ち込んだ。それは、女性の異教徒的過去の月の神秘へのイニシエーションを現代世界の女性の体験の分析へと結びつける。

　ハーディングの月の女神の女性原理という考え方は、ユンギアンフェミニスト世代を鼓舞し続けた。というのも彼女らの多くは、男性に頼らない、一人ぼっちの処女と感じていたからである。このような「ユング派処女」がセクシュアルで生殖的になれたのである。しかし、彼女たちの自己満足的独立は、ヌミノース的無意識との関わりで生じるという点では変わりないままである。

■トニー・ヴォルフ──ジェンダーに関するトニー・ヴォルフの最も重要な論文は、「女性の個性化の過程に関する諸考察」(1934)[19] である。この中で、ヴォルフは有用な提唱をしている。エロスが必ずしもすべての女性にとって、意識的機能のやり方に結びつくわけではないというものだ。ヴォルフによれば、現代女性の種々の問題は、ユダヤ教とプロテスタント神学における女性原理の欠落によるその喪失に根差している。

その後、ヴォルフは、四つの女性の本能的パーソナリティーの検討に進む：母親、ヘタイラと呼ばれる男性のお相手、独立したアマゾン、そして霊媒である。実際、ヴォルフは、ユングの「タイプ」論の概念を使い、女性心理学の「女性原理」を表す範囲に広げたのである。ヴォルフのそれぞれのタイプは女性の行動の一律なパターンではなく、多くの可能性を含む多様なものである。

この四つのタイプは独創的な枠組みである：たとえば、母親は生物学的に子どもを産むことに限らず、養育と母性の多彩なメタファーを含んでいる。ヘタイラは原則的に男性との性的関係を通して機能する。それに対してアマゾンは、驚くにはあたらないが、フェミニストに同一視される。

霊媒タイプの説明は、ヴォルフの傾向をよく表す。それは、男性との関係で優勢となる女性性と女性の潜在可能性を定義している。この霊媒は、自分の無意識的直観に気づいた男性を助ける女性である。後に、ユンギアンたちは、ヴォルフ自身のユングとの関係が「霊媒的」女性という感覚を形づくるのに役だったのではないかと推測した。

■エーリッヒ・ノイマン──ユングの第二世代のユンギアンは、エスター・ハーディングのように同じ素材を多用する。ノイマンは、壮大な権威溢れるスタイルで著述する。文化の歴史家であるノイマンは『意識の起源史』(1954)[20] において、人間の意識発展の中の壮大な物語の段階を提唱している。人間性は無意識的未分化に近いウロボロティックな段階から始まる。それから、グレートマザーのさまざまな宗教の中に母権性が発生する。

これらの段階は父権的一神教と洗練されたロゴス志向の意識的思考と認識へと継承される（幸いにもノイマンはそう考える）。母権的女神の意識は父権的

男性原理に再結合されることでより高い段階の可能性が示される。しかし、ノイマンはこの見解をそれ以上検討しないままにする。この見解は、特にE.C.ウイットモントによって、ユングの偉大な女神に関する業績を継承する形で、とりあげられる。これについては、この章の後半で検討する。

　普通の感覚では、誰もノイマンがフェミニストだということはできないだろう。ノイマンの女性原理は人類の歴史の母権性段階に属する。だが、ノイマンにとってユングどうよう、女性心理学の大半は女性原理の二元論的概念の問題である。女性の精神活動は「より無意識的」タイプに運命づけられている。そこで、ノイマンの女性性と母権性の混同が、女性を前史時代に押し込め、男性には、思考と論理という文化的に価値ある本質で優位性を与えてしまう。

　ノイマンは、母親というものに元型的にも生物学的にも特別な恐れを有しているような著述を行う。ノイマンの意識発展の物語は、エディプス神話の形式である。まず未分化な無意識から始まり、権威を持つ全ての母性的形姿と繋がり、抑圧し、分裂し、そして父性的機能との同一化に至る。このエディパルなパターンの特別な使い方が女性原理をさらに歴史化し、周辺化する。いずれユンギアンたちは、ノイマンの進化的アレゴリーを取り上げ、女性性とフェミニズムにとってより生産的なものに再解釈するだろう。

■ジューン・シンガー──『魂の境界』(1972)[21] と『男女両性具有-性意識の新しい理論を求めて』(1976)[22] のような著作の中で、ジューン・シンガーはユングのジェンダーの二元論を受容し発展させている。その過程で、ジューン・シンガーは「女性運動」から学んだことを自認している。女性原理と男性原理を生物学的女性と男性への単純な同一化から分離する。それによってシンガーは、『男女両性具有-性意識の新しい理論を求めて』の中で、「いくつかの点で女性は根本的に異なる」という現在のフェミニズムには反対と感じられる信念を主張している。[23]

　シンガーにとっては、ユング派の潜在的な元型的「両性具有」の見解は、全体性への心理学的目標を理論化することを意味している。シンガーは、この元型の文化的歴史をたどることで、現代の女性と男性は、この両性具有を望ましい文化モデルにできると提案する。このやり方で、個人はジェンダーの両極

性という危険を避けることができる。種々の元型は、原始時代に「壊される」
か、意識に引き裂かれる前の古代の聖なる両性具有の残されたものである。
ジェンダーを二元論の構造の中で、単体としての理論化を超えてゆくことが望
まれるのだ。しかしながら、シンガーの提唱する両性具有はジェンダーを二重
性としたままである。

　　　今日現れはじめた男女両性具有への運動は、近代西欧世界における「男性的」
　　要素と「女性的」要素のあいだの緊張関係から生じた。この運動は、男と女が神
　　の内部でいまだ分割されていなかった始原の時代の神話に見られる、古い時代の
　　男女両性具有を発見しようと螺旋状に進んでゆく。(24)〔訳注5〕

■イレーネ・クレアモント・デ・カスティヨ——イレーネ・クレアモント・
デ・カスティヨは『女性を知ること』（1973）で、自分の初期の女性心理学の
研究を最新化している。トニー・ヴォルフの女性性は伝統的ユング派概念の中
の四つのパーソナリティーのタイプを拡大する。ここには、解剖学的性とジェ
ンダーの切り離しという価値がある。：エロスは女性性を強く示唆するが、女
性は、その特性に必ずしも限定されない。どうように思考は女性にもとからあ
る機能であり、アニムスの概念に還元する必要はない。ヴォルフの絶対的に固
定化した四つのタイプは、それらの役割が一人の女性の中にある心理的可能性
の幅であるという主張によって、打ち消される。
　もっとも重要なことは、カスティヨの業績が、ヴォルフやノイマンのような
研究者による女性は拡散した自我に同一化するという事に挑んでいることであ
る。実際、カスティヨは、女性が強く、焦点づけられた——女性にとって現実的
に可能な自我を——発達させることを擁護する。カスティヨによる個性化の過程
の一部は、女性が自分の影を、文化的、心理学的問題として発見することであ
る。女性は三つの形で影に支配されている：国民の一人、個人的こころ、そし
て「男性志向的」社会の中の「女性であること」である。個性化は、女性に自
分の個人的権威を容認する。それは、社会が女性のジェンダーに押しつけ続け
てきた影を意識の中に持ち込むことでなされる。カスティヨにとって、内な
る女性性を発見することは、内なるヒロインと内なる英雄を並列することであ

る。それは「無機質な文明化」[25] にこめられた分かりやすい言いぐさの中にある彼女の「内なる怒り」を見通す。

　最後にカスティヨは、「女性原理」と女性性が単に自然、身体そして大地を示すのではないと主張することで、発展的ユンギアンフェミニズムを擁護する。これらの「原理」の二元論的見解がどのようなものであり、女性は男性にとってただ「反対」もしくは「他者」であるべきではないのである。

■アン・ウラノフ——ウラノフは早期の著書『ユング心理学とキリスト教神学の中の女性性』（1971）において、ユングの女性性の見解を称賛する。すなわち女性性は「明瞭なカテゴリーであり、全ての男性、全ての女性、全ての文化において生得的な認識の仕方」[26] である。このようなユングへの傾倒によって、ウラノフはフェミニスト神学の著書を表すことができた。それは、キリスト教文化が女性性の軽視、時には悪魔化することへのユングの批判を受け継いだものである。この神学的見方によって、ウラノフは後の著作でユング派のジェンダーに関する考え方を強調する。

　また、この最初の著作は女性心理学の四つのタイプに発展する。ウラノフは、注意深く女性をユングのアニマへの還元から分離する。しかし、「女性原理」への熱心な信奉者であるため、ウラノフの性とジェンダーの分離は、女性は女性原理により近い関係であるという意図によっていくぶん緩和される。分析は、女性原理の統合のためであるべきなのだ。

■E.C. ウィットモント——E.C. ウィットモントは人類の意識の三つの段階というノイマンの神話を追求する——ウロボリック（未分化で大半が無意識的）、母権的そして父権的—そして第四の段階として、母権的思考と父権的思考様式の和解である。もう一つのやり方を導入することで、ウイットモントは、女性原理を、長年女性原理を抑圧してきた父権的、過剰な合理的文化の中に吸収することを望むのだ。

　勿論、ウイットモントは形而上学的原理のジェンダーを身体的性から切り離すことで、外部の神話をみるか、または父権的なキリスト教では周辺に位置する女性の物語を統合する。このような神話の一つが、聖杯の探求である。もろ

くて、男性志向的な社会は、心理的堅固さを成し遂げるために女性的象徴を求める。それは同時に霊的で社会的である。もう一つの女性原理の神話のために高い可能性をもつ資源は、異教徒の女神を求めることでキリスト教と一神教の外部に見出される。ウイットモントは、その業績でユンギアン女神フェミニズムの偉大な創始者である。

<h2 style="text-align:center">拡充法：女神を求めて</h2>

　女神フェミニズムへの要請と神学的背景を理解するためには、ジェンダーを超えたユンギアンフェミニズムとキリスト教神話の境界をはっきりさせねばならない。また、西洋のフェミニズム理論は、キリスト教以降の歴史的背景の中で、形成されてきたものである。それは、女性と男性の役割、そのこころ、ジェンダーの在り方の仮説とセットになって、構成され、明確に表現される。いずれにせよ、研究者と活動家は、キリスト教の核となる仮説の改訂か、それらをまったく拒否して新たなモデルを求めるのか決定せねばならない。この問題は、宗教的信仰を持つか、霊性に真剣に取り組むフェミニストだけにかかわることではない。むしろ、現代の文化の中のキリスト教の仮説の枠組みが、人工妊娠中絶の権利のように差し迫った政治的問題にも影響する。

　この問題の核心は、キリスト教（そして／もしくは他の一神教）が、完全に父権的なのかどうか？　もしくは、それが、資本主義文化との協働の中にただ現れているのかどうかということである。キリスト教はフェミニズムになりえるのか？　もしくは置きかえられるべきなのか？　アン・ウラノフのようなユンギアンフェミニストは、キリスト教がユング派の考えに沿って、生を肯定し、聖なる女性原理を組み込むために再構成できると信じる。女性原理は、もはや暗い、肉欲の他者というものに制限されないというわけだ。

　男性的一神教が果たして作りかえられるのかという議論の特別な側面は、理性の啓蒙主義的形式と宗教的文化の間の関係であり、互いに反発するものとして表れるかという事である。一方啓蒙主義は理性、科学、経験主義とロゴスを推し進め、確立された宗教にとって全体的には反対物となり、宗教の衰退を導くものとなる。他方では、フェミニストは、キリスト教の中の女性性の抑

圧は、女性性は非合理的なものであるという近代の啓蒙主義の筋書きの抑圧によって、継続すると主張する。

　キリスト教の父権性と男性の聖性へ信頼は、劣等な不合理から切り離すことで作りあげられ、男性的理性を特権として整える。理性から不合理の不要な質を切り離す一方通行は、理性／不合理という二元論をジェンダー構造として解釈する。すなわち、理性は男性的、不合理は女性的というわけだ。啓蒙主義以前には、男性性は神（God）と結びつけられた特権である。啓蒙主義以降は、男性性は理性と結びつけられた特権となる。啓蒙主義とポストモダン主義のユングについては、第6章を見てほしい。

　ユングのジェンダーに関する研究は、啓蒙主義を宗教から逸らせるように取り組む意図のもとに行われている。ユングはキリスト教規範の中の女性的形姿への回帰を追求する。また、ユングの錬金術に関する幅広い研究は、キリスト教的思考を改変しようとするものである。その方法は、理性と不合理を提供する啓蒙主義、もしくはユングの用語でいうならば、ロゴスとエロスの癒しである。ユングの還元的女性蔑視のいくらかは、つまるところユングがジェンダー用語で表現された啓蒙主義の両極的概念を採用することによる。そうとはいえ、ユングにはフェミニストの資格がある。女性性と不合理（無意識）を宗教と哲学両方の中に、押し戻そうとしたからである。

　ユングに続くユング派のあるフェミニストは、キリスト教もしくは一神教の構造を改変しようと試みる。その他のフェミニストは、キリスト教を父権性に落とし込め、改変する基礎を持たないとみる。もしも、一神教が回復不能であれば、これらのフェミニストにとって必要なのは、諸々の女神である。女神が求められるのは次の理由による。もしもジェンダーが（伝統的ユンギアンフェミニズムのその定義づけによって）性格堅固なカテゴリーであるのならば、基盤となるある種の「より高度」な物語が求められる。もしも、キリスト教があまりに過剰な父権制に飲み込まれているために拒否されるのであれば、もう一つの形而上学的枠組みが、仮定されなければならない。

　ユンギアン女神フェミニズムは、ユング派理論の拡充法から生じているが、ユング自身が思い描いたものを超えたものである。ユングは、自分の心理学を一神教的種々の見解より優先的な一つの元型、個性化の到達目標である、セル

フに従属するものとして作り上げた。ユンギアン女神フェミニストは、セルフ元型に置かれた単一エネルギーを拒否する。そして、ジェンダーの複数性も含む、セルフの複数性を取り上げる（偉大な女神については次節参照）。その代わりに、ユンギアン女神フェミニストは、一つのセルフという見解を無視するかもしれない。そして、多くの可能性を持つ種々の元型の考えを引き上げることにより、女性的聖なる存在としての表現を可能にする。これは、一個人の個性化の中で重要な役割をはたす。

　女神フェミニズムにおいては、形而上学的女性原理は、キリスト教以前の神話学に図示される。非父権的な物語と思考様式を求めるためである。このようなフェミニストは、神話の中の理論というユング派の方法論に留まるため、ユング派のままである：元型的な理論づけられた心的イメージは、伝統的神話学に同一化され、逆もまたどうようである。

　この教義に従うユンギアンフェミニストは、文字通りの女神礼拝を支持していない。これら女神の聖なる存在は、人類の無意識のイメージの中にある。超越的女神の実存は現実に「外のどこか」にあるとは考えられない。その代わりに、女神フェミニズムは、分析と個性化を神格の領域へのイニシエーションと定義する。ここでの「イニシエーション」は、単なるメタファーではない。古代の女神文化にイニシエートするものは、多様な指針と分析的個性化とみなされる。つまるところ、ユング派の理論では、第一の現実とは心的イメージであり、そもそも宗教的体験が真正の無意識に近いものだ。神話の神々の超越的領域に関するどのような考えも認識不能であり、証明不能なのである。

　女神フェミニズムは、今日の資本主義的、物質的、非宗教的文化の中の流行ではない。加えて、フロイト派の精神分析から派生するフェミニズム理論にとっては受け入れがたいものである（第5章を参照）。それだけでなく、キリスト教以前の宗教的伝統から取り入れる物語を資源としてみる価値が十分にあるということかもしれない。女神の物語は、ジェンダーの現代的理解を促すことができるだろうか？　また、女性を心理学的可能性の物語として促すことができるだろうか？　このような女神の伝説が、今日の社会的、物質的状況にすべて関わるのだろうか？

　ジネット・パリスの『堕胎の秘跡』（1992）は、非キリスト教の物語を使う

ことで、フェミニズムの可能性の証左となる。それは、深い物議をかもす個人的、政治的そして社会的問題に関する考えを構築するためである。[27] 現代の堕胎の議論がどのようにキリスト教の神話に依存しているかを示す。その後、パリスは堕胎を再びイメージするために、分娩中の妊婦によって呼び覚まされるアルテミス、処女神の伝説を用いる。この女神の伝説を通して、パリスは、堕胎を母親の犠牲として考える。母親は、自分の生殖を抑制しなければならないか、父権的態度のために母親自身を犠牲にしなければならない。「このような文脈で、古代の女神アルテミスを振り返ってみると、次のようなイメージに導かれる。男性、女性間の生と死に関する権力のあらたな分配である。男性にとっては、生命の代価を認識させ、女性には自分の母親の知恵にたって、決定することができる」。[28] パリスは、女神フェミニズムの価値がジェンダーへの関心と女性の生に関して「異なった思考をする」ための好機であることを示した。このフェミニズムは一義的には心理学的、治療的であるが、それでもより広範な政治的、文化的批評に貢献するかもしれない。

主要な研究者

■シルビア・ブリントン・ペレラ——治療的女神フェミニズムに影響を与える著書は、ペレラの『神話にみる女性のイニシエーション』(1981)[29] である。ペレラは、女神イシュタルの冥界下りのシュメール神話を次のように解釈する。すなわち、イナンナの影の姉妹であるエレシュキガルは、暗黒の抑うつ的元型と女性が出会うことが心理学的、癒しの価値あるモデルだというのである。実際、この女神神話で、冥界への旅と帰還が、うつ的精神状態の女性をエンパワーすることをペレラは明確にする。

　女神神話は、暗く、抑圧された女性的痛みを劣った地獄としてみるのではなく、ちがった見方をする。ある文化の宗教的元型的イメージが、不可能な光と処女マリアの至高、また罪に満ちたイブというイメージだけを提供しているなら、このような文化は、肯定的な女性的暗黒という特有の言葉で再考される。

■クリスティーヌ・ダウニング——学術的心理学と宗教学として、クリスティーヌ・ダウニングが、1984年に『女神：女性の神話的イメージ』を出版

している。ダウニングはこれを「ある個性化の履歴書」と呼ぶ。[30] ダウニングは自分の内面の感情的歴史を、セルフと女神神話の継承に結びつけることで理解する。ダウニングは、実に多様にペルセポネー、アリアドネ、ヘラ、アテネ、ガイア、アルテミスそしてアフロディテを関係づける。これらの神話の女神を物語と捉えることで、ユング派のより固定的に見える女性のイメージより異教徒の物語の多元的、能動的な形式の女性的イメージの可能性を示す。

　ダウニングは、これらの女神が元型的に男性にも働くことをみとめる。しかし、女性的な聖的形式は、主に女性のこころに繋がっているという本質主義者の立場に近い。ダウニングの業績は、女神神話の可能性について説得力を持ち続ける。すなわち、女神神話は、常により複雑で力動的用語という意味で、女性の心理学的存在をイメージする手段となる。「私たちは女性性の聖性を認めるイメージを切望している。そして、その複雑性、豊かさと女性のエネルギーを育てる力のイメージを強く望んでいる」。[31]

■マリオン・ウッドマン──ウッドマンの『孕める処女』(1985) は、女性のこころを癒すモデルを構築する。それは、ユングのユダヤ─キリスト教を主とする枠組みから出発したパイオニア、エスター・ハーディングの伝統の中に戻るものである。初期の女性研究者どうよう、ウッドマンは、月の女神の物語をその源として取り上げる。[32] 本当にユング派の「個人的神話」のやり方で、自我について合理的言語を用いて心理学的理論を著述する難しさを表す。ウッドマンは、ユングよりさらに進んで、女性の理論家は更なる問題を持つと指摘する。それは、合理的言語が伝統的に男性性に同化してきたという事である。「孕める処女」は蔑まれてきた女性的なもので、文化の外に排除され、女性に自分自身のこころを抑圧するように仕向けるのだ。

　　私の理解では、「女性的」という言葉は、ジェンダーに関するものではなく、女性がもっぱら有しているというものでもない。男性も女性もともに自分たちの孕める処女を求めている。孕める処女は、私たちの排除された一部である。その部分は、暗黒の中に下り、鉛色の暗黒を深く掘り下げることで、意識に上る。孕める処女の真の銀を掘り当てるまでつづく。[33]

　最も重要なことは、この元型的女性性がジェンダーからも身体的性からも離別し、多くの女神フェミニズムの本質主義的傾向から移行することである。ウッドマンは、物語風の装置として、内省、夢そして臨床的創造的ワークを用いる。それで、自分の著書の文脈の中で、孕める処女のこころを探し当てるのである。特に、ユンギアンフェミニズムの分析的実践の中で、女神を呼び覚ます例として、ドラマグループをグレートマザーの子宮に見立てて著述している。

　■リンダ・シャイルス・レオナルド——後期の刺激的な著作『狂った女との出会い』(1993) の中で、リンダ・シャイルス・レオナルドは、常軌を逸し、狂った女性を卑小化するステレオタイプを取り上げ、心的なエンパワーメントのイメージとして用いる。[34] これは、父権性の中の女性の怒り (rage) を理解する方法となる。他のユンギアンフェミニストとどうように、レオナルドは女性と心理的女性的なものを危うげなく結びつける。しかし、「狂った女」を元型的エネルギーとして、男性にもどうように有効であると認める。『傷つけられた女性』(1982) は、イピゲネィア[訳注6]を父親と父権制文化に従属させられていた元型的イメージとして取り上げる。[35]

　■ナンシー・クォールズ–コルベット——ナンシー・クォールズ–コルベットは『聖娼—永遠なる女性の姿』(1988) の中で、処女マリア、マグダラのマリア、黒色のマリアそして月の偉大な女神の元型的イメージを聖娼の慣習の中に見出す。[36] このキリスト教以前の儀式では、女性は自分が奉仕をする女神を神殿内で選んだ。やってきたどのような男性も、この聖娼との性交を通して、聖なる女神と性的に一体になった。

　クォールズ–コルベットは、この慣習をユング派原理の社会体制とみる。この原理は、性愛がヌーメン的無意識との霊的交流の手段となりうるということである。分析の一つの責務は、キリスト教以降の文化に未だに深く浸み込んだ、性愛と霊性の間のトラウマティックな分裂を癒すことである。聖娼は、一つの神話、一つの元型が吹き込まれた物語である。それは、男性と女性が、

もっと多様な形の性的慣習とこの女神の話に包まれた社会的に成文化された制度をイメージすることを可能にさせる。

■ジーン・ボーレン・シノダ――人気のある伝統的ユンギアン女神フェミニズムはジーン・ボーレン・シノダの『女はみんな女神』（1984）にみられる。[37] それは、種々の女神の元型的イメージと可能性の収集である。女神たちは、幾つかの範疇に分けられる：「処女」独立した女神は、アルテミス、アテナ、ヘスティアである。女性の傷つきやすさと関係性という形により属する女神は、ペルセポネー、デーメートルとヘラである。一方、アフロディテだけは錬金術的で変容的である。

　元型的機能を説明する方法としてのこれらの「女神」は、トニー・ヴォルフの四つのタイプと縁がある。しかし、ボーレンは、多くの女性がそれぞれの元型的イメージに近づけると考える。女性は、状況によって幅広い元型的機能とエネルギーを引き出すことができる。これらの女神は、現代文化の中で女性の内面的生を十分にひきだす物語なのだ。

拡充法：偉大な女神の神話

　前述したように、ユンギアン女神フェミニズムは、革新的な治療実践と西洋文明に対する深遠な批評、両方にとっての物語風資源の組み合わせである。ユング派の研究者は、偉大な女神神話を展開する。そこでは、ユング派のグランドセオリーが、文化、歴史そして変容のジェンダーと女性性に関するフェミニズム理論（もしくは神話）へと拡充されたものになる。

　E.C.ウィットモントはノイマンの人類の意識の三つの段階を発展させ、ぜひとも四つの段階が必要だと力説する。それは、人類の意識にとって、人間性に内在する聖性としての女性性を統合することが求められていることに他ならない。聖性は、もはや母性性もしくは自然世界を超越する父親―神によって制限されない。「女神への回帰」というタイトルのウィットモントの1982年の著書によって、人間性は神聖な本質を再発見する：人間の範疇にはヌーメン的な多産が包含されるのである。

　それによって、西洋文明は、父権制による女性性の抑圧が唯一の明らかな例であるような、他者の抑圧に依拠する意識モデルを放棄する。

主要な研究者

■E.C.ウィットモント──ウィットモントによれば、悲惨なことに、ノイマンの意識の父権的段階が過大評価され、長く続きすぎた。「無意識的こころの深みでは、古代の女神が、蘇りつつある。認められ、敬われることを求める。もしもそれを認めることを拒めば、女神は破壊の力を発揮するかもしれない。もしも、その権利を認めれば、女神は我々を恵み深く変容へと導くかもしれない」。[38] ウィットモントは、男性的一神教から派生する四つの神話が、分裂と抑圧に則った父権的思考の不毛さを強化することに寄与してきたと述べる。これらの神話とは、まず最初は未だに「魔法の」指導者にみられる聖なる王権、二つ目は人間の追放また天国の喪失、三番目は、身代わりのヤギの犠牲、そして四つ目が女性性の劣等である。今日の社会は、女神の復帰を必要とする。というのも父権的、無神論的、地球搾取態度は、ウィットモントにとって、男性的一神教と直接結びついている。

　ユングと違い、ウィットモントは確信している。すなわちキリスト教（と他の壮大な一神教）は、それらが抑圧している「他者」を解放するために改変されることは不可能であると。この他者が暗く、深く、身体とか女性性であるにせよなんにせよ、男性的一神教は人間のこころを分裂させることをやめないだろう。一神教は神経症的で、自然を超越し勝ち誇ることに専念する、一方的な構造である。

　偉大な女神は、一神教的父権的意識が深く抑圧し続けてきた他者の兆候として蘇っている。女神は個々人のこころと文化的運動、たとえば新たな霊性の形、環境保護の訴えそしてエコフェミニズム[訳注7]をとおして復帰しつつある。

■アン・ベアリングとジュリス・カッシュフォード──ベアリングとカッシュフォードの1991年の著作『女神の神話：イメージの展開』はユング派の女神フェミニズムの最も包括的な解説を提供している。それは人類の文化と技術の広がりを見るためのレンズとなる。[39] それを通して、新石器時代から脱工業化

時代の疎外までを分析する。これは、ユングが意図したものよりもっと熱心に
実証化されたグランドセオリーである。その世界史の神話は明らかに意識の変
革のためのフェミニズムの議論である。「女神文化の道徳律は、関係性の原理
の上に基礎を置いていた……神の文化の道徳律は、対立と征服のパラダイムの
上に基礎をおいていた：生命観、そしてとりわけ自然に対して、何かしらの
『他者』として征服されるべきと考える」。(40)

　重要なことに、この偉大な女神神話が、本質主義者が「女性宗教」と呼ぶ男
性的一神教にとって代わるとはみられないことである。もともと非ジェンダー
であるグレートマザーは、創造者と創造されたもの、永遠と時間との関係を
表す物語を提供する。「ゾーイ（Zoe）[訳注8]」もしくは生命の源にせよ聖なる母
は「ビオス（bios）[訳注9]」としての女神の息子―恋人を誕生させる。また、時
間の中、主体としての創造された生の生物圏を産み出す対象を産み出す。この
「ビオス」は自然として創造されたものであり、自然の中の人間性である。そ
れは限りある時間の中で生き、そして死に、再び聖なる母の源へ帰ってゆく。
ここでの「女神（She）」は、女性でも男性でもないが、全てのジェンダー化
する可能性の聖なる源である。

　男性的一神教は偉大な女神の物語を歪める。自然から聖なるものを分裂させ
ることにより、人間意識の中に分裂を作り出す。この不幸な結果が、ジェン
ダーの二元的両極性であり、他者の抑圧の上に成り立つ意識である。

　偉大な女神神話は、今なおユング派の研究に含まれるこころの全体性という
もう一つのファンタジーを提供する。この意味では、ユングの自己元型への憧
れを拡充したものであるが、キリスト教文化よりむしろ異教の前史時代と混じ
り合っている。しかし、このユンギアンフェミニズムの支流の目的は、個人だ
けでなく、宇宙全体の癒しである。聖性は意識の中の一段階ではない：それは
意識の中の構造なのである。ここでの主体性のモデルは、人とつながる生命の
入り組んだ組織である。自然とつながり、聖性とつながり、意識の無意識とつ
ながり、女性と心の中の男性に繋がる。聖性は自然の一部であり、人間はこの
躍動の一部である。「母なる女神は、それが見出されるところでは、一つのイ
メージである。それは、一つの有機的、生きたそして聖なる全体性としての宇
宙への認識を刺激し、焦点づける。その中では、人間性、大地、地上の全ての

生き物は、『女神の子どもたち』として共にある」。⁽⁴¹⁾

女神と女性原理：簡単なまとめ

ユンギアンフェミニズム（グランドセオリー）の功績

文書によく残されている女性蔑視にも拘らず、ユングはジェンダーと女性性
に関する価値ある論考を残した。ユングのフェミニストの後継者はこれを取り
上げてきた。この考えには、象徴と神話の中の「女性性」の探求も含まれる。
これは、女性性と男性性がそれぞれのジェンダーに存在することをはっきりさ
せ、女性性の抑圧がこころと文化にもたらす害悪に抵抗する。また、分析の実
践の中で女性の十全な自己実現という主張も含まれる。これらすべてによっ
て、ユングの還元的で女性蔑視的言説の烙印が取りさられるわけではない。ま
た、ジェンダーを生物学的性差に落とし込むこと、女性を女性性、エロスそし
て拡散した意識と同一視することを払拭するわけでもない。特に問題なのは、
ユングが女性心理学を男性心理学にとって反対のものであり、補償的だと述べ
る点である。

伝統的ユンギアンフェミニズムは、グランドセオリーであるユングの著作を
とりあげながら、フェミニストがユング心理学の中で批判する多くの問題を
とり扱ってきた。女性は男性のこころにとって「他者の側」という考えから、
ジェンダーの二元的構造に依拠しないで、それらの複雑さを探求するという動
きもあった。ユングのこころの相反する性愛という主張は発展させられてき
た：アニムスとアニマといった用語がユングの著作の文化的制約に気づくとい
う事で、見直されてきた。

ありがたいことに、女性の心理的困難の中にある父権的構造を反映したジェ
ンダーの表現と、ジェンダー役割に関する文化的要因の強調が増してきてい
る。より広範な文化の中で、「女性」と「女性性」という用語が、今では分離
可能であるが、曖昧な関係のままのところもある。一般的に、グランドセオ
リーに立つユンギアンフェミニズムを見分けるのは、ジェンダーを少しでも固
定的なカテゴリーとしてみる態度があるかどうかである。ユンギアンフェミニ
ズムでは、物質的文化の影響を考える以前にユングの著述か、ユング好みの文

化的神話学の素材、もしくはその両方にジェンダーの恒常性の根拠が求められる。

女神フェミニズム：その評価

　ユンギアン女神フェミニズムは、こころ、人類の文化そして歴史の理解に変革をもたらすというフェミニズムの試みである。多くの西洋文化にとって、また事実多くの西洋のフェミニズムにとって、女神フェミニズムは、実体化された物質的政治の集中には対抗できないものとして映っている。何故、近代フェミニズムが、既存の宗教、工業が機能しなくなった時代に、古代の女神の物語を再編、再吸収しなければならないのか？　女神フェミニズムが文字通りの宗教（ユンギアンフェミニズムの中ではそうではないが）ではないとしても、それがどうだというのだろう？

　ユンギアン女神フェミニズムは理論的にも実際的実践という意味でも、多くの実用的なやり方で支持されるだろう。まず最初に、理論的には、ユングのそれに関する理論を上げることができる。それは、あらゆる種類の伝統的宗教の神話学と文化には元型的素材が含まれていることだ。したがって、どのような女神神話に対する新たな注目でも、聖性における幾世紀にもわたる一方的な男性性への傾倒を改訂するかもしれない。このような不平等な一方のジェンダーへの焦点づけが、女性と男性双方の心理学的可能性を歪めてきたのだ（もちろん女性の傷つきが大きいのはいうまでもない）。

　フェミニズムの観点にたつ分析の実践にとって、女神フェミニズムは女性的虚構にエンパワーメントと現実の力を与える可能性をもたらす。というのもユンギアンフェミニズムはこころとイメージの重要な素材なので、字義どおりの宗教の置き換えではないからだ。多くの心理療法家とフェミニストにとって、フェミニズム理論の支流の女神フェミニズムは、傷ついた女性を癒す方法として、実証的、実際的な方法より、実行可能性は少ないだろう。

　筆者としては、ユンギアン女神フェミニズムを二つの意味でファンタジー文学の心理学と呼びたい。まず、ユンギアン女神フェミニズムは、輝きを放つファンタジーを分析の中で構築することを可能にする。二番目に、文学的意味で、テキストを女神フェミニズムで解釈することを、伝統的フェミニズムの

空想科学物語やファンタジー小説に結びつけられるかもしれない。例えば、フェミニズムのファンタジー小説はその調子と意図からみて、E.C.ウィットモントの著作に非常に近い。

　女神フェミニズムをフェミニズムファンタジー小説とみなすと、議論百出の文学と心理学の境界に据えることになる。ここに、ユンギアン女神フェミニズムは、心理学の主流と世俗の近代性自体の両方に背く、ゴシック文学とみなされる。ユンギアン女神フェミニズムは理論的フェミニズムよりむしろ実用的な何かを提供する。主体性についての種々の仮説を提供する理論的フェミニズムはジェンダーとパーソナリティーに関して「パフォーマティブ（performative）」[訳注10]なものとする見解に繋がる。ジェンダーは、中核的で不動の実存というより、むしろプロセスであり、社会的、心理的「ドラマ」の形式とみなされる。脱近代的な文学と心理学のフェミニストによるさらに詳細な連結については、第6章を参照のこと。

　もう一つ指摘しておきたいことは、女神フェミニズムの持つ、ジェンダーと外部の文化に関する批判的議論を再考する方法としての可能性の価値である。もしくは少なくとも脱キリスト教的一神教文化という伝統が減少した中での議論についてである。より深いレベルでは、女神フェミニズムは、ジェンダーに関して長らく支配的であった文化的議論の二者択一的理論から我々を解き放つ。偉大な女神が一神教の女性版でなくても、もうひとつのものを「他者」として排除することで二元論を形成することになる。偉大な女神は自然に内在するものである。それは必ず多元的に分化したものとして体験される。物質世界を超越するものではなく、一つでもなく、一つの物に「他者」を足したものではない。この意味で、「女神たちの意識」は多様で分化されている；この見解は脱近代の分断された意識に実りある対話を与えることができる（6章参照）。

　ユンギアン女神フェミニズムは、周辺的、歴史的神話（もしくは周辺的歴史のフェミニストの見直し）の上に示されている、グランドセオリーとしてユングの考えの最も野心的な拡充である。まさにジェンダーに関するポストユンギアンの業績を、「個人的神話」であるユングの理論の特徴をとおしてみる時代なのである。

3章のまとめ

　伝統的ユンギアンフェミニズムはグランドセオリーであるユングの業績に起源を求めている。それを拡大し、見直しそしてユングのジェンダーと女性性に関する見解を拡充する。それは、理論と実践を相互に支持し、また互いに批判するという組み合わせである。ユンギアンフェミニズムの神髄は、理論を分析的実践に結び付けることである。しかし、それは女性だけに限らない。

　神話学が個人の心的体験をユングの業績とより広範な文化に繋ぐ特徴ある方法となる。「女性的」「男性的」原理の説明は、両極的な二元論として使われ、文化の中で作用し、女性、男性双方のこころに適用しうるのである。したがって、ジェンダーは生物学的性を離れ、どの個人の内でも多元的に認識される。

　ユンギアン女神フェミニズムでは、女神たちの神話的語りが尊重される。これらは、長きにわたって従属を強いられてきた女性のこころを表現し、エンパワーメントする唯一の満足な手段である。女神フェミニズムは、拡大することが可能であり、人間の文化、心、科学技術を包括的する神話を偉大な女神神話の中に形づくることができる。今まで、きちんと評価されてこなかったものは、脱近代、ポスト構造主義、そしてより広範なフェミニズムの理論的背景である。このような論争の場に臨む前に、ジェンダーに関するポストユンギアンの業績に触れる必要がある。それは伝統的ユンギアンフェミニズムの確実性に（正しく）慎重であることだ。

更なる学習のための文献[訳注3]

総論

Douglas, Claire, *The Woman in the Mirror*：Analytical Psychology and the Feminine（Boston：Sigo Press, 1990）.

　ジェンダー、ユングの著作の中の女性性、ポストユンギアンのその分野の著作に関して計り知れない価値のある歴史的解説である。

ユングの見解の拡大と改訂について

Claremont de Castillejo, Irene, *Knowing Woman*：*A Feminine Psychology* (Boston：Shambhala, 1973).

　ユングの女性蔑視的な意図と絶縁し、元型的ジェンダーの改訂を提言する。

Jung, Emma, *Animus and Anima* (Woodstock, Conn.：Spring Publications, 1957).［エンマ・ユング著，笠原嘉，吉本千鶴子訳『内なる異性―アニムスとアニマ（バウンダリー叢書）』（海鳴社・2013）］

　この初期のユングの見解を拡大する著作の中で、エンマ・ユングはユングの否定的アニムス論に関して、肯定的で鋭い評論を行っている。

Ulanov, Ann, *The Feminine in Jungian Psychology and in Christian Theology* (Evanston, Ⅲ.：Northwestern University Press,1971).

　ユングの反対の性というジェンダーとユングのキリスト教神学の再考の見解双方を拡大する上で非常に大きな影響を持つ著作である。

Young-Eisendrath, Polly, with Wiedemann, Florence, *Female Authority：Empowering Women through Psychotherapy* (New York：Guilford Press, 1987) .

　ユングのジェンダーに関する見解の限界を強く批判し、ユングの概念を個性化を通して女性をエンパワーメントするものに改訂している。

女性原理について

Esther, M. Harding, *Woman's Mysteries：Ancient and Modern* (1935；New York：Harper & Row Colophon, 1976).［M.エスター・ハーディング、樋口和彦、武田憲子訳『女性の神秘―月の神話と女性原理（ユング心理学選書（8））』（創元社・1985）］

　力強いイメージで多くのユンギアンフェミニズムの元祖である。ハーディングはユングの神話学を巡る理論を拡充している。

Leonard, Linda Schierse, *Meeting the Madwoman：An Inner Challenge for Feminine Spirit* (New York：Bantam Books, 1993).

　否定的な女性のステレオタイプを思慮深く再イメージすることで心理的変容の方法としている。

Woodman, Marion, *The Pregnant Virgin：A Process of Psychological Transformation* (Toronto：Inner City Books, 1985).

　女性性を喚起する探求である。ウッドマンは、神話を身体的ワークとドラマの分析に結びつける。

Brinton Perera, Sylvia, *Decent to the Goddess：A Way of Initiation for Women* (Toronto：Inner

City Books, 1981). ［シルヴィア・B・ペレラ著, 杉岡津岐子, 小坂和子, 谷口節子訳『神話に見る女性のイニシエーション（ユング心理学選書(20))』(創元社・1998)］

ユンギアン女神フェミニズム

Baring, Anne, and Cashford, Jules, *The Myth of the Goddess：Evolution of an Image* (Harmondsworth：Viking, 1991).
新石器時代から現在までの歴史と文化をユンギアン女神フェミニズムの意味で徹底した包括的な最解釈である。

Brinton Perera, Sylvia, *Decent to the Goddess: A Way of Initiation for Women* (Toronto：Inner City Books, 1981). ［シルヴィア・B・ペレラ著, 杉岡津岐子, 小坂和子, 谷口節子訳『神話に見る女性のイニシエーション（ユング心理学選書(20))』(創元社・1998)］
シュメール神話のイナンナを通して女性性の「暗黒面」についての良く知られた影響力のある分析である。

Paris, Ginetee, *The Sacrament of Abortion,* tr. from the French by Joanna Mott (Dallas, Tx.：Spring Publications, 1992).
近代の脱キリスト教文化より、古代の女神の見地から堕胎に関する現代の態度をみる魅力的な研究。

Whitmont, E.C., *Return of the Goddess* (New York：Continuum Publishing, 1982).
この分野における枠組みに欠くことのできない詳説である。

第4章
ユンギアンフェミニズムとは？

そこで、筆者が今企てたのは、筆者個人の神話を物語ることである。

とはいえ、筆者にできるのは、つまりただ「物語る」だけである。

物語が本当かどうかは問題ではない。

筆者の話しているのが筆者の神話、筆者の真実であるかどうかだけが問題である。

(Jung, ユング自伝—思い出・夢・思想, 1963)[訳注1]

ユングはアニマにとり憑かれていた。

そして、これがユングに続いてその仕事の前進を夢見る信奉者を

奮い立たせるのにどうしても必要であった。

しかし、このアニマにとり憑かれた信奉者の改訂を受け入れるかどうかは別問題である。

(David Tacey, 男性の再製, 1997)

　4章では、「ユンギアンフェミニズム」のグランドセオリーの伝統に拘らな
い、ジェンダーに関するポスト・ユンギアンの業績をみてゆく。それによっ
て、「ユンギアンフェミニズム」の発展につながるジェンダーに関するより複
合的で多様な考えを提起する。

　「ユンギアンフェミニズム」の業績は、ユングの著作（2章で概観した）の
「個人的神話」の側面とつながる3章の「ユンギアンフェミニズム」とは一線
を画す。そこには、ジェンダー、理論、社会に関してもっぱらユング心理学の
中に基礎を置くユンギアンフェミニズムを根底から打ち壊す再考が含まれる。
ジェームズ・ヒルマンと彼が推し進めた元型的心理学にこのようなユンギアン
フェミニズムの源泉がある。

　また、ロバート・ブライの詩によって刺激を受けた神話詩を作る男性運動にも注目する必要があるだろう。それはジェンダーに関して「ユンギアン」であることに異議を唱えるものである。筆者の目的はこのような異議が実証不能という事を示すことではない。加えて、ユンギアンフェミニズムは、他の学問分野を視野に入れて用いる研究者から多くのものを得てきた。この中にはディビッド・テイシー、アンドリュー・サミュエルズ（非常に多くの影響を持ち続けてきた）が含まれる。フェミニスト元型的理論と知られるフェミニストのグループ、発達学派のポスト・ユンギアンも含まれる。ユングに関する歴史的フェミニストの業績が、ユングの著作のジェンダー機能の分析をどのように提供したかという例を挙げて、この章を終える。

ユンギアンフェミニズムの諸理論の紹介

　ユング後のユング派の研究領域内で、「ユンギアンフェミニズム」として広く知られる領域がある。「ユンギアンフェミニズム」は、前章で述べたジェンダーと女性性に関するユングの業績を意味する。すでに述べたように、伝統的「ユンギアンフェミニズム」は、こころと文化の「グランドセオリー」を作りたいというユングの欲求と結びついたものである。

　しかし、そこには、同時にユングの著書にある「個人的神話」の要素への批判的気づきの高まりも存在する。この批判は、結果として摑みどころのない、こころの不可知な性質を探索するユングの傾向を述べる。個人的神話の中のユングは、一つの不変な権威的考えを作り出すのは不可能であるということに気付いていた。

　この章でポスト・ユンギアンの業績に結び付くのは、ユングをグランドセオリーの理論家として扱う事の否定である。グランドセオリーの中核的原理が、ここでは反論されるのではなく、拡大される。従って、中核的原理は、ユングの「個人的神話」の伝統の中で機能する。後半の分析家と研究者はユングのこのような理論の特性に対応する。そのため、彼らはジェンダーと女性性に関して業績を残してきた。彼らは女性性が女性心理学にとって決定的な基礎を探求する人々と多かれ少なかれ一線を画す。

　結局のところ、この章の題材の多くは、自分を「ユンギアンフェミニスト」と少しも思っていない研究者の仕事から引き出される。これらの研究者の業績は「ユンギアンフェミニズム」の発展となり、フェミニズムとジェンダー学のより広範な領域に位置づけられるべきものである。

　ここで、現代のフェミニズム理論の広範な発達を概観することは有用であろう。フェミニズム研究は、ありとあらゆる知識が男性の権威的制度であると女性が気づき始めた時に、活発になった。すべての知識、医学、歴史、宗教、文学、哲学、心理学は女性の表現を無視もしくは歪曲してきた。結果的に男性的規範の中の「フェミニスト批評」（人類全般に関する普遍的真実とされてきた）が、フェミニズムの研究の基礎的方向となった。女性に関するユングのフェミニスト批評の大部分は、本書の2章に収められている。また、3章と4章でユング後のジェンダーに関する重要な研究の多くを論考する。

　男性の権威主義的文献への単なる批判だけでは十分ではなかったことに気づき、フェミニスト理論は「女性による執筆」の段階に移る。女性は書くことによって、自分の心理学、歴史、芸術、哲学、宗教を自ら表現しなければならないのである。3章で取り上げられたこれらの業績の多くは女性の自己表現というジャンルに結びつく。

　それでも、だれか一人の女性が、すべての女性のために著述するという挑戦は、内的、外的女性運動から起こった。そもそも、より広範な政治的、文化的運動であるフェミニズムはより自己批判的になった。それは、一つの単純な「女性」というカテゴリーから抜け出す意識となったのである。異なったセクシュアリティ、階層、人種、民族、文化的立場があり、フェミニズムはそれらの違いの中で、権力とアイデンティティを扱わねばならないという事である。

　外面的には、精神分析、脱構築、ポスト現代主義のような理論の影響は、単一で一元的な自己（self）の考えに対して激しい非難を巻き起こした。このように硬直したアイデンティティ概念は、すべての女性をひっくるめて問題のない「女性」集団があるという虚構を作るうえでどうしても必要なのだ。

　この新たな政治的、理論的状況への反応の中で、「フェミニズム」は「複数のフェミニズム」になった。そこでは一元的「女性」の説明はもはやその基礎をなくしてしまった；「フェミニスト理論」は、ジェンダー、アイデンティ

ティ、文化、権力問題へのさまざまなアプローチの一つの戦略的同盟なのである。

　ユング派の研究が単なるユンギアンフェミニズムよりむしろさまざまなユンギアンフェミニズムを今やっと提供するに至ったというのが筆者の主張である。本書は、このフェミニズムの可能性の拡大から生じた新たな好機を探索するためのものである。ここで特筆すべきことは、ユングがいかにこのように離れた発展を引き起こしたかという事である。この発展は、筆者が「個人的神話」と呼ぶユングの衝動の権威ある理論の概念へのユング自身の率直な疑問の中に見られる。

　この章では、ユング以降の創造的な領域ですでに存在していた種々のユンギアンフェミニズムに注目してゆく。これらすべての理論家は、ユングの「追従者」というより「模倣者」と呼ばれるかもしれない。彼らは、ユングの「個人的神話」を模倣し、それを確固たるものにすることは、決してできない。しかし、それを著述することは困難なのだ。これらの模倣者は、何にせよユングの規格を拡充しない。それは、ジェンダー、こころ、文化に関するグランドセオリーへのユングの野心がついてくるからである。

　このようなユング派の理論家を特徴を見るため、二つの学派、アンドリュー・サミュエルズのポスト・ユンギアン学派：元型派と発達派に注目してゆく。二つのポスト・ユンギアン学派についてアンドリュー・サミュエルズの定義によれば：一般的にそれらはユング心理学（すなわち、ユングのグランドセオリー）の教義とかかわりを持つ。しかし、それらと批判的な距離を持つ第三の学派は、古典派でユングをより忠実に継承しようと試みる。そして3章でみたように、どのようなフェミニズムも伝統の中に収めようとする。

　もちろん、ジェンダーと「個人的神話」に関わるユング派の理論家についてあまりに杓子定規な定義によって、一緒に扱うのは危険が伴う。前章でみたように、ユングのジェンダーと女性に関する議論の限界に非常に批判的な研究者が何人もいる。アンドリュー・サミュエルズが指摘しているように、分析家すべてをこれら3つの学派にきれいに分ける定義はない。[1] そこで、第3章で論じた理論家の何人かは、発達的もしくは元型的な伝統のどちらとも関係しているといえるかもしれない。

　これに反して、この章で取り上げたディヴィッド・テイシーは「女性原理」概念の一貫した信奉者である。このようなユンギアンの特徴は第3章で説明したとおりである。臨床実践においては、これらの発達派のユンギアンフェミニズムの影響を取り上げる。その中には、ユングの中核的考えを根本的に修正した研究者を含んでいる。

　最近のフェミニズムのあらゆる類の研究は、しばしばジェンダーの歴史的観点に焦点をあててきた。この章の最後は、フェミニストの歴史的探求によってユングのアニマ概念へのいらだちに光を当てて例証する。全体として、第4章では、ユンギアンフェミニズムの見直しの予期せぬ発展とユンギアンフェミニズムの挑戦の位置づけに注目する。また、伝統的ユンギアンフェミニズムの排他的主張への批判に注目する。結果的に本書の各章を通して、解放され、相互に関連し、もつれあった「ユンギアンフェミニズム」の将来的可能性を検討してゆく。

ユング派研究内からの挑戦

ジェームズ・ヒルマンのラディカルアニマ

　ユングのアニマを抜本的に再考した主たる業績はジェームズ・ヒルマンの物である。それによって、女性は永遠に曲解された無意識の質から解放された。すなわち女性に知的劣等性という烙印付けをする物である。二つの基調論文の中で、ヒルマンはユング心理学を再構成した。ユング自身のテキストを批判的に再読することで構成された [2]。意識的に個人的神話の次元を利用することで、ユングの反対物を希求する傾向によってアニマは必要条件にされるべきではないとヒルマンは主張した。アニマは男性のこころの反対の性の側（反対の性）でもなく、「彼女［アニマ］」は男性だけのものでもない。事実、アニマもしくは「魂（soul）」（ユングの用語どうように）は無意識の元型的構造である。アニマは無意識と同列にならべられる意識であり、無意識の「他者」に付け加えられるものである。

　したがって、ユングが提示したようにアニマは関係性の機能であるが、ユングが考えたような人間の関係ではない。アニマはより深い真正の無意識と関わ

り、自分勝手な自我の安易な制限と異なるものである。「エロス」はアニマだけに固定されるものではない：セクシュアリティとは全く切り離された機能である。

　というわけで、女性はアニマもしくは魂を男性のために持っているわけではない。女性は、男性のように自分自身の魂を持っている。女性は、文化的に無視されてきた女性的アニマの促進によって、心理学的に発達するべきである。どうように、女性と男性はアニムスもしくは「霊（spirit）」に対しても平等に保持する。

　自我構造は英雄神話に基づき、女性的アニマの侮蔑と抑制を学ぶ一つの物語だ。しかし、自我ではないアニマこそ、意識の真の基礎なのだ。アニマは尊大な自我から離れ、こころの計りがたいほど深い他者性に向かう。心的イメージを活性化することで、アニマは自我の支配を犠牲にすることを目指す。自我の支配には意味の制御が含まれる。アニマの意識とは自分の無意識に気づくことだ。それは理論と知識それ自体が、いつも試され、修正される暫定的な対象として保持されねばならない。「理論」とはただの「個人的神話」でしかありえない。

　ヒルマンは彼の提唱するアニマを元型的心理学、ソウルメイキングと呼んだ。ヒルマンから見れば、アニマもアニムスも単数形、複数形のどちらにも縛られない；このように摑みどころのない心的存在の本質なのだ。むしろ、アニマとアニムスは内的なこころの結婚の役割を果たす。それらは他者として知られる見方となるのだ。アニマは「根本的本質」ではないため、しばしば「単一」とみられる。しかし、アニマを、みがかれたレンズで見ると「複数」と考えられる。

　ヒルマンは明らかにユングを模倣しながら、心理学を自分の個人的神話で著述するやり方をとる；そして第二の論文で以下のように結論付ける：「この論文は、アニムスへの批判的活動として登場するアニマの神秘的活動である」。[3]まずヒルマンはグランドセオリーを作りだすものではないことを主張する（それはアニムスの活動だからである）。ヒルマンはユングの個人的神話に書き込まれた、ユングが認めていないジェンダーに関する文化的偏見から解放することで、ユングの個人的神話を発展させる。

　このユンギアンフェミニズムをさらに明らかにするために、アニマの改訂を
ヒルマンが先駆けとなって起こしたポスト・ユンギアン学派：元型的心理学の
文脈でみてみよう。

元型的心理学のフェミニズム：ポスト・ユンギアン学派

　元型的心理学を率いた心理学者は、パトリシア・ベリー、パウル・クグ
ラー、デビッド・L・ミラー、エドワード・S・ケイシーである。[4] 二つの異
なったポスト構造主義とポストモダニズム（5章と6章で紹介する）を正当なユング
派理論をつき壊すことに使うことで、元型心理学はポスト構造主義とポストモ
ダニズムと連合する。まず、元型心理学は元型というユングの中核概念を再構
築する。ユングは元型を以下のように定義する。元型とは形式と意味にとって
継承された可能性であり、文化的に影響された心的イメージを通してだけ表象
されうる。

　それにかわって、元型的心理学者は元型が最初に存在するという考えを否定
する。そのイメージだけが現実なのだ。元型的イメージ（それはどのような心
的イメージにもなりうる）が元型であり、元型的イメージが第一の真実なの
だ。そのイメージは尊大な自我の認知よりはるかに信頼に足るというわけだ。

　次に元型的心理学者は、意識的にユングを権威ある「熟達の」理論家とみな
すことを拒否する。ヒルマンは、自著『癒しの虚構』の中で、個人的神話的態
度にたつユングを探求する。そして、ユングを自分の心的現実という「虚構」
を通して自分自身を癒す者とみなす。[5] この認識に従って、ヒルマンは以下の
ように主張する。ユングのように、虚構のイメージを自分の考えに向けて形作
る限り、その著者が虚構のこころを演ずることから治療的理論の枠組みを作り
出す（ちょうど、ヒルマンがアニマがヒルマンのアニマ的評論を形成すると主
張するように）。

　この理論と虚構の絡み合いによって、元型的心理学は洗練されたサトルボ
ディの著述を生み出すことができる。特にジェンダー、性役割、女性性に関す
る教条的言説を弱めるような著述を提供する。とりわけ、ユンギアンフェミニ
ズムに有益なことは、元型心理学の自我の弱体化である：自我は一つの未熟な
英雄神話の産物であり、父権性を根拠のないファンタジーであると思わせるこ

とができる。

　父権的イデオロギーは女性性を劣等なものであると抑圧することで成り立っている。そこでは「女性」性は、単にぼんやりとした範疇にされてしまう。女性とは「父親たち」によって意味があるか権威があると考えられるものに対する「他者」であることを示すのだ。従って、自我の無意識の抑圧は、ありとあらゆる種類の父権的考えを定義する材料になりうるのである。元型的心理学によれば、（両性の）若い人の自我成長は、すべての「他者」を克服し抑圧する英雄神話の上に構築される事になる。成長する自我は女性的アニマ─魂を抑圧しがちになる。自我の主張が主体性の正当な流儀であることへの批判と、自我─英雄と父権的態度との間のつながりを認識することで、元型的心理学がユンギアンフェミニズムを確実に提供する。

　もう一つの元型的心理学のフェミニズムへの驚くべき貢献は、多くの神々や女神を信仰する多神教の容認である。しかし、これは元型的心理学のユンギアンフェミニズムを前の章で述べた女神フェミニズムと一緒にするというわけではない。もとからある元型がイメージを「作りだす」という考えを放棄するという事は、元型的心理学が女神というものを供給しないという事である。むしろ、イメージをもともとの元型とみなすことは（自我の欲動を挫くためにイメージを解釈するために）、それを何か言語的なものに還元する代わりに、そのイメージを価値づけることになる。

　そこで、自我より優位な心的イメージを維持するには、このようなイメージのヌーメン性と心的共鳴を絶えず提供し続ける必要がある。ヒルマンは、このような態度を心の多神教とよぶ。なぜならそれが現実や重要性のより高い感覚をイメージに与えるからである。ヒルマンのいう多神教は「外のどこか」にある神々を崇めることではない。第3章で見たように、多神教がフェミニズムに本当の可能性を供給する。それは父権的な排除で一神教にされた多神教をもとにもどすのである。そこでは、存在の他の、異なった、女性的なスタイルを認めることである。しかし、元型的心理学のユンギアンフェミニズムには限界がある。

　たとえば、自我の頑強な主張を解体しようとする欲求をフェミニズムがいつも純粋な熱狂で迎え入れるとは限らない。父権性に対する論理的解説と父権性

をきっぱり否定することがフェミニズムの目標であり、自我は合理性の住処で
もある。理性は社会の平等と公正に関する明晰な思考の一部である。フェミニ
ズムは、理性と公正を見捨てることは決してできない。意識の主である自我を
弱体化させようとすることは、事実上、合理性と非合理性との対話を霧散させ
ることになる。

　フェミニズムの運動が、非合理な他者とみなされてきた女性性の劣等性を取
り去るという、道徳的な運動でありえるということである。それは、セルフ／
他者、合理性／非合理性といった二元論を超えた同盟との結びつきへと導かれ
る。もしそうなら、フェミニズムが他のものの上に立つ優越的なあるものなし
に、ありとあらゆる相違の包摂を示唆する。さらに概念的な合理性／非合理性
次元を解体することには危険がある。それは合理的、政治的な潜在可能性と、
現実に存在する権力のヒエラルキーとの結びつきを失うということだからだ。

　元型的心理学の自我への攻撃の否定的影響は、フェミニズムを妨害するも
う一つの要素と関係している。元型的心理学では、心的イメージに価値を置
く。それは、主体とジェンダーの文化的形成という見解を単に理論的に生み
出されたものでなく、実践上去勢してしまう。これについて、ヒルマンは元型
―イメージに関して、以下のように述べている：「『元型的』と称されるいかな
るイメージも、直ちに、普遍一般的で、超―歴史的、根本的に深く、生産的
で、高度に意図的で、必然的なものとして価値づけられるのである」。(6)〔訳注2〕

　一方で、元型的心理学者は、心的イメージは多かれ少なかれ元型的と考えら
れるかもしれないと主張する。事実、これは文化的多様性に価値を置く。とい
うのも人々が経験「するはず」のイメージのヒエラルキーには何の根拠もない
と示唆するからである。一方で自我を超えるイメージに価値を置くことは、文
化的位置づけの価値下げを意味する。自我が見聞きした歴史と文化を無視する
ことである。ヒルマンが使う「超歴史的」という用語は、物質的条件と結びつ
いたフェミニズムと対立するものである。

　逆説的に言えば、筆者は、ユングの元型の定義に戻って、主体性が構成され
るということを提案したい。それは、ジェンダーアイデンティティの文化的、
物質的形成に深い関心を寄せるフェミニズムと固く結びついている。形のない
元型は創造的エネルギーを供給する：結果として生じるイメージは、主体性の

身体的そしてある文化への統合によっても形成されるのだ。

　たとえば、母親になるという事は文化、歴史を通じて実にさまざまである。「母親」の元型的イメージはこの多様性に参与する。多様性は特別な主体性、文化、社会そして歴史的時代を通して形作られる。それは元型の言いようもないほどの多様性の顕現として見ることができる。また、特別な物質的条件の証明としても見ることができるのだ。

　ユングの元型の超越的側面は否定するが、無意識や魂の優越的真正を強調することで、元型的心理学は、急進的ではあるが比較的狭い次元のフェミニズムを作り出した。とはいえ、筆者が著述してきたように、「他者」のフェミニズムを生み出すというユング派の考えの可能性を枯渇させてしまってはいない。詩人で神話創造による男性探求運動の指導者、ロバート・ブライはジェームズ・ヒルマンの業績に関心を寄せる。[7] フェミニズムの神話創造的男性探求運動をとがめる人はいないだろう。しかし、この人気のある宣伝の主張は、「ユンギアン」のジェンダーの取り扱いにはいくらかの考察が必要だというものである。

ロバート・ブライと神話創造的男性探求運動

　ロバート・ブライとその一派は、フェミニズムが男性をダメにしてしまったと信じている。「ユンギアン」の男性元型をこのようなフェミニズムの被害者を真正の「深遠な父権制」へと導くために援用しようとする。さらに発展したこの運動を牽引する著作は、ブライの『アイアン・ジョンの魂（こころ）』である。『アイアン・ジョンの魂（こころ）』はベストセラーとなり、「奥深い男性」や「内なる戦士」「種々の元型」をもたらしている。[8]

　特に『アイアン・ジョンの魂（こころ）』の中の特に刺激的な挿話は、全体的に反フェミニズムの色合いを与えている。ブライは、内なる父権制に到達した新米男性に女性との関係で「そなたの剣を高くかかげるか、さもなくば相手の目の前に突き出すのだ」と勧める。[9][訳注3] 不誠実にも、ブライは「これらの初期の集会では、多くの若い男性にとって、剣を見せつけることと、誰かを傷つけることの区別をつけることが難しかった」。[10] これは社会的に無責任な著述であるというのが、筆者のブライの剣に対するとりあえずの反論である。も

しも「剣」が暴力でなければ、暴力による脅しではないか？　これは単純な支配への誘惑でないだろうか？　そうでなければ、男性の理性が優越的であるというファリックな純粋性のメタファーだろうか？　よく見ても、ブライの著作の産物は、陰に陽に女性を貶めることである。悪く見れば、反フェミニズムの反発である。ブライの著述は、あまりにお粗末な解釈であり、父権制の抑圧的で単純な考えで容認することはできない。

　神話創造的男性探求運動はユングへの裏切りでもある。それはユングの理論的用語を簒奪して、二十世紀初めの男女間の関係を再現しようという意図を正当化するために用いる。ブライとその一派は元型をあまりに単純化する。その意味で、グランドセオリーという流儀のユングに忠実ではない（それがこの章でブライに触れる意味でもあるが）。

　神話創造的男性探求運動にとって、一つの元型は英雄的、男性的ジェンダーアイデンティティが、男性には無意識に深く刻み込まれており、そこではフェミニズムの悍ましい近代性などありえないというわけだ。このような見解はユング派の理論ではない：ユングの元型的イメージは生得的に継承されたものではない。ユングにとって、元型はジェンダーに固定されていない。世代を超えて変わらずに保持される安定した一つのイメージではない。そして、元型は元型的イメージを通してだけ知ることができる。元型的イメージは文化と創造的な分かちがたい関係を有している。ブライは種々の元型を保守的なジェンダーステレオタイプに変えているのだ。

　残念なことに、混乱した白人男性の間で神話創造的男性探求運動は人気がある。その結果、ユング派の理論全体が、非ユング派のフェミニストから、不当にも怪しげなものとみなされてしまった。幸い、ユング派の研究がブライに対する力強い反駁を行ってきた。アンドリュー・サミュエルズの『政治的なころ』[11]、そしてディビッド・テイシーの『男性の再製』[12] の中で、男性性に関するユング派の研究がフェミニズムとの進歩的で支持的な対話を生み出している。

他の学派の観点を用いて

ディビッド・ティシー：男性性とフェミニズム

　フェミニズム理論の近接領域の一つは、運動集団に政治的な関心を寄せるいわゆるジェンダー学である。社会的効果を得るために、フェミニズムは女性どうように男性も必要としている。それは男女両性のジェンダーとその文化と権力に関わる仮定に疑問を呈するためである。ディヴィッド・テイシーは「女性原理」の概念に拘り続ける。それでも本章で取り上げるテイシーの業績は、彼が明言している元型的理論と進歩的男性学との裂け目を埋めようとすることである。ジェンダー学と男性学は長い間唯物論者と社会構成主義者の著述に依拠してきた。

　テイシーの立場は、進歩的ユンギアンの考察は物質主義志向のジェンダー学の内容から多くを得るというものである。このような理論は、神話創造的男性探求運動のような、危険で懐古的誤りを防ぐうえで、大変有効な機能である。テイシーはそれに対して手厳しい非難を行っている。しかし、男性学はユングを必要とする。というのも唯物論だけでは不十分だからだ。また、こころのジェンダーへの熱心な関心や本当の社会変革のためのエネルギーの供給といった点でも不十分といえよう。

　テイシーによれば、ジェンダーとはイデオロギーを通して、社会的に再生産される。しかしながら、イデオロギーは単なる唯物論的力の作用だけではない。なぜならイデオロギーは元型的基礎を持っているからである。テイシーは自分の支持はフェミニズムの社会的目標のためであると強く主張する。多くのフェミニストどうよう、テイシーもその政治的事業は今だ完全には程遠いとみている。

　ユング派風に言えば、フェミニズムとは、何世紀にもわたる抑圧と誹謗中傷の後に、完全な形で迎え入れられる女性原理の興隆であるとテイシーは考える。男性の課題は、父権制の幻想を失った心理的痛みを認めることである。男性には、内なる女性性を抱きとめることで、自分の中により高次な意識を発達させることが必要となる。発達した意識を基にして、内なる女性性を探すこと

は、母親としての―アニマに下落することを擁護することではない。テイシーは、進歩的男女が母性が付随した女性性に同一化することの政治的危険性を喝破している。むしろ、心理的、社会的に父親と結びつくことを再認識することで、息子と娘は、より展開された女性性の形を心理的に体験し、社会的に認知することが可能になる。アニマはこころと社会にとってもっと幅広い、多様なジェンダーのスタイルを生み出すとテイシーは考えている。

　ユンギアンフェミニズムにとって顕著な潜在可能性は、元型的要素を社会的変化の理解に持ち込むというテイシーのやり方にある。「不在の父親」（男性学の非常に悩ましいテーマ）は文字通りもしくは感情的に息子とって存在しない。この特徴は「真正の『父親のエネルギー』の喪失と消滅に所以する」。(13)

　このような元型的欠落は、嘆かわしいフェミニズムの結果ではない。これは、父権制への信奉の減弱から起こっており、その不在と同じではない。個人の男性と進歩的心理学の役割は、元型的父性に活力を与えることである。それには、目に見える男性性のやり方だけから父権制や父親であることの放棄を学ぶことによって得られる。より高次の女性的アニマを包摂することは、男性のジェンダーにとって、より持続可能で、柔軟で遊びごころのスタイルへの径となる。

　また興味深いことは、この課題と問題に対するテイシーのユンギアン風の語り口が、唯物論的、学術的男性学に真っ向から立ち向かっている点である。元型的力動は神話を通してパターン化されるのかもしれない。テイシーは父権制をクロノスとして描写する。クロノスは悍ましい予言であり、クロノスが飲み込んだ男女の子ども達の一人にとってかわられる。この神話の子ども達が、より多様で解放的なジェンダーのスタイルを表現している。

　心理学の用語でいえば、貪り食うクロノスは他の男性性のスタイル（クロノスの息子ゼウス、ポセイドン、ハーディス）と他の女性的形姿（クロノスの娘、ヘスティア、デメーテル、ヘラ）の誕生を妨げてきた。クロノスが単一の元型コンプレックスを指し示す新たな者を食い尽くすという事実が支配権を摑みつづける。そして、心と社会のすべての物がクロノスの専横的スタイルに包摂されてしまう。すなわち、新たな男性学が的確に表すように：抑圧されたもしくは飲み込まれた男性性や女性性のスタイルを、全てを呑み込む父権制とよ

ばれるものから解放することである。(14)

　しかしながら、テイシーが男性学に批判的なのは、彼が「神話的ズレ」と呼ぶもののためである。(15) テイシーはクロノスの神話から二つの物を見出した。一つは父親に対する敬意と、クロノス神話の好ましい完成を妨げる過渡に強調された母親との関係への集中である。クロノス神話の中で起こっていることは、ゼウスが父親を騙して兄弟姉妹を自由にしたことである。そして、神々と女神たちの（元型的）混在がすべて解き放たれた。男性学で起こっていることは、テイシーに言わせると、クロノス神話からオディプスの危険な誘惑への落とし込みである。この悲運ないわゆる英雄は自分の父親を殺害する。そのために母親との禁断の抱擁がさらに魅力的となるのである。フロイトは、ジェンダー理論のどこにでもあるのだが、このエディパルな宿命を恐れたとテイシーは指摘する。父親への崇敬と女性性を母性にのみ還元することからは何の答えも得られない。テイシーから見れば、ジェンダーの諸理論が精神分析のたった一つのオディプス神話によって妨げられてきた。そこでは、女性性は母親だけに制限される。もしも、進歩的なフェミニズム理論家がユングだけをみるのではなく、還元的に制限されない元型的女性性が母親であるということを発見するかもしれない。(16)

　テイシーは「個人的神話」という神話学の使用において、完全なユングの模倣者である。ユングどうよう、テイシーは理論的思考におけるフェミニズムの主張の個人的価値を一顧だにせず、テイシー自身のジェンダーへの関わりをのべる。

　筆者としては、テイシーの業績はユンギアンフェミニズムにとって、男性性に焦点付けているにもかかわらず、それゆえに刺激的な貢献だと言いたい。フェミニズムの社会的格闘をおしすすめるようにデザインされた、ユング派の男性性に関する理論化は、それ自体フェミニズム運動である。理論化とジェンダーアイデンティティにおける個人的要素の強調はここでは本質主義者のそれではない。本質主義者は永遠の男性性を確実に手に入れることを主張する。そうではないものは、他の全ての種類のものに、手を差しのべ、そのための空間を作るのである。

他の学派のフェミニズム理論家からユングをみる

■デマリス・S・ウェーア——デマリス・S・ウェーアの著作『ユングとフェミニズム　解放の元型』は最初にウェーアの錯綜する二つのトピックのかなり偏った、還元的見方を取り上げるようにみえる。[(17)] ウェーアは「フェミニズム」（ここでのジェンダーは文化的文脈を意味する）とユング／ユンギアンの間に対立物を立ち上げる。ユング／ユンギアンはウェーアにとって「女性的なるものは、実際に生物学的、生得的なものであり、［存在の］存在論的なものでさえある」。[(18)][訳注4]

　ユング派理論の生物学的本質主義への還元は、ジェンダーを事実上文化的影響から分離してしまう（そこには「存在論的」なものも含まれる）。このことは、偏見にみちたやり方、ユング自身と第3章で吟味した「ユンギアンフェミニズム」には支持されるかもしれない。ウェーアは、その主題がいくぶん文化的歪みを受けるとしても、女性原理の「非還元性」についてアン・ウラノフを引用する。

　しかし、このようなジェンダーについてフェミニズムが文化的構成的、ユング派の理論が完全に本質主義で保守的であるという単純な対立化には問題がある。というのもこれは（第2章で見たように）ユングの著作を丁寧にみれば、説明できない。また、第3章で見た形而上学的ユンギアンフェミニズムにとっても公正とは言えない。ウェーアはこの点をユングの元型に対するニュアンスにみちた論考によって進める。

　ウェーアの業績の最も大きな貢献は、神学から知識社会学を繋げる洞察の中にある。これにより、ウェーアは、元型的ジェンダー化のユングの著述を、父権制文化の中で体験される社会的に条件づけられた事実として読み変えることに成功する。ユング自身のジェンダーに関する記述を、文化的ステレオタイプを移す鏡としてウェーアは解釈する。ユング理論につきものの危険は、一つの父権的文化の中の元型的表現があたかも時代を超えた女性の真実として扱われることである。女性元型のユンギアンフェミニズムの「グランドセオリー（これはウェーアではなく筆者の用語）」の創造が一つの例である。それは社会的に付随する考えを限定的で頑迷な規定へと硬直させる。

　しかし、ウェーアががちがちの唯物論的フェミニズムの評論家というわけで

はない。彼女のフェミニスト神学の立場がそれを表している。ウェーアはユングとフェミニズムの間に生産的結合を見出そうとする。それは、宗教的体験を肯定的に探究するユング心理学の潜在的可能性によるものである。また、ウェーアは父権制に傷つけられた人々を癒すユング派のこころの可能性も認めている。

「ユンギアンフェミニズム」という用語を用いずに、ユングの個人的神話の側面と関係づけながら、ウェーアは「ユンギアンフェミニズム」を素描する。意味を見出し、本質的に宗教的で、創造的で文化的に結びついたこころというものを仮定するユングを、ウェーアは高く評価する。このようなユングと、女性に関して還元的断定をする「グランドセオリスト」としてのユングをウェーアは明確に分けて考えるのである。

■ナオミ・R・ゴールデンバーグ——ナオミ・R・ゴールデンバーグのフェミニズムの見解からのユング解釈は非常に魅力的である。ユングの著述の複雑にからんだ文脈を単純化する「ユンギアン」を鋭く批判する。ゴールデンバーグは、多くのユング派研究が、ユングをたった一つの「グランドセオリー」に凝縮すると批判する。[19] 筆者もこの点では同意見である。

伝統的ユンギアンフェミニストと異なり、ゴールデンバーグは超越的元型理論には見るべきものがないとする。それはジェンダーを限定すると考えたからであろう。「もしも性差別がその基礎にいつも直面化されるのであれば、フェミニストの研究者は、ユング派思想の元型という真実の考えを吟味しなければならない」[20] とゴールデンバーグは主張する。それによってゴールデンバーグは、ユンギアンの心的ジェンダーでは文化は何の出番も得られないと言っているようである。既に見てきたように、この立場は元型理論の必須の結果ではない。元型に関するユングの見解に挑戦するために、ゴールデンバーグに残されている他の方法は以下の二つである。父権的性差別を不変なものと受け入れるか、「女性的」元型（女神フェミニズムのような）を探索するかである。しかし、後者の選択は文化的条件からジェンダーを分離するので、ゴールデンバーグには到底受け入れられない。

ゴールデンバーグは罠に落ちてしまっているように見える。その罠とは、彼

女の好む立場が、ユングをユング風に教条的で排他的に読解することである。そのため、ユングの両性具有の元型的イメージの可能性を見逃してしまう。そのイメージは、文化的に影響を受けた元型的イメージを通してのみ表現されるものなのだ。

　ユンギアンフェミニズムを発見しようというゴールデンバーグの企てが終わったその地点をジェームズ・ヒルマンの元型的心理学が取りあげる。ゴールデンバーグは、お気に入りのイメージ―純粋な元型という考え方のために、超越的元型を遺棄する。ヒルマンに言及しているにもかかわらず、ゴールデンバーグの主張は全く異なり、元型は文化的表象の手段であるという考えを強調する。文化と歴史は、こころによって生み出されるイメージを形成する役割を持つ。このユンギアンフェミニズムは、以下の三つの要素の組み合わせである：ユングがユング理論の頂点であるということへの挑戦、創造的で宗教的なこころの強調、そして三番目に主体性とジェンダーを形作る上での文化の強い影響である。

フェミニストの元型的理論

　ウェーアとゴールデンバーグはともにフェミニスト元型的理論という学際的試みに関連している。これを最もよく表している著作はエステラ・ラウターとキャロル・シュライアー・ルップレヒト編、序文の『フェミニスト元型的理論：ユング思想の学際的見直し』である。[21] この著著は元型的心理学に好意的な関わりを持つにも拘らず、そこには決定的な違いある。それは、宗教、心理学、文学、視覚的芸術などの多様な分野のフェミニスト研究者によるアプローチが存在する点である。従って、この著書にはヒルマンが率いた「元型的心理学」運動という用語を用いることが絶対必要となる。そしてこれらのフェミニスト研究者はラウターとルップレヒトの著作によって「フェミニスト元型的心理学」と定義づけられたのである。元型的心理学とフェミニスト元型的心理学は共に超越的元型を、その内在的イメージのために拒否する。この点から両者の違いが始まる。

　ラウターとルップレヒトの序文は、1970年代後半から1980年代前半にかけての学術学会での研究者と方法論的流儀の一致点を説明する。興味深いこと

に、ヒルマンの元型のイメージ凝縮に、ラウターとルップレヒトはエーヒッリ・ノイマンの1959年の業績を付け足す。それによって、ラウターとルップレヒトはこのようなイメージは文化によって色付けられると提案するのだ。[22]

この思慮深い二重の学術的遺産によって、フェミニスト元型的心理学は心的イメージに抗する社会とイデオロギーの圧力を強調する。これによって、フェミニスト元型理論はその理論自体を人間性へのフェミニズム的介入として位置づけることができる。これは、「女性」という範疇の革新的で解放的説明も提供する。「フェミニスト理論の場合、元型をその内容が固定した一つのイメージではないとみるとすれば……元型が繰り返される経験のある種の関係でイメージを形成し、再形成する傾向とみなす。それによって元型概念は、人類の歴史を貫いて認知されてきた女性に関わることを明確にすることを届けられるだろう」。[23] このような理論には、現代の「フェミニズム」をとりまく数々の不安と問題点との興味深い繋がりが含まれている。一見、フェミニスト元型的理論は本質主義のようにみえる。それは、もろもろの文化と歴史を通じて「女性」と呼ばれる議論の余地のない集団を仮定するからである。これは本当の状況ではない。フェミニスト元型的理論の「女性」は、文化に依拠するイメージを産出する。そのため、「女性」概念は、人種、セクシュアリティ、文化、歴史、健康、年齢を含む差異のどのような形でも維持し表現する。

フェミニスト元型的理論には、「規範」、どうあら「ねばならない」といったイメージの記述を生み出すための基礎がない。そのためヒエラルキーが生まれ、女性にもあてはめられる。このユンギアンフェミニズムにとって、元型は「その顕現に光が当たるまで――過去、現在、未来――を通して、決して完全に知られることがない」。[24] これは、元型が完全に知られることは決してないと主張しているのと同じである。そこでは、基本的もしくは理想的モデルが生み出されることがない。

ラウターとルップレヒトもどうように、女性によって生み出されたこれらのイメージの間にある絶対的もしくは単純な差異を主張しない。また、上記の引用のように「明らかに女性に関わること」のためにそのイメージを探求する本質主義の動機にも拘らず、それらのイメージは男性のこころからも引き出される。フェミニズム元型的理論は、意識的にはユンギアン理論の領域に含まれ

る。そこではこころは、決定的に身体と結びついている。しかし、こころは身体に支配されているわけではない。ラウターとルップレヒトはイメージの体験的文脈を議論することは絶対必要だと主張する（心的イメージは決して単純に説明できない。というのも、それではその第一のイメージの質を無視することになるからである。これにはユングも賛成するだろう）。

　元型的イメージの「体験的文脈」に身体を含めることは可能である。しかし、身体をイメージの重要性の超越的源泉とみなすことはない。いずれにせよ身体もまた元型的ファンタジーの主体「である」。時にこのようなファンタジーは父権的に歪曲されているかもしれない。さらに生物学的性を「自然」なものであり、「文化的」ジェンダーの反対だという分類への挑戦は第6章で考えてゆく。

　もちろん、フェミニズム元型理論はユングを父権的権威者として退ける。ルップレヒトが「監獄の言葉」と呼ぶユングの言葉も否定する。[25] 父権的言語はユングの女性のアニムスに関する記述に特に顕著に見られる（第2章の例を見よ）。ルップレヒトは「アニミティ（animity）」という用語を作った。それは、ユングの二元的アニマ／アニムスの圧迫にかえて、「たましい」もしくは無意識と親しむ過程を示している。[26]

　フェミニズムの元型的理論は、種々の芸術と諸文化の境界をこえる女性の無意識の痕跡を明らかにすることに精力を注ぐ。女性のこころの中の文化的圧力と影響を探求することで社会的影響を考える方向となりうる。しかし、それは決して唯物論的フェミニズムにはなりえない。というのは、それが、無意識の創造的他者性というユング派の中核的見解を継承しているからだが。心的イメージは文化と自我が目の当たりにしたことに影響されるだろう。しかし、決してそれらに決定されるわけではない。多くのユンギアンフェミニズムに共通していることは、ユングが定義した単純化できず多様に変化する無意識の「他者性」という概念である。フェミニズムの元型的理論はこの他者性という原理と、女性間のヒエラルキーを都合よく放棄し、それらのイメージ―元型とを組み合わせるのである。

発達的心理学：ポスト・ユンギアン学派

　発達的ユング派心理学は、1985年にアンドリュー・サミュエルズが立ち上げたポスト・ユンギアン学派の三つの内の一つである。[27]この中で、サミュエルズは三つの学派を以下のように説明する。ユングの技法を忠実に順守する（古典的学派）、元型理論を修正する（元型的心理学）、そして正統フロイト派と創造的融和を図る（発達的学派）である。

　発達的ユンギアンの特別な特徴は、ユングとフロイト間の繋がりと相違、そしてフロイト以降の精神分析の先駆者の業績を再考することである。発達的心理学は特にフロイト派の乳幼児期に関する記述に関心を払う。たとえばメラニー・クライン、ウィルフレッド・ビオン、ドナルド・ウィニコット、ジョン・ボウルビーが取り上げる「対象関係論」の精神分析である。対象関係を用いて乳幼児期について考えることは、精神分析における転移、逆転移関係の考察に繋がってゆく。

　転移は被分析者が自分の不安を知らぬ間に自分の分析家に投影するやり方である。分析家が被分析者のこころの一部のスクリーンに事実上なることである。フロイトは転移が談話療法で決定的な役割を果たすのではないかということに気付いた。逆転移は、分析家側におこる相互作用的動きである。ユングは分析家のこころも気づかない内に転移に巻き込まれるかもしれないと主張した最初の実践家だった。そして、このことが、精神分析において非常に有効な手段になり得るのではないかとも主張した。

　発達的心理学が精神分析的臨床実践とユング派の遺産の橋渡しをしようと望んだにも拘らず、その現実の違いはそのままである。フロイト派の理論は還元的であり、後ろ向きでもある。その理論の中では早期乳幼児期の「場面」をまず研究すべきだと主張する。これに反して、ユングはこころが未来志向的で、前向きであるという見解を強く主張した。夢と心的症状は、人格の将来の発展に合わせられる。その人物がどうなるかもしれないという事の方が、過去にどうであったかという事より、はるかに重要なのだ。

　結果的に、ユングはエディパル的構造を自分の全般的なスキーマに含むことを良しとしたが、人の乳幼児期は決して圧倒的重要さを持つことにはならない。無意識の優越的可能性と創造的また未来志向的な出会いこそ、ユングは第

一原理とみなしたのだ。

　対象関係論の理論は、フロイト派の精神分析から引き出されているが、決定的修正を伴っている。フロイトが幼児はまず本能によって突き動かされると考えたところを、対象関係論では、子どもはその誕生から、自分の養育者と関わりをもつ能力を持つ。ここでの「対象」とは二つの重要な事を指す：すなわち、幼児は関係をもつ相手を得ようとすることであり、幼児がその「対象」にむけるモチベーションとの組み合わせである（子どもの中に置かれた状況として）。

　このように対象関係論では、子どもはその誕生から養育者と相互作用する能力を持つ。これによって、対象関係論は、継承された何らかの精神的能力を持つということで、ユングとその信念により近いものとなる。メラニー・クラインとユングが共に人生早期の母親との紐帯を強調するという点で、発達的ユング派理論は、示唆的な両者の相似と実り豊かな相違にそれを位置づけられる。

　ヘスター・マックファーランド・ソロモンは以下のように指摘する。母親を幼児が早期に「部分対象」として評価すること、また、「対象」を離れた鏡映現象は評価しないという、クラインの用語は、ユング派の母親の元型的イメージという用語に置き換えることができる。[28] これらのイメージは、子どもの母親の身体との非常に早期の体験から形作られる。幼児のファンタジーが「良い」乳房と「悪い」乳房に移行する見解を作り出してゆくであろうというクラインの主張は、養育する母親そして破壊する母親というユングの母親元型の二面性の主張と重なる。

　この立場の二つの組み合わせは枝分かれするが、発達的ユング派理論では、ユングとクラインは完全に決別する必要はない。幼児のこころを写し取る中で、クラインの部分対象という考え方は、独立した自己感覚を成し遂げるのに先立つ妄想―分裂状態と、おおむねみなされる。母親の非合理的イメージと記憶は、無意識の中に抑圧され、後の分析の中で追体験されるかもしれない。

　破壊的／養育的母親についてユングはより豊かで、ロマンチックな見解を持つ。そのイメージの母親は、ある個人の無意識に棲む。そしてたとえ破壊的形式であったとしても、その個人の将来の成長に役立つように存在する。元型的両親が前向きの創造性を維持しているという点で、発達的心理学はユング派を

引き継いでいる。対象関係理論の方法と繋がっているとしても、その手法は分析の中で乳幼児期の親子の相互作用（母親もしくは父親との）に焦点づけられる。

　発達派の理論家は、ユングの元型の考え方を非常に早期の心理的発達の文脈に組み込むことで、ユングを否定しない。ユングは人生後半への焦点付けを好むが、単にそれを反転しているにすぎない。

　発達的ユング心理学の一つの帰結は、ユンギアンフェミニズムをフロイト派の精神分析的フェミニスト理論とより首尾一貫性のあるものにする可能性である。この点に関しては第5章で詳述する。その可能性は、例えば、ユング／クラインの母親の扱いを、母親との関係で対象との心理的寄与、そして人の成長にとってのその役割を、どのように批判的に検討してゆくかということに使えるかを見てゆくことである。このようなユング派—クライン派フェミニズムは、文字通り具現化された母親を形作る、社会的—心的プロセスを探求するために、開かれている。また、この理論は、こころの中の「母親」という意味深い感覚を築き上げる様を探索可能にするが、豊かな自我の現実の体験で制限されるものではない。

　もしも、「母親」が創造的に修正されたとする。そうすれば、個人史の中の欠落、もしくは特別な社会での慣習形成、そのどちらからもジェンダーを解放することができるのである。[29]

アンドリュー・サミュエルズによる（フェミニズムのための）ジェンダーと理論

　アンドリュー・サミュエルズと発達学派の親和性は、フェミニズムにとって好意的な父親関係の変革的分析に大きな貢献を果たしてきた。サミュエルズはユング派の考えを革新的、進歩的政治にさらに結びつけ、政治を心理学に結びつけるその仕事は継続中で、今に至るまで非常に影響力を持ち、革新的であった。[30] 対象関係論の評論はほとんど母親—子どもの相互作用に限って強調する。それに対して、サミュエルズが父親を扱ったことは、社会の中の性役割について前フェミニズム的考えの可能性を示す。ここで触れられるのは、ユンギアンフェミニズムに対するサミュエルズの生産的業績のごく一部にすぎない。

　多くのユング派のジェンダー理論家どうよう、サミュエルズもユングの女性

に関する文化的偏見に疑いの目を向ける。それにはユングのジェンダーの身体的本質主義という過ちも含まれる。サミュエルズは、アニマとアニムスの概念を遺棄することなしに、こころの中の反対の性は「他者性」のメタファーだと主張する。ジェンダー化された特徴の特別な組み合わせを表現しているのではないということである。他方の解剖学的なイメージは何であれ、今のところ、不知かたぶん不可知を表す。意識とアニマもしくはアニムスとの関係は、ジェンダーのステレオタイプを認めるものとしては扱われない。「あなたとあなたのアニムスもしくはアニマとの関係の違いは、あなたの男性もしくは女性との関係とは異なるのだ」。[31] またサミュエルズは、「ユンギアンフェミニズム」といわれるものに極めて懐疑的だ。サミュエルズにとって、ユンギアンフェミニストは本書の第3章で述べたグランドセオリー実践家を意味するのだ。サミュエルズは特に「女性原理」への傾倒に批判的である。女性原理への集中は理論的、政治的にも欠陥があるとみる。理論的欠陥とは、反対のジェンダーに関するユングのファンタジーを神学的調和にまでさえ拡充するからである。「そこでは女性性に関して何か永遠なものがあると仮定されている。すなわちこれは女性に関してという事である；女性は超文化、非歴史的なある特徴を示すことになる；また、これらの特徴が心理学的用語として説明されるからである」。[32] この政治的結果として、ジェンダーへの文化的影響が無視される。そしてユンギアンフェミニズムは単なる権力バランスの逆転を目指す。このような反動はサミュエルズの慎重な評価によって是正される。ユング派の研究ではなぜ「女性性原理」を拡充することが必要だと思われるかを探求する。この主題と、より肥大化した女神フェミニズムの形式が、ユングの考え方の中から女性を称賛する方法をもたらす。同時に、資本主義的父権的文化を批判する立場を提供する。サミュエルズは、もしも女神フェミニズムがメタファーとして用いられるならば、女神フェミニズムは女性の痛みと苦闘を扱うためのイメージを生み出す実際的な役割を持つかもしれないと評価する。しかし、このような心理治療が、女性の永遠の本質を主張して、字義通り行われると、本質主義的で凝り固まった見方になる危険がある。[33]

　サミュエルズは自分をユンギアンフェミニストと自称していない。この理由の一つは、サミュエルズがユンギアンフェミニズムを女性原理概念の周りに群

がる単一の実在とみているからである（「ユンギアンフェミニズム」という用語すらまだ考察していない）。さらに、サミュエルズの進歩的なものへの傾倒はジェンダーの関係より広範であり、フェミニズムのラベルはあまりに狭すぎるのかもしれない。とはいえ、サミュエルズの業績のいくつかが、ジェンダーと精神分析との創造的対話の中で、ユンギアンフェミニズムに枠組みを間違いなく提供している。

まず、ユングがアニマ、アニムスと称したものは、女性、男性の両性に共に等しく用いられる。そこでは、女性が合理的、知的思考にとって「よそ者」であるといった問題は存在しない。

また、サミュエルズは、異性愛の先天性、ユングの両性具有的集合的無意識にある暗黙の立場に疑問の必要性を主張する。むしろフロイトの幼児に関する概念を再考することを好む。

その概念では、幼児は、性的に弱体化されるか「捻じ曲げる」者である。「両性具有の幻想に頼ることなく、ジェンダーロールとの関係によって性的に多様な立場に適用可能な幻影」なのである。[34]

『複合的こころ』の中で、サミュエルズは自分の理論的立場を「複合主義」と説明している。それは、異なった心理学を統合しようとすることなしに、それらを活用するという意味だ。または、相対的ヒエラルキーを構築することである。このような理論モデルは、明らかな政治的事業である：それは人々のことなるジェンダー、民族、階級そして個人のこころの内の相違も含む、ありとあらゆる相違に関わるやり方を提供するのである。この姿勢は明らかにユンギアンフェミニズムを求めるものであり、ユンギアンフェミニズムを排除するものではない。

『複合的こころ』で非常に重要なことは、父親であることを考えることの困難さが、娘、息子の両方の「ジェンダーの確実性」に厄介なことをもたらすというサミュエルズの提起である。「父親」は生物学的なものでなく、作り上げられた関係なのだ。[35] 父親であることは、たいてい心理学的文化である。その組み立てられた役割は、（もともとは生物学的な）母親―幼児の条件に決定的影響を与える。また、それは文化的母親―幼児関係へと変形させられる。

父親というものが社会的に構成されたという認識は、母親関係というものが

社会次第であるというより優れた気づきとなる。父親は必ずしも生物学的男性の親である必要はない。父親は作り上げられた関係としてみることで、父親—どの性にもよらないという仮定をサミュエルズは可能にする；女性も含む「他者性」もこの父親という役割をとれるのである。

　ジェンダーという意味で、父親であることの鍵となる問題は、父親の中の欠損という感覚である。父親とは何か不足している存在であり、結果としてジェンダーアイデンティティが凍結された状態である。というのも、父親との不十分な繋がりが、女性性をもっぱらたった一つの役割、母親を中心にするという考え方に行き着く。女性性を母性と等しいとみることは、ジェンダーの可能性を狭量な因習の中に圧縮し、娘も息子も傷つける。

　サミュエルズは言う。娘に必要なことは、自分たちの父親からの、サミュエルズがいうところの「エロテッィックな再生」である。[36] 父親の情緒的エネルギーには、娘に母親のそれを超える情緒的、心理的自己認識を与えるためのセクシュアリティが含まれている。これは、父親と娘の間のセクシュアリティの行動化—容認することではない：字義どおりの近親姦は明らかに有害である。[37]

　むしろ、これは一見心的エネルギーを性的と考える「フロイト派」の考え方のように見える。どうようにサミュエルズはユング派として、エロティックなエネルギーが何か他のものを表現しうるということを提起する：より複合的なジェンダーの可能性である。父親と子どもの間のエロティックな再生の価値は、ジェンダーに関する想像をより膨らませ、「ジェンダーの混乱」さえ招くかもしれない。サミュエルズはジェンダーの混乱（痛みさえ引き起こすかもしれない、社会的規範に対抗するジェンダーの再考を可能にする）とジェンダーの確実性（アイデンティティの安定感に必要ではあるが、伝統的ジェンダーへの期待の上に築かれる）の間の緊張にある人に可能な分析的実践を求める。[38]

　この「ユンギアンフェミニズム」は、父親である事の解放的概念をフロイト派の精神分析と分かちがたく結びつきながら発展させる。そこには、こころの前向きな動きという見解を使う事で、ユング派のフェミニズムが残っている。どうように、ジェンダーを制約する慣習を新たに方向づける複合的で創造的無意識も用いられている。

　この無意識の創造性は、サミュエルズが『複合的こころ』の中で、社会の中

で政治的に進歩的な父性を探索するうえで、大きな根拠となっている。このような存在は、ジャック・ラカンの男根的父親（phallic father）の制約的な影響を和らげることができる。男根的父親はながきにわたって社会の形成と父権制を不朽にしてきた原因なのである。サミュエルズは、ジェンダーの混乱という父親を、ジェンダーの確実性であるラカンの象徴的父親に対抗するものとして位置づけるのだ。[39] 次章では、このラカンの修正的読解を通して、ユンギアンフェミニズムのさらなる可能性を探求していこう。

歴史、フェミニズムそしてユング

この章を、今までのユンギアンフェミニズムの業績を取り上げることで終えたい。その一例として、サミュエルズのジェンダーの混乱の議論を取り上げながら、ユングの歴史的フェミニズムの論評の可能性について述べる。

第1章と第2章では、ユング心理学の生成におけるジェンダーの政治学に、ユングの個人的女性霊媒との関わりが、いかに影響しているかを示してきた。ユングの人生と著作の中の女性は、アニマという男性のこころの中の女性的部分の特徴に置き換えられた。ユングの後の人生の霊媒のようなザビーナ・シュピールラインとトニー・ヴォルフとの間で反復されたにも拘らず、女性霊媒へのユングの耽溺は、単にある女性の人柄に魅了されたといったものではなかった。実際、ユングの霊媒への憧れは、ユングの後半の人生の霊媒になりたいという欲求と分かちがたいようにみえる。この霊媒は、トニー・ヴォルフという人格の中でユングの情緒的生活の女性としてあり続けた。

最も重要なことは、ユングが自分の中の無意識的人物、とりわけアニマと関わるときに、非常に霊媒的になることだ。ユング心理学を男性的理論とみるジェンダーの政治学は、ユング心理学を、圧倒的に女性と関わりをもつ、問題の多い、行き過ぎたスピリチュアリズムだと再定義する。ジェンダーの見地に立つと、我々の男性的―権威主義の心理学は、その中にある「他者性」（女性性）と、今も「科学的」説明で定義されている精神的症状を、曖昧にしようとしている。

合理的なもの、自我の理論的精神にとっての「他者性」は無意識である。無

意識に対するユングの第一のイメージは女性的なアニマである。ユングは他者性を女性的とする理論的関係を仮定するために、霊媒を借用する。現実の女性であるこの女性性はユング理論では、女性性すなわちアニマと置き換えられてしまい、この「他者性」は理論と明確な思考そのものに置き換えられる。

　しかし、この歴史的に基礎を置くフェミニズムの論評は、ユングの個人的歴史と心的生育史の間をゆれる両価性だと認識されなければならない。ユングは、自分の女性霊媒への欲動と、文化的に「女性的」霊媒と定義される役割を置き換える。これによって、アンドリュー・サミュエルズ風に言えば、ユングは「ジェンダーの確実性」と「ジェンダーの混乱」という連続体をそのままなぞっている。

　霊媒を文化的に女性的立場とみることを（典型的な臨床実践と広く行き渡った正統的医学の中では「他者性」であるため）拡大するために、ユングのこころは、霊媒のような女性という情緒的生活に固執し、霊媒をジェンダー化する。ユングは二つのあいだで揺れ動く。ひとつはジェンダーの確実性であり、他人、違う人物の女性性に魅了されることである。もう一つはジェンダーの混乱であり、「女性的」霊媒の立場を自分がとることである。これにより、ユングは自分の中の「他者性」により近づこうとする。

　ユングが霊媒であるとき、ユングはあらゆるものをさておいて、自分の女性的アニマに焦点をあてる。あたかも、ユングが女性的になるために無意識を必須とするかのようである。これは、自分の（男性的）自我が女性性に圧倒されることから守るためであり、自我の男性性を維持するためである。これらは非常に重要である。たぶん、ユングのジェンダー化された反対物を考える傾向は以下の主張に最も顕著にみられる。アニマを自分の絶対的に男性的な意識にとって、一筋縄ではいかない無意識的反対物と主張することで、内的な傷つきやすさを示すのである。これは、ユングのジェンダーの混乱によって脅かされるカオスに対抗するため自分のアイデンティティを誇示する必要性を如実に示している。

　ジェームズ・ヒルマンのアニマ理論は、男性的、英雄的自我をすてることを提起する。また、アニマに基礎を置き、無意識と女性性に帰属する意識に方向づけるためである。たぶん、ユングはジェンダーの混乱の中で既にこの立場に

たどり着いていたかもしれない。すなわち、ユングの「女性性」への欲望、そして無意識的力である霊と結びつく「女性的」霊媒でありたいという二つの欲望の間のジェンダーの混乱によってである。

　さらに、ユング心理学におけるジェンダーの混乱（霊媒として）とジェンダーの確実性（自分の意識を男性的理性、女性を自分の無意識的アニマへの圧縮という硬直した定義）の間には揺れがあり、これはユングのグランドセオリーと個人的神話という二元論的傾向の解釈である。グランドセオリーを作りあげるもろもろの概念は、反対物の緊張の上に強く依拠しており、特にジェンダーを反対物として構造化することに拠っている。したがって、グランドセオリーは、ジェンダーの確実性への欲動を生み出す。そこで、個人的神話を、対照をなす概念の一組の無意識の他者性に還元不能であると認めることは、ユングがジェンダーの混乱に忠誠と読むこともできるだろう。

　この状況を認めるユング派の研究はゆっくりであるかもしれない。しかし、いまやそれらの研究はユンギアンフェミニズムの時代に踏み込んできている。さらにこれらの研究は、第3章で紹介されたグランドセオリーに影響されたユンギアンフェミニズムを是正し、多様化する。第5章では、元型的心理学のポスト構造主義への関心をたどることになる。また、発達的心理学の精神分析への肯定的関わりを追う。それは、再構築された新たなユンギアンフェミニズムとジェンダーに関するポストフロイト派の理論という、より広範なフェミニズムの議論において主要な二つの領域を考える。その後、第六章では錬金術と身体に関するユング派理論の読解の潜在可能性に注目してゆく。これらによって、フェミニズムの中核の関心事にとってのユング派の果たす役割を概観してゆく：すなわち、物語、ゴシック、崇高さ（sublime）とポストモダニズム運動である。

4章のまとめ

　ジェンダーに関する前フェミニズムの考えは、「ユンギアンフェミニズム」として知られる、すべての女性のための心理学の創造から、より多様で分化した「ユンギアンフェミニズム」へと移り変わってきた。筆者はユンギアンフェ

ミニズムをユングの著述の「個人的神話」と関係づける。というのも、ユングを一人の権威的「グランドセオリスト」と扱うことを避け、ユングの考えを承認、というより促進するからである。

　元型的心理学と発達心理学というふたつのポスト・ユンギアン学派は「個人的神話」と結びつけて考えることができる。それは、ユンギアンフェミニズムを構築するために、ユングを反映し、批判的次元として取り込むことによる。これらの学派を主に「フェミニスト」と定義はできない。加えて、ユング派研究と他の諸学派の見地からうまれたこれらの学派は共に、ジェンダーの進歩的議論のために、男性性をユングと結びつけて取り扱う。このような動きは、反動的なユングの過度に単純化に対する対抗勢力として喜ばしいものである。

　そして、最後に、歴史的に位置づけられたフェミニスト研究は、ユングを、ジェンダー、女性、心理学、制度的に裏付けられた理論状況を覆う、現代の不安という文脈に位置づけることができる。理論的フェミニズム（「相違」と独自の文化的文脈によって）との同盟を模索するフェミニズムは、その答えとしてユングの個人的神話と出会う。どうように「ユンギアンフェミニズム」という集団の創始者であり、ジェンダーを「一つ」とみる傾向によって、ユングは「ユンギアンフェミニズム」の主唱者でもあるのだ。

更なる学習のための文献[訳注5]

ジェームズ・ヒルマンのアニマと元型的心理学

Hillman, James, 'Anima', *Spring: A Journal of Archetype and Culture* (1973), 97-132, 'Anima Ⅱ', Spring：A Journal of Archetype and Culture（1974）, 97-132.

Hillman, James, 'Anima Ⅱ', *Spring: A Journal of Archetype and Culture*（1974）, 113-46.
　　ユングのアニマについて、フェミニズム分析に共感的で、積極的で説得力のある再考である。

Hillman, James, *Archetypal Psychology: A Brief Account*（Dallas, Tex.：Spring Publications Inc., 1983/2004）, p.25.［ジェイムズ・ヒルマン著, 河合俊雄訳『元型的心理学』（青土社, 1993、p.33）］

元型的心理学への利用しやすい入門書である；ジェームズ・ヒルマンの2004年までの
包括的な業績一覧を含んでいる。

人間性におけるユンギアンフェミニズム

Barnaby, Karin, and D'Acierno, Pellegrino (eds), *C.G. Jung and the Humanities: Towards a Hermeneutics of Culture* (London：Routledge,1990).
　パウル・クルーガーとフェミニストの元型的理論家キャロル・シュライアー・ルップレ
　ヒト、そしてロバート・ブライを含んだラウンドテーブルディスカッションなど、他の
　元型的心理学者による意義深い魅力的な論文集である。

Tacey, David, *Remaking Men: Jung, Spirituality and Social Change* (London：Routledge,1997).
　神話的男性探求運動とその誤りについて知っておくべきことをすべて教えてくれる。

Jung, Emma, *Animus and Anima* (Woodstock, Conn.：Spring Publications, 1957).［エンマ・ユ
ング著, 笠原嘉, 吉本千鶴子訳『内なる異性―アニムスとアニマ（バウンダリー叢書）』(海
鳴社・2013)］
　この初期のユングの見解を拡大する著作の中で、エンマ・ユングはユングの否定的アニ
　ムス論に関して、肯定的で鋭い評論を行っている。

Demaris S. Wehr,*Jung and Feminism: Liberating Archetypes* (Boston：Beacon Press, 1987).［デ
マリス・S・ウェーア著, 村本詔司・中村このゆ訳『ユングとフェミニズム　解放の元型』
(ミネルヴァ書房・2002)］
　ユングとフェミニズムの間の「反対物」を過度に単純化しているが、ユングを人間性の
　中のフェミニズムの考えに統合するための価値ある議論に進む。

フェミニズム的元型的理論

Lauter, Estella, と Ruppprecht, Carol Schreier, *Feminist Archetypal Theory: Interdisciplinary Re-Vision of Jungian Though* (Knoxville, Tem.：University of Tennessee Press, 1985).
　ユンギアンフェミニズムにとって包括的な入門書。文学、視覚芸術とフェミニストセラ
　ピーについての評論を含む。

発達的ユング心理学とアンドリュー・サミュエルズ

Samuels, Andrew, *The Plural Psyche: Personality, Morality and Father* (London：Routledge, 1989).
　ユング派の研究を包摂するため「多様性」を求め、「ユンギアンフェミニズム」という
　用語を使うことなく書かれた一例となった。ユング、フロイトそして彼らの伝説の文脈
　でジェンダーに関する非常に革新的で進歩的な業績である。

Samuels, Andrew, *Politics on the Couch: Citizenship and the Internal Life* (London：Profile

Books, 2001).
　心理学と政治の魅力的、楽観的読解。非常に親しみやすく、ジェンダーへの政治的アプローチと心理学的アプローチをうまく融和してある。

Young-Eisendrath, Polly and Dawson,Terence（eds）, *The Cambridge Companion to Jung*（Cambridge：Cambridge University Press, 1997）,Young-Eisendrath, Polly, with Wiedemann, Florence, *Female Authority: Empowering Women through Psychotherapy*（New York：Guilford Press, 1987）.
　広範な文献を伴った元型的心理学と発達的心理学両方の有益な紹介書。

第5章
脱構築とポスト・フロイディアンフェミニズム からみるユンギアンフェミニズム

哲学というつもりはないが、
これらの学術用語をあたかも形而上学的なものであるかのように、
喧伝することを妨げるものではない。

(Jung, 心理療法の実践, 1954)

かくて、無意識の代弁者としてのアニマの狡猾さは、
一人の男を完全につぶしてしまうことができるのである。

(Jung, ユング自伝—思い出・夢・思想, 1963)[訳注1]

　5章では、影響力の強い二つのフェミニスト理論の活動からユングを考える：すなわち脱構築とポスト・フロイディアンフェミニズムである。ユングの著作をジャック・デリダ、そしてリュス・イリガライ、エレーヌ・シクスー、ジュリア・クリステヴァに端を発する精神分析的フェミニズムと関係づけながら考察する。ユングと脱構築の間の関係の提言を目的としている。それはユンギアンフェミニズムの可能性を広げることになるだろう。加えて、イリガライ、シクスー、クリステヴァの影響力のある業績がユングの著作とどのように反響し対応したかを示すが、その際、それぞれの本来の違いを損なうことがないようにする。

序論

　前章では、ポスト・ユンギアン学派によるジェンダーの改変を、多様化するフェミニスト理論の中で考察した。どうように、ユングの「個人的神話」という著述スタイルを背景にのべた。フェミニスト理論は、「どこにでもいるすべての女性」という単純な括りを離れて、発展してきた。フェミニスト理論は、ジェンダーアイデンティティの多種多様な差異の理解に向かって進んできたのである。このフェミニズムの発展は、脱構築と精神分析の出会いを作りだすために大きく寄与する。[1] この出会いは以下の二つに特徴づけられる：フェミニスト理論が脱構築と精神分析「から学ぶ」という側面とこの二つの知的資源を「戦略的に使う」というやり方である。

　脱構築から、フェミニズムはさまざまな知式様式への哲学的挑戦を学んだ。その知的様式はそれらを構築する一部の「真実」「科学」または「哲学」として、長らく女性性を貶めてきた。脱構築にとって「言語」とは、コミュニケーションや知識のための公明な道具ではないのである。むしろ、言葉は不安定な実在であり、脆弱な文化的形式を構成し、ジェンダーと一体化した自己を可能にする。というわけで、フェミニストは脱構築を、歴史的に女性を抑圧してきた伝統的イデオロギーや神話の土台を壊すために、戦略的に用いることができるのである。

　フロイト派の精神分析からみれば、主観性とジェンダーは心的また社会的構築の交錯であり、決して固定し、完結したものではないことをフェミニストは学んだ。一個人の内的心象は常に現在進行形のプロセスである。フロイトは女性の精神の絶対的劣等性を信じていた。それにも拘らず、とりわけジャック・ラカンの業績で拡張された精神分析は、フェミニストに父権制の心的痛みを探求する機会を与え、ジェンダーについての再考をイメージする方法も与えたのである。[2]

　いわゆるフランス派のフェミニスト、リュス・イリガライ、エレーヌ・シクスー、ジュリア・クリステヴァは、脱構築と精神分析を戦略的に結びつける上で、特筆すべき業績を残してきた。[3] フェミニスト理論でまだほとんど行われ

てこなかったことといえば、ユング心理学の肥沃な大地にそれを持ち込むことである。したがって、本章の目的は、まずユングを脱構築との関係で読み解くこと。それから、ユング自身のジェンダーに対するコンプレックスと共鳴しているようなフランス派フェミニズムの中核的考えに注目する。

　ここでのやり方は注意深く限定されている：まずユングを脱構築に変換しようとはしないこと。ユング心理学が本当にリュス・イリガライ、エレーヌ・シクスー、ジュリア・クリステヴァのフェミニズムの先駆けであるかといった議論はしない。そのかわりに、ユングの業績とフランス派フェミニズムの間の反響、対応、その違いをユンギアンフェミニズムのための探求を提供することである。

　それはユング著作集の複雑さを離れて、ユングの著作を全体として反対するもの、矛盾するものに分ける試みになるだろう（というのもユングは決して「純粋」な脱構築派ではないし、明らかに意図的なフェミニストではないからである）。一人の思想家をその業績の重要な部分を無視して、フェミニストとして、再考する試みはどうように「差異」を尊重するフェミニズムの原理と異なることになる。

　とにかく、この章ではまず、脱構築を構造主義とポスト構造主義の文化運動の背景のなかで紹介することが必要である。

構造主義、ポスト構造主義、脱構築とは何か？
　構造主義は社会科学と人文科学の中の発展であり、文化的意味を、しばしば実現されていない基本的構造の産物であるとみなす。[4] 一つの文化的単位とは、それが一家族形態、一小説、ただの一言でさえ、他のさまざまな文化的単位、特に社会的結果とのかかわりのみで意味をもたらす。それに対して、独立した文化的単位は、それ独自の、独立した意味とアイデンティティを有している。意味は、構造体系全体をもつ文化の独立した項目との関係から知らぬ間に構築されている。

　例えば、小説『ミドルマーチ』[訳注2]自体には、本来の重要性はない。その文化がその意義をその小説に与えるのである。『ミドルマーチ』は『アダム・ビード』（ジョージ・エリオットの他の小説）とは明らかに異なっている。ま

た、『ミドルマーチ』は19世紀のイギリス小説の範疇に入り、文学作品であり、散文形式の物語で言語の体系である。小説の中では、構成は言葉と文章の他の言葉と文章とのかかわりの中でのみ意味を成す。『ミドルマーチ』はそれ自体、「実在」、「真実」または「この世界」と独自の関係を有していない。

　構造主義では、言語は外界に明瞭に開かれた窓ではない。むしろ、一つの体系であり、言語間の結びつきと違いを通して意味を構築するのである。言葉を含むそれぞれの文化的単位は、「記号」として作用する。その記号がそれに近い記号とどのように違うかという原理にのっとって意味を組織する。例えば、「霧（fog）」は、それが「犬（dog）」もしくは「沼（bog）」と違うから、何かを意味するのである。記号としての言語は、他の言語との差異で機能し、いかなる「実在」との結びつきではないぼんやりとした内容である。ある言葉が示す「実在物」とは、「指示物」と呼ばれ、言語システムの部分ではないのである。

　記号はすべて二つの状態に分けられる：「記号表現（シニフィアン，signifier）」は物質的な形式（書かれた言語の場合、ページ上の文字）である。一方「記号内容（シニフィエ, signified）」は意味であり、文化的意味である。「霧」の場合、この記号内容は筆者が霧と理解しているものである。それはその内容自体、指示物ではなく、完全に離れて言葉の機構の外部にある。

　ポスト構造主義は、構造主義の堅固さへの根本的挑戦である。構造主義では文化的システムと「実在」もしくは本質とを切り離すと仮定しているが、少なくとも変換や揺らぎから意味を維持しうると考える。ポスト構造主義はそのような用例を放棄する。構造主義の分析家は基礎的構造と文化的規範の相対的な安定性を仮定する。ポスト構造主義はこのような前提を重大な欠陥である主張した。

　構造主義は、言語と文化が「世界」や「実在」と「本質的」に関係するという信念から切り離す。翻って、ポスト構造主義は、さらに次の段階に進み、記号表現を記号内容から切り離す。そこには「本質的」つながりもない。記号表現と記号内容、物質的符号（material mark）とそれに帰すると考えられる意味はどちらも固定されない。これらは、互いにすれ違い、そのため意味というものは、言葉が使われる時には、永遠に切り離される。その結果、意味、言語そ

して文化は、根本的に不安定なものとして再考されなければならない。もしも言葉が信頼できないとすると、言葉で表現される知識の形式、権力もまた固定されたものでありえない。また、不変という意味で安定した「真実」とみなすこともできない。さらに、言語の不安定性は、私は何者かという感覚を含む主体性さえ、確実ではないことを意味する。もしも意味が永遠に切り離されたとすると、自己表現：「私」と言ったとしても、自分は自分自身に確実な意味や自分が誰かという確実な物語さえ与えられない。主体性は言語の産物として表される。言語どうよう、主体性は脆くなり、不確かなものに陥る。

　脱構築は、ジャック・デリダの言語に関する業績によるポスト構造主義の概念である。[5] 構造主義者の分析は、以下のように主張する。多くの西洋文明の形式はその意味を構築するために二つの対立項目に頼っている。二項対立は、一つの言葉が反対物を除外し、そのやり方でその反対物を定義することで機能する。例を挙げると、「男性」は「非女性」として構築されることで意味を成す。

　他にもある一般的な文化的対立項目は、男性性／女性性、身体／精神、自然／文明である。このような構造における階級制の中で、片方の言葉が必ず特権的立場となる。「他者」となった一方の言葉は、それを除外することで、先の言葉を定義する。この階級制は、しばしば「常識的」概念を支持した形で示される。女性の劣等性という伝統的信念のように。

　クリストファー・ノリスは、デリダ派の脱構築を、二項対立を退ける活動と定義した：それは「優越とされたものと、序列を可能にする概念的反対物の体系の両方を元に戻すことを探求する」。[6] デリダが指摘したのは、言語に関する信念の形而上学的基礎は、意味の安定した体系であるとしたことである。伝統的に哲学は話し言葉と書き言葉の二項対立に依拠してきた。話し言葉が優越とみなされる。というのは演者の存在そのものが「彼の」意味を保証する。一方、書き言葉は、著者が自分の言葉を強化しない限り、すべて曲解の可能性が開かれているのである。

　このような二項対立は、「ロゴス中心主義」を起こす。ロゴス中心主義ではこの世界に関する完全で現在の意味があるという考える。一つの言葉が、その述べることを一点の曇りもなく意味することが可能で、同時にそれが意味

128

することを述べているというわけである。デリダの論ずるロゴス中心主義は、形而上学的である。というのもそれが、論理的結果というより客体に関する信念であるからだ。[7] むしろ発話は著述に先立つものではないからである。発話は著述に収められた言語体系であり、著述が最初から「意味する」何かの中身を発話に与えるのである。ロゴス中心主義は、言語体系の摑みどころのない本質が提供できない、確実な意味という前提の上に成り立っている。従って、ロゴス中心主義は、形而上学的であり、実証可能な世界の外部として仮定されたものなのである。

　形而上学的なロゴス中心主義に対して、デリダは記号内容を超えて記号表現が滑る意味の曖昧さを主張する。言葉が安定した意味を持つというロゴス中心的文化の見せかけにも拘らず、これは事実ではない。記号表現と記号内容間のうわべの構成単位を説明しようとするどのような文化体系も力強い「神の用語」を必要とする。「神の用語」とは（神、真実、人間、唯物主義のように）究極に重要な言葉で、意味体系の残り部分をすべてまとめて固定するかのような用語である。

　この神の用語は「超越的記号表現／記号内容」として作用する。というのも神の用語は、意味という積み荷から滑り落ち、こぼれるように言語生来の能力を「超越」しようとするからだ。一旦、超越的な記号が一つの神話（一つの形而上学的ロゴス中心主義の形式）として示されるとしよう。そうすると、記号は互いに異なる差異（構造主義の立場）の原理と違いの差延（deferral）（ポスト構造主義者が付加した）という原理の上に機能するものとして顕れる。この二つの原理は、記号内容をこえて記号表現が絶え間なく滑り続ける中で、固定した意味を際限なく先延ばすだろう。

　構造主義の「固定（set）」体系を持つ代わりに、その固定体系は、あたかも結晶のようであり、言語は液体のように、回り続け、意味をまき散らす、ずっと動き続けるという性質を持つ。この差異と差延の「液体的性質」をデリダは自分の考案した差延作用（defferance）という言葉に組み込んだ。差延は、言語の根本的な不安定さというデリダの認識の表現である。それゆえに文化、知識、人間の主体性の不安定さという認識も表している。構造主義者を満足させてきたさまざまな体系と依拠する文化的規範、彼らが真実であり、重要である

と主張するものは実のところ非常にもろい虚構だという事である。脱構築はこの用語が示すものに着目する：すなわち、それは知識と意味を提供すると主張するあらゆるテキストは、構築と脱構築が同時に起こっていることを示している。

　このデリダの脱構築のやり方の中では、テキストは二項対立を示す「真実」という概念を作り上げる。それは、「自然な」範疇ではなく虚構である。二項対立は常に「追加」か「外部」からの何かを必要とする（形而上学的な何か）。そして二項対立は、原理の産出として提示される。しかし、形而上学的起源としての追加は、公認され固定された項目ではない；脱構築が明らかにするのは、テキストそのものによって産出されるという事である。このいわゆる起源は、実際、テキストや文化的体系から生み出された追加である（デリダによれば、一つのテキストが人間の意味するすべての形を包含する）。意味のための受容能力を固定させようとする虚しい試みである。脱構築では、すべてのテキストはテキスト本来の比喩的性質の表現が可能である。テキストは、「真実」という固定的で明瞭な解釈を決してもたらすことはできないのである。すべての理論は他の「著述」の変化か「虚構」となる。脱構築的に見れば、さまざまな理論はそれら自身が権威的に語ろうとするものへの批判となる。

　脱構築へのフェミニストの関心をこういった意味で説明することができる。女性性を抑圧する二項対立に依拠するさまざまな哲学の権力を解体する技法として、脱構築は非常に有用である。しかし、フェミニズムは脱構築に対してアンビヴァレントである。フェミニズムは女性の主体性を強め、政治的変革のロビー活動を行うという望みを持っている。しかし、「女性」といった範疇は、脱構築の主張では、極めて怪しげな効力しか持たないからである。差延によって主体性が非常に脅かされると、「女性」といった用語には安定した意味がなくなる。脱構築は、多様な差異を認識するには非常に役立つかもしれない；しかし政治的信条に限定をもたらす。要するに「女性」という範疇が一つの虚構とみなされると、労働力としての女性について、いったい誰が真剣に取り組むのかという事になる。

　というわけで、フェミニズム理論は脱構築を慎重に部分的に取り入れようとする。フェミニズムにとって、脱構築は父権的制度と考えに挑む一つの技法と

して取り入れられる。脱構築はフェミニズム哲学の立場として全面的には歓迎されないのである。

　フェミニズムの脱構築の部分的取り入れはおそらく、現代の文化批評に対する二重の存在に繋がるのだろう。すべての多様性に対する批評は、脱構築を種々のテキストを読み解き、今までの制度的意味を放棄するための方法として捉えてきた。しかし、脱構築を批評の道具としか見ないこのような性格付けは、自分の業績の含意を余すところなく摑み損ねるとデリダは強調してきた。

　　　脱構築は一つの方法でもなく、規定や道具集でもない……「応用脱構築」など存在しない。しかし、一方で、脱構築は定理、公理、道具、規定、方法の組み合わせから成り立っていないので、脱構築以外の何物でもない。脱構築がそれ自体何物でもないとすれば、脱構築ができる唯一のことは、他の何かに応用されるか、応用するかということである……脱構築はそれ自体存在せず、特別な対象をもたない……脱構築は応用できるものではなく、そして応用できないものものでもない。[8]

　この脱構築の理解では、脱構築は一つの技法ではない。しかし、ジュリアン・ボルフライが述べるように、テキストと構造の中の事柄である。[9] 我々が気づこうが気づくまいが、脱構築はそこに存在する。脱構築的読み方は種々のテキストの中／上の意味の重大さを暴露するめったにない機会なのである。加えてデリダは脱構築の「楽しみ（play）」の限界を強調する。それはデリダの言う形而上学的思弁が不可避な時である。どの脱構築的な読み方の中にも、いつもそれ以上細分化できない形而上学的な残りが現前することになり、これは脱構築の不透明さである。

　もしフェミニズムがデリダの哲学を使いこなす方法を持っていたなら、その制限可能な根本的特質という意味で批判的な方法である。そして、ユングとの関連では、脱構築は一つの技法、「出来事」の両方の意味で考える価値がある。

ユングと構造主義、ポスト構造主義、脱構築

　ここでユングに還って、元型理論を心の中の基本的、遺伝的構造原理とするならば、ユングは正真正銘の伝統的構造主義者になる。勿論、種々の元型は、遺伝的イメージではないので、固定した存在という意味での構造ではない。個人の心の中で、元型が生み出すものは、文化的、社会的、個人の置かれた環境によって、幅広く多様である。しかし、種々の元型が、（底知れない）基準に依拠することを示すのであれば、構造的である。

　ユングが生まれ育った家族の背景で構造されたものであると主張すると、とりわけ構造主義者となる：元型は物質的に「存在」しないが、活発に形式と関わりながら形作るエネルギーだからである。[10] 構造主義者としてのユング、しかしまたグランドセオリストとしてのユングは、こころと文化の系統だった物語の設計者でもある。しかし、筆者が述べてきたように、個人的神話というもう一人のユングが存在するのだ。

ポスト構造主義と脱構築から見たユング

　著者が「フェミニズムの手法」と「哲学的出来事」と呼ぶものが、この著書の目的のために脱構築を方向づけてきた。フェミニストと他の政治的な動機付けをもつ評論は、戦略的目標から脱構築の結果を限定的に選択するかもしれない。ある理論がそれ自身の脱構築を意識していることからどれだけかけ離れているかは、別問題なのだ。

　ユングの著作、とりわけ「個人的神話」と呼ばれるものは、脱構築の可能性の自覚と無自覚の両方である。この両価的自覚は、心理学とフェミニズムにとって、ユング独特の財産である。というのもそれはこころに関するユングの構想力の土台だからだ。したがって、ユングを脱構築の一人の思索者とみる可能性を探求してゆきたい（しかし、本来の脱構築者という意味ではない）。しかし、グランドセオリストへのユングのロゴス中心主義的欲求とを天秤にかけながらである。

　たとえばユングが、アニマ、アニムス、女性的心に関してエロスと合わせ

て、いかめしく述べるとする。その時、ユングは、これらの名称が完全で現在
安定した意味をもつということを目指すロゴス中心主義者となる。デリダの意
味では、ユングは形而上学的であり、筆者にいわせればグランドセオリストで
ある。

　一方で、個人的神話のユングは単純な脱構築者ではない。筆者が「個人的神
話」と呼ぶものは、ひとくくりにできない態度を含んでいる。この章の冒頭の
最初の引用のように、脱構築の優先権が含まれている。脱構築を形而上学とし
て一つの理論や哲学を提供するものとして考慮されているのである。また、個
人的神話は、ある理論はその理論家の個人的心理学によっておのずと限界され
るというユングの信念を表している。しかし、重要なことは、ユングが同時
に、自分の理論は「真実」の個人的神話であり、非―脱構築であると主張して
いることである。というのも「個人的神話」がユング自身のこころ、ユングの
存在、個人的、ユングにとって本当の物語という真実であるからだ。

　個人的神話のような理論の観念は、脱構築に向かっているようなそぶりをす
る。もしもそれが、構築された虚構を提言するなら。しかし、ユングは自分の
個人的神話をしばしば、その土地特有の真実、個人的で自分にとって本当の、
自分自身の私的な哲学のように著述する。すべての人の主体の中に、同時にそ
の土地特有の真実が同時に存在するという考えは、ここでは、脱構築よりさら
に明らかにユングをポストモダニズムへと繋ぐ。

　個人的神話の著述スタイルでは、しばしばユングはポスト構造主義者から最
も遠く、ユングの無意識とアニマという「固定した」知識をより主張してい
る。この章の冒頭の引用は、ユングについて考慮しないで、ユングが脱構築で
あるかのように論証している：「哲学というつもりはないが、これらの学術用
語をあたかも形而上学的なものであるかのように、喧伝することを妨げるもの
ではない」。[11] そして、ユングの個人的神話の中のアニマの体験の表現は、鋭
い本質主義的影響力を女性とジェンダーに持つかもしれない。ジェンダーに対
する本質主義的態度は、特に「知識」を主張する。「すべての女性はこんなも
のだ」といった知識は、勿論、露骨なロゴス中心的で形而上学的な用語であ
る。「かくて、無意識の代弁者としてのアニマの狡猾さは、一人の男を完全に
つぶしてしまうことができるのである」。[12]

　筆者が前に述べてきたように、ユングはアニマの発見の中で、自分の今までとは違う理論を始めようとしていた。その意味を求める苦労は、女性性との取り組みという形であった。これは同時に脱構築者であるとともに本質主義的哲学者であるという揺れである。この動きの中で、アニマは不可思議な女性として性格づけられた。この女性は、ユングが「科学」を創設／もしくは資することを望んだとき、「芸術」を要求する。「彼女」が鍵なのである；彼女によってユング心理学の根本が活写される。ユングの内的創造的こころと彼の考えの体系という二重の意味でである。

　ユングにとって避けがたいのは、無意識がこころの中でより重要であり、無意識それ自身で充当されえないことである。そこで、理論が合理的体系であり、自我の子どもであるかぎり、それとなくほのめかされるものとなる。理論は無意識を包括し、完全に明らかにすることはできない。無意識のプロセスは、定義と体系化された理論に還元不能な他者なのである。ユングは無意識を他者としての女性性とみる理論を創設した。その中では、ユングは本質主義者であり、また脱構築主義者の策略家である。ユングの無意識では他者となる女性性、そして女性的他者（女性）は男性より「無意識的」というユングの二つの記述の間には齟齬が起こる。同時に脱構築主義者であるという事は、女性性の他者性をユングの自我の認知の範囲を超えたところに据える（例証する）ことにもなる。女性性は、ユングの内面では非合理的で劣等なアニマであり、外部においては理論上無意識となる：グランドセオリーとしてのユング心理学では無意識なのだ。

　女性の他者性は、ユングのこころの中で作られた補足物であり、ユングのこころと理論の双方を構想するためのものである。そこで女性性はそういう働きをするものなのである。というのはこのアニマが、自我のもとを含む、こころの源泉としての無意識を設定するからである。

　この観点に立つと、女性性は還元不能な哲学的概念であり、――ユングの個人的‐神話の内的セルフ、ユングのグランドセオリーである――ユング心理学から脱構築することは不可能である。なぜなら、それは以下の二点による。まず、女性性はそれ自身を超える、原点でありまた絶対的他者である。還元不能な女性性は、ユングの形而上学的な概念を脱構築するどこにでもある他者、も

しくは神の用語（無意識は自我によって完全に定義されえず、自我の企図をこころの正確な地図にしようと挑戦するからである）である。また女性性はユングの思考の中で、女性として女性性の劣等性としての‐他者でもあるからだ。

　ユングの著述のグランドセオリーと個人的神話という両側面は以下の二極分解を作り出す。定義と自我の限界を忌避する根本的女性性と性差別的本質主義者の二つである。女性性は絶対的他者であり、「外部」のもので、ましてやジェンダーに制限されるものではない。また、アニマの記述の中の女性性は紋切り型で本質主義的機能である。グランドセオリーと個人的神話は、互いに巻き込み、絡み合いながら、無意識の創造的、還元不能な他者というユング心理学の内なる脱構築的欲求を含むのである。

　しかし、脱構築的要素とどうように、グランドセオリーは形而上学的種々の概念を作り出す。その概念の中で、権威を求める体系の中に、こころと文化の意味を組織だてようとする。一方で、個人的神話は、その主張の中では、ユング自身の心的体験の「地方的真実」である。逆説的に言えば、グランドセオリーは文化的偏見によって自己描写を汚すことを許されているようなものである。

　ユングの優越な知性とは反対の関係にアニマは据えられるので、劣等な本質をもっている。そしてユングの女性との個人的体験を反映しているとユングは主張する。ユングが結局のところ本質主義的偏見を持つ根拠は、それがひとえに「地方的真実」でユングの理論が個人的神話であるところである。ユングのアニマに関する著述は、個人的神話とグランドセオリーの間の齟齬の最も鋭い点について述べている。というのもアニマは、不可知で非還元的「他者」（女性性）の理論であるとともに本質主義的、堅固な文化的偏見を含んでいるからである。

　最後に無意識について述べると、ユング心理学でそれは、非還元的形而上学的なものであるという事である。無意識の概念は形而上学的なものをのこしている。というのもその概念は、ユンギアンにとって不可避的な命題であるからだ：無意識は不可知で、把握不能で、それゆえに理論化、自我の合理的用語に翻訳できないからである。このことについてのユングの立場は明らかであった：「無意識の概念は何も示さない；それは私には分からないという事だ

けだ」。(13) 無意識の「不可知性」という形而上学的還元不能性の中で、ユング派の理論は、脱構築を「方法」と一つの「出来事」にしようとする試みという点で、脱構築となる。もしも、ユング派の理論の非還元的形而上学が脱構築的「女性的」無意識であるとすれば、脱構築それ自身が形而上学だと言っているに等しい。これは真実である。脱構築が一つの「出来事」であるより、それが一つの「方法」であり、応用される種々の道具となるとき、脱構築は形而上学的である。ユング派の論考は脱構築の中の形而上学的部分を明らかにするのである。

　ユング派の脱構築をさらに探求する前に、グランドセオリーの中のユングを振り返る価値はある。ここでの、彼の記述中の考えでは、ユングは極めてロゴス中心主義である。ユングは、セルフの中で彼自身の超越的記号さえ示す。この支配的元型はしばしばセルフを神ーイメージとして役立つように現れる。あたかもそれがロゴス中心主義的産物であるかのように。これによって、ユングが、脱構築主義者というより、構造主義者としてのグランドセオリストであることが示される。グランドセオリーのユング派のこころの中では、元型的イメージは、元型的記号内容からもたらされた記号表現である。主体の統一と全体性は、構築するという可能性とともに、セルフという優越な元型にすべてが従う。

　合理性を好む啓蒙主義的知的革命は、人間の精神について考えるとき二項対立の傾向を強めてきた。グランドセオリストのユングは、啓蒙主義的遺産を、自分の心理学を作るとき対立するペアとして強調する。すべての重要な概念は、意識／無意識、自我／セルフ、アニマ／としてアニムス、エロス／ロゴス、外向／内向といった相互的二項に配列される。

　しかしながら、このことをクリストファー・ホークのような理論家のように、正確にいうならば、ユング心理学は、意識の啓蒙主義的形を批判し脱構築することに寄与したこととなる。(14) 脱構築する無意識の圧倒的存在を考慮すると（無意識は、安定した自我に果てしなく挑戦することで、意味を「作る」のとどうように意味を作らない）。ユングの二項の組み合わせは、互いに脱構築するように考案されている。こころが作っては壊す、対立する用語の「脱構築」と関係のプロセスをユングは「個性化」と呼んだのである。

　再び、元型的イメージを見ると、それは元型とロゴス中心主義的の関係を示唆している。このことは、ユングのイメージ第一という主張を思い起こさせる。イメージ第一主義を掲げることは、イメージを言葉に翻訳することで、「自我」の解釈との齟齬を生まない。心的イメージは、こころの不可知な「脱構築的」側面へと注意を向けさせる。

　ある意味、種々の元型の概念と元型的イメージはグランドセオリーであり、ロゴス中心主義である。一方で、元型的イメージは固定した、可知の記号内容のない記号表現である。デリダが言語について強く主張するのは、ユングの心的イメージの描写に異なった意味を見出すことである。元型的イメージは、互いに異なり、固定した意味から非常に異なる差延を表す。

　事実、ユングの心理学にとって無意識が全体性であることからみれば、デリディアンの言葉でいうと、ユングの諸概念は、「痕跡の抹消（erasure）」下に現前する。他の概念どうよう、理論的意味を確実にすることはできない。というわけで、彼らの主張は固定した真実と権威の「抹消」なのである。『エクリチュールと差異』[訳注3]の中で、デリダは自分の脱構築とフロイトを結びつけている。フロイトの著作のロゴス中心主義表現にも拘らず、精神分析の無意識の根本的他者性の中にだ。筆者が思うに、ユングの著作の種々の側面は、脱構築の投影において脱構築とより密接な関係を有している。

　ユングを脱構築の思想家とみるのを妨げるのは、ユングの記号表現的言語の使用である。特に、「事実」と「経験的証拠」という用語である。直ぐ近くの段落ではユングはしばしば自分を経験主義者と呼び、「哲学」や「理論」を提供しているのではない、無意識は「想像できない」と述べる。[15] ここで、ユングは自分を、怪しげな理論をもてあそぶより、「事実」を正真正銘だと繰り返す語り部と見せかけている。しかし、ユングのいわゆる経験主義はさらなる検証が必要だ。

　「経験主義」は、データの客観性、計測性、定量化、再現可能性を重要視する科学的、哲学的立場である。さらに、経験主義には観察者の外部の客観的事実の仮定も含まれる。この事実に関する研究方法は、それ自体客観可能であり、結果の仮説は証明できようが否定されようが、再現可能な実験となりうる。

　ユングの「経験主義」の問題は、ユングが「実証的証拠」と「事実」ととるものが、心的イメージ、夢、心理的症状であることだ。ユングが「客観的こころ」と呼ぶものが意味するのは次のようなことである。無意識はこれらの材料を生み出すことができる。その際、その材料への論拠も主観的自我からもたらされたことへの言及も無しにである。これは古典的経験主義ではないし、科学的事実を構成するわけでもない。というのも心的イメージとは一人の人間の内部に存在するからだ。定義によれば、このようなイメージは客観的研究とはいえない。それらは、再現不可能で、常識的には全く「客観的」という用語には適さない。筆者にはユングの「客観的こころ」より「自律的こころ」の方が好ましい。

　もしもユングが古典的科学の経験主義的でないとしても、これによって今日の心理学とフェミニズムにとってのユングの価値を貶める必要はない。また、ユングの経験主義の極めてロゴス中心主義的言語が、脱構築の思想家としてのユングの可能性を減ずるものでない。

脱構築とフェミニズムにおけるユング派の考察

　ユンギアンフェミニストとしての脱構築的ユングの可能性は何であろう？広くは、ユングの業績の中の脱構築との繋がりは、ユングの業績の性差別的本質主義とジェンダーに関するロゴス中心主義的表現へのフェミニストの批判を可能にする。ユングの女性に対する女性蔑視的で文化的紋切り型の見方は、ユング派内の理論で批判可能となる。

　ポスト・ユンギアンは最初からこの可能性を摑んでいた。ユングをジェンダーへのより進歩的関わりのために、再構築してきたのである。特に、元型的心理学は、ユングをポスト構造主義の文脈で、慎重に再考する。元型的心理学は、元型の形而上学的側面の拒否、イメージに忠実で、ユング派の無意識をユングの教えの権威づける論議に使用する。これらによって、元型的心理学はそれ自身をポスト構造主義的発展、フェミニズムに同調するものと公言する。

　第二に、ユングを脱構築的に読むと、この章で見る限り、「女性性」をただす更なる道筋を示している。それは、知識の固定化した形式とユングの著作の中の本質主義的残留物の抜本的拒否の両方である。ユンギアンフェミニズム

は、ジェンダーの枠組みを作るこの両価的方法のためにユングの中核的文献の探求へと進むことができる。

　第三の道は、フェミニズムが脱構築的ユングを戦略的に採用することである。これは、ユングのさまざまな理論を外部のフェミニズムの問題に当てはめて使うのである。たとえば、フェミニストの長年の懸案であるジェンダーが、生得的特質かはたまた完全に文化的に構築されるかという問題である。フェミニズム内のこの二項対立は、ユングを通してうまい具合に脱構築されるかもしれない。「本質」という用語の意味対文化的、歴史的「構築」という相互的に執拗なせめぎあいのためである。

　本質主義と社会構成主義間の固定的対立ではなく、それをここでほぐしてみよう。もしジェンダーが完全に社会的に形成されるなら、これはある意味で本質主義である。もし「歴史」が完全にジェンダーを決定づけているとすると、これもまた一つの本質主義的立場である。ここで、元型について考えてみることが役に立つ。脱構築的言語の中でジェンダーに関する生得的特質／歴史的という二項では、生物学か歴史家という形而上学的残留物の仮定の本質を止めることはできない。元型と元型的イメージの関係はこの二項を元型的に考えることで新たな道をもたらす。形而上学的残留物は元型の中で生得的に創造的エネルギーであり、固定したジェンダーアイデンティティの刻印付けではない。元型的イメージは、生物学的生得性と文化の対話の中で創造されるのである。

　形而上学的残留物として、諸々の元型は、根本的に残される。というのも元型は、無意識の還元不能な不可知性でもあるからだ。それらは、ジェンダーに関する自我の理解を作りまたはがす。ジェンダーを構築することを、知ることのできない創造的対話とすることで、歴史と文化は形成的役割を持ち、ユングが垣間見たものより根本的なフェミニズムの見解となる。

出来事としてのユング派の脱構築

　デリダにとって、脱構築は、決して応用できないものであり、同時に応用できないものでもない。「活動の中」もしくは実践の中でのみ現前する何かの概念である。従って、この概念は、分離した原理のセットではなく、ユングの業績と強く響きあう。ユング派の心的イメージと夢は、その齟齬と差延という点

でデリダの言語についての考えと非常に一致することは、既に論述してきた。加えて、元型的イメージは、その個人が生み出す個人的環境とセットで考えられねばならないとユングは折に触れて述べている。心的イメージは背景から引き離されるべきではなく、一般的原理として証明されてきた。しっかりしたグランドセオリストのユングはこれに対してきちんと準備していた。

　したがって、この脱構築的意味を以下のように主張することは可能であろう。すなわち、ユング心理学は応用できない物であり、応用できない物でもない。文脈を主張するユングは一個人の文化的歴史についてだけ考えていたのではない。ユングは、夢とイメージが（被分析家どうように分析家の）無意識の根本的不可知性に生き生きと根付いていることを主張し続けようとした。これにより、ユングにとって、ユング心理学は特別な心的テキストへの応用を除いては、存在しない。なぜならその理論には、無意識の脱構築的現前（ここでは現前は形而上学的残留物を示す）、「他者性」が含まれているからである。夢を扱うユング派の実践は、一つの「出来事」としてのみ脱構築である。「この構図はその慣習的背景の中にあるときだけ、強固である……それは、そのすべての複雑の中の有機的なものとしておかねばならない」。[(16)]

　最後にユングとポスト構造主義と脱構築の間の共鳴について筆者が提言してきたことは、「ユング心理学」を「脱構築」、「こころ」を「言語」に置き換えることで、最も明確に示すことができる。以下のようにである。

　　　［人々は］ポスト構造主義が言語の知識であることを意図する。それはポスト構
　　　造主義を言語の可知性に対する議論とみるのがより安全とみられるからだろう。
　　　それは言語の知識から知識の言語へと注意を転ずるのである。[(17)] [訳注4]

　これをユング派の用語にあてはめるとこうなる：
　［人々は］ユング心理学がこころの知識であることを意図する。それはユング心理学をこころの可知性に対する議論とみるのがより安全とみられるからだろう。それはこころの知識から知識のこころへと注意を転ずるのである。

ユングとポスト・フロイディアンフェミニズム

ユングとジャック・ラカン

　脱構築の時とどうように、ユングを他の種々の理論の仮説と結論に完全に「翻訳」するつもりはない。というのもそれはユングの業績の複雑性と「差異」の双方を欺くことになるからである。しかし、ユンギアンフェミニズムのために、ユングとラカンのフロイトの改訂版の間には、ある共鳴がある。例えば、ユングとラカンが無意識の中に存在する前言語的に構造する要素を考えるならば、彼らは共に構造主義者である。ユングのように、ラカンは無意識に根本的に依拠する意識的アイデンティティを尊重する。ユングは楽観的に無意識によって生じる可能性を持つ「全体性」に専念した部分に、ラカンは実際的「不足」を語る。二人の理論家にとって、無意識への一致が重要であり（恍惚の瞬間への信念を除く）、人間の欲望にとって注目すべき点である。

　そうではあっても、ラカンの考えの核心は重要な点で、ユングの考えとは非常に異なっている。ラカニアンは、エディプス期の前の子どもは、母親と象徴的な紐帯を伴う、いわゆる「想像界」の段階にいると考える。この時点での母親はジェンダーがない。というのもその母親は前エディパル期であり、ジェンダーによる定義に分かれる前だからである。子どもにとって、想像界はラカンの「鏡像段階」をとおして始まる。

　この時、子どもは彼もしくか彼女という自分の感覚を、おそらく現実の鏡、もしくは養育者との関係による「鏡像」の中に持ち始める。彼もしくは彼女の自分自身のイメージ（その子供が持つ機能を超える何か）との繋がりを作ることが、彼ら自身の身体境界をイメージの始まりとなる。子どもは彼、彼女という単一のものとしてアイデンティティがない。翻って、これは、母性への没頭で表現される無限の無境界からの分離の始まりを伴う。

　父親（この「父親」は現実の生物学的父親もしくは母親―子どもの絆の中で単に活動する第三の「力」でありうる）として噴出するエディプスコンプレックスは前エディパル期の母親からの最終的切り離しとして機能する。エディプスコンプレックスを通して、子どもはラカンのいう文化と言語、すなわち分離

したジェンダー化した存在の「象徴的」体系に入る。エディプスコンプレックスが行うことは、子どもの主体性を分割し、二親との関係と再交渉させることである。

　去勢不安が意味することは、母親への融合が今や禁止されたことを子どもに認識させる。主体性は分裂し、子どもに想像とそれに伴う多大な母性を無意識に抑圧させる。これによって、自我意識は、一つの無限の欲望へと構築される。それは、主体が抑圧の中で永遠に失われた母親との絆の充足欲望である。

　ポスト - ラカニアンに特に重要なことは、ラカンの主体性、言語、ジェンダーとの関係である。エディパル期の分離効果で、「父」は象徴的体系の中で比喩的形成をとる。それは父親の法秩序であり、子どもを想像界の融合的領域から切り離し、象徴界へと駆り立てる。象徴的体系とは、ある文化に価値づけられた言語、慣習そして象徴である。

　フェミニストにとって、ラカンはジェンダー化された主体性に関する説明を提供する。それは、構築され、そして深く心的に、諸々の文化がジェンダーアイデンティティに圧縮されてどれほど再生産されているかという説明と関係づけられる。エディパル的分離は言語を取り入れる中で、ジェンダー化された立場を取り入れることに帰結する。フロイトの男根は、ラカンにとっては、父のファルスという象徴になる。それによって、女性と男性が異なるジェンダー化された関係を習得する。もしも言語が分離から入るなら、言語それ自体が、心的全体性の「不足」の作り手となる。言語は、欲望に駆り立てられるのだ。

　ラカンにとって、ポスト構造主義者の記号内容を超えた記号表現からの滑りは、その個人の見えない欲動の圧迫から生じている。彼もしくは彼女は無意識に永遠に抑圧されている全体性を探し続ける。不確かなものを確かにしたいというこの欲望は、なし遂げられない、固定した、全体的主体性への欲望を伴っている。シクスーとクリステヴァは、脱構築をジェンダー、主体性、言語を明らかにするために使おうとするポスト・フロイディアン、ポスト・ラカニアンのフェミニストである。ユング派への彼らの業績を見る前に、一つの例として、フェミニズムと進歩的政治のために、ラカンのポスト・ユンギアンによる見直しを、考える価値があるだろう。

アンドリュー・サミュエルズによるラカンと父のポスト・ユンギアン流改訂

　以前の章で、アンドリュー・サミュエルズの父親であることに関する著述がジェンダーアイデンティティのユンギアンフェミニズムにとって特に実り多いことに触れてきた。『政治的なこころ』[18] のなかで、サミュエルズはラカンの父の政治的理解を象徴的体系、固定性、慣習、ジェンダーの狭量な概念であると主張する。

　ラカンの父はこころの構造のなかの父性的虚構であり、特別な人物ではない。しかし、象徴的体系と、それに伴うその文化の支配的価値とのかかわりでの「父」の役割は、「父」は抑圧的で父権的であるという意味を持つ。父性的機能はジェンダーアイデンティティを刻印付ける。この刻印付けは、両性共にファルスが「欠落している」にもかかわらず、起こる。というのもそれは、エディパル段階の分離後には不可能な、ファンタジーの対象となり、無限の力と「完全な」主体性に向かう。しかしながら、男性は、このファルスを持たなくても、ある種「持っている」。なぜなら、男性のためにファルスに「なる」のは、女性性の存在に委ねられているからである。

　ラカンの父について読み解くと、言語と文化の関係で父権的優先を男性性に置いていることがわかる。事実上象徴界とは、想像界に抑圧された女性性によって男性性を記号表現している領域なのである。女性性は「他者性」という領域の中に見いだされるものであり、そこには象徴的なものは存在しえない。女性性は生まれつき、言語、表現、文化的慣習の場である象徴ではないので、女性性は記号内容となりえないのである。

　しかし、ユング派的意味では、優先する記号表現であるファルスを通して、男性性のジェンダー化する象徴を変えねばならない。

　ユング派の見方をラカン派の象徴に付け加えて考えると、フェミニズムにとって、より創造的で生産的なものが生じる。ユングにとって、抑圧は象徴性を作り上げるほんの一部に過ぎない。創造的な両性具有的無意識が自我意識の誕生とどうように活発になる。ユング派にとって、ファルスには象徴界で自然に権力が生じるものかもしれない。しかし、それは文化的なものであり、心的寄与によるものではない。

　ユンギアンにとって、女性の身体は男性の身体どうように力強い象徴となり

うる。なぜなら、身体は意味に寄与するものの、意味を支配しないからだ。この脱構築的両性具有の無意識はユング派用語の中の文化的象徴にとって不可欠な構成要素である。「ユンギアンの象徴性」について以下のように考えることができる。その中では、女性性は排除されない。なぜなら女性性は既に元型の両性具有性のそこに存在しているからだ。実際、アンドリュー・サミュエルズは、この点について他者性のための解剖学的比喩としてアニマ、アニムスを正確なものにしている。[19]

　サミュエルズは、ジェンダーの確かさとジェンダーの混乱の間の相互作用を自分の理論の中でラカンのユンギアン風に緩和したものとして巧みに作り上げる（4章参照）。ユング派の考えでは、ラカンの圧倒的ファルスは文化的産物とみることを認め、必ずしも一つの心的要因とはみない。このサミュエルズの考えは、父親であることとより深くかかわり、ジェンダーの混乱に生産的拍車をかけることを可能にする。この考えは、ラカンの政治的意味のファルスをいかに再考するかという実際的デモンストレーションである。「ジェンダーの混乱はそれ自体、所与の象徴的でも社会的行動でもないことを示唆している。だからこそ挑戦可能なのだ」。[20] ジェンダーの混乱の可能性が、以下の証明をする。特にジェンダーについて、象徴的に固定した定義として刻印付けするラカンの父権的ファルスは、父親らしさにとって唯一の心的可能性ではない。ジェンダーの混乱の元では、父親は進歩的で代替フェミニズム政治のための象徴的意味となる。この結果、前エディパル期の母親への過渡の注目は、（いつもフェミニズムにとって助けにはならない）棄却されうるのである。

　サミュエルズは、自分の論義を支持する中で母親と乳児に関する研究を概観して引用する。その論議とは、ラカンの父性的ファルスは母親—乳児溶融を容赦なく剥ぎ取るという構図は、それ自体が文化的ファンタジーだというものである。[21]

　フェミニストがラカンに惹かれるのは、ジェンダーと社会的アイデンティティが構築されたことを示す上で、ラカンの一見反—本質主義によって説明がつくところである。しかし、反—本質主義は、言語学的目印としてのラカンのファルスへの信念の中で、厳しく緊張したものとなる。このファルスは、男性の身体への比喩的ファンタジーの関係だけをもち、実際に持つ性ではない。サ

ミュエルズは父性的機能のラカンの描写の中の「本質主義」について説得力の
ある指摘をしている：それは、父親であることに権威を持たせることから離れ
た、もはや必要ないモデルを企図する。(22)

　ユング風に見える形でサミュエルズが進歩的政治のために父を解放したこと
は、ユングの脱構築の思考そのものである。無意識は、男性性、もしくは記号
表現を支配する父親の尊大な領域を根本的に問題にする。しかし、ユングもま
た彼自身の理論的モデルの中で「永久主義」に閉じ込められている。そのモデ
ルは、ジェンダーの時代遅れのスタイルとの結びつきを無視することによって
特徴づけられている。さてここで再びアニマを振り返ってみよう。アニマは、
合理的思考にとってはよそ者である女性、そして女性は人生を他者の世話に捧
げるものであるという、ユングの見解に相対するものである。ユングの「永久
主義」を探索する更なる方法は、リュス・イリガライのラカンのファルスに対
する批判である。

リュス・イリガライとファリックアニマ

　ラカンの象徴的体系に入るためには、以下の二つが必要である。一つは言語
への入り口を伴う主体性の分離であり、そして象徴的ファルスをめぐる性差を
据えることである。リュス・イリガライの初期の業績では、ラカンの二元的
ジェンダー化に対して極めて批判的である。象徴的ファルスを通して、男性性
はファンタジーとしてのファルスを「持つ」。そして女性性はこの男性性のた
めにファルスで「なければならない」。このような二元的概念は、ジェンダー
を生物学的性差と関係するファンタジーの中で構築する。ジェンダーは何の問
題もなく象徴の中でファルスを「持つ」わけではない。この象徴は人間を全体
性と十二分な能力という「想像的」ファンタジーから取り返しがつかないほど
切り離す。(23)

　ジェンダー形成のラカンの構築は二元的である。それは女性性を男性性のた
めの鏡像機能として働く中に完全に閉じ込める。イリガライからみれば、ラカ
ンの思考は、まったくもって唯一の性、男性性に関してだけである。女性性は
ラカンの理論の眼中にはない。『ひとつではない女の性』[訳注5]の中でイリガラ
イは女性性は一つではないと主張する。なぜなら、女性のセクシュアリティは

多様であり、男性性と対称な二元的論理の中に包含されうるものではないのである。また、ラカンの思考の限界の中では「女性は存在しない」ので、女性の性は一つではないのである。[24] このように周知のラカンに対するフェミニストの挑戦は、ユングのアニマ問題が議論の的になっていることと共鳴する。

　まず第一に、ユング心理学では、アニマがラカンが描くファリック機能の多くの部分のように役割を果たす。ユング派の無意識は自律的であり、目的指向である。エディパル分離は、自我―主体性を生み出す上で圧倒的意味にならない。というのも無意識の元型的エネルギーもまた役割を受け持つからである。むしろ、無意識が決定的に分離している無定形の状態としてあるので、ユング心理学は有益である：それは自我の誕生を望む。

　一人の男性の無意識の個体の長として、アニマは（最初は、現実の母親の心的イメージの上にかたどられる）、前エディパル期の子どもと母親の絆の引き離す上で、活発な役割を果たす。アニマは、ジェンダーの二項的構築に当たって、対立し補償する役割を果たすという事である。アニマはラカンのファルスどうようの働きをする。

　また、アニマに関するユングの叙述の中で一見してわかることは、「彼女の」潤沢な資源である。というのも彼女は、ユングの女性性と女性に関する考えは曖昧かつ本質を突くものとして表現されるからである。ユングは自分自身のアニマを描写し、それから男性の主体性に対するアニマの役割を叙述することを一般化する。それによって、女性は男性にアニマイメージをもたらすものである、もしくはそうであるべきだと提唱する。実際に、アニマはラカン派の意味の「ファルス」だけではない。ラカン派のファルスは、子どもを象徴界に推し進め、性的差異を作る主役としてふるまう。加えて、アニマはファリックである。というのもアニマは、男性性が両価的に「有している」ものであり、女性性が男性性のために両価的でなければ「ならない」ものだからである。

　ユングは自身のアニマからすべての女性の心理学を一般化している。この観点にたって、イリガライを見れば、「女性性」はユングの叙述の中には存在しないと言えるかもしれない。脱構築のレンズを通してみれば、ユングの女性性は、二重の様相であるということに還ることになる：本質主義化するアニマと、完全に還元不能の「他者」である。フェミニズムのためにユングを再考す

146

る道筋をしめす、元型のより過激な脱構築的寄与である。

イリガライの感受性超越性とユングの錬金術

　ユング派の錬金術については次章でより詳しく述べる。錬金術は広い意味で心的個性化を外界のいくつかの材料変化過程に投影している。その生涯を金に変えようとする試みに捧げた中世の錬金術師は、知らぬ間に試験管の中の物質に自分たちの元型的無意識を投影し、自分自身の個性化を早めるとユングは信じるようになった。以下の議論によって論証されるように、ユングの錬金術に関する叙述は、ポスト・フロイディアンフェミニズムと共鳴することが多々あると考えられる。

　ラカンの理論は女性性を父権的社会から抹殺する一つの良い例であるとイリガライは主張する。このような抹殺は主に文化の問題であり、異常なほどファリック様の形成を祭り上げる種々の宗教に根差している。このようなジェンダーの堅固な概念の中で必要とされるのは、排除された女性性である。排除された女性性は、女性のための象徴的基本原理を必要としている。

　そこで考えられる基本原理は、女性的多様性、一神教的男性的遺産の外側に、それから独立したものとして表現されるだろう。そこでは二つの超越性の認識の存在が求められる：一つの女性的で多様な超越を男性的な「ひとつのもの」に付け加えることである。複数の超越性は、イリガライによれば、霊性と宗教において可能になる拡大された主体性の種々の基本原理であり、その一つは文化的に「忘れられて」きた。

　　　人間（オム）はふたつの超越のあいだに引き裂かれています、自分の母という
　　超越と、その本性はなんであれ、自分の神という超越のあいだに。これら二つの
　　超越は、おそらくたがいに無縁ではないのですが、ひとはそのことを忘れてきま
　　した……
　　　所有不可能なものでありつづける他者たる女─大文字の＜他者＞─から、彼は
　　生まれるのです。この超越は、すくなくとも西欧的といわれる伝統においては、
　　数世紀このかた、超越として認識されることはほとんどありませんでした。(25) [訳注6]

　イリガライの「感受性超越性」は女性的超越性を身体に根差したものに再改革することである。この超越性は、象徴的体系の中に血肉を吹き込むための物質的、母性的である。それは男性と女性それぞれにとって他者として表現されている神秘を解き明かすよう勧める。[26]

　このような女性性を象徴的、文化的原理へと挿入しようとすることを求める動きは、相互作用を見出すために、必ずしもユング派の女神フェミニズムへと進まねばならないというわけではない。女神フェミニズム、特に多様にジェンダー化され、内在する資源を有し、肉体的な聖性を伴う偉大な女神神話は、ここではイリガライの意図に非常に近いと言えよう。しかしながら、ユング派の伝統とイリガライ派の革新を分ける種々の中核的原理はユングの業績の中に見いだされる。

　第一に、身体と母性的に親密にかかわる超越性は、元型としてのユングの母親である事に関する叙述に本来備わっているものである。子どもにとって、母親は元型的イメージ、第一の元型としての「母親」そしてアニマを最初にもたらすものになる。身体的繋がりをとおして構築される元型的イメージとしての母親を抱くこと。それによって、ユングは、心的母親を単に抑圧の彼方に示すことから解放する。元型的母親は、すべての多様な多次元性と元型的イメージのヌーメン的共鳴と関わっている。母親は、聖性、霊性、身体を表す。同時に文化的には過去とどうように人間のこころの未来の方向性を表象している。

　母親元型の中に「感受性超越性」を提供するのとどうように、ユングもまた象徴的、ジェンダーの多元的原理を錬金術の著述で提供している。内的な心的内容を考えを投影することで、ユングは、錬金術のテキストをあたかも夢の記録であるかのように読み解いた。錬金術は男性的太陽と女性的月、もしくは「太陽（Sol）」と「月（Luna）」というジェンダー化された言語に依拠している。イリガライの感受性超越性は、火と水という言語を必要とする。それは男性性が西洋文明の中で生じた男性的堅固さを「溶解」（理論的に脱構築するため）するためにである。[27] これは、本質主義的に堅固さを男性性に、流動性を女性性に割り当てているのではない。むしろ、女性が男性性を維持する二項原理の構造にひびを入れられるようにする戦略的試みである。

　どうように、ユングの太陽と月という錬金術的言語は、ジェンダーアイデン

ティティを本質主義的に固定化するのではなく、そのかわりに二項的形式を解きほぐすものである。錬金術は溶解すること、熱すること、分解すること、あらたな組み合わせを凝固するための基本原理である。ジェンダーはこの燃え上がり、変化する過程に不可欠な一部分である。たいてい活発で力強い、男性的形姿で描写される、メリクリウスもまた火であり、水であり、そして女性的なのだ。[28]

　ユング派の錬金術は想像界と象徴界両方の中のジェンダーを劇的に改変することを可能にするという意味で重要である。特に錬金術は三つすべてのフレンチフェミニストとの共鳴をもたらす。

エレーヌ・シクスーとユング：エクリチュール・フェミニンと主体の劇場

　明らかにデリダの影響で、エレーヌ・シクスーの課題は二項対立の論理主義的イデオロギーを解きほぐすことと、多元的な差延（differance）の「女性的言語」を探求することである。シクスーは、多元的女性性のせいで抑圧が二項対立の死を証左すると主張する。それによって、ユングとの対話を始めることが可能になる。ユングのコンプレックスは二元的用語として用いられる。思い浮かぶのは、一つは脱構築的（女性性を不可知な他者とする）と本質主義的（女性性はユングのアニマを反映する以外に存在しない）の両方である。

　初期の評論で、シクスーは文化と理論の中で作用する二つの構造を定義する：贈与権（gift）と厳密な分類（proper）である。[29] 前者は、脱構築的時空間であり、その中で意味は固定化もしくは階級制の中へ構造化されえない。後者は分類の領域であり、厳密な二元的理論と階級制に分類分けしようという欲求である。それは男性の去勢不安と結びつくとき本質主義的となる。贈与権と厳密な分類をユングの脱構築的無意識とファリックアニマに別々に結びつけて考えたい。

　シクスーは彼女が「エクリチュール・フェミニン」と呼ぶもので、フェミニスト理論に多大な影響を及ぼした。[30] この「女性が書くこと」という考えは、最初から差延の主体という書き方のデリダの影響を受けている。これは、継続的な意味の齟齬としての書く事、記号表現を確かにしようとする理論的主張の解体、そして単一のジェンダー化された主体を必要とする。差延を熟慮して包

括するエクリチュール・フェミニンは、父権的二項対立を解体する書き方であり、意味がこぼれることを含有している。

　この「女性」が書くことというのは、それ自身を哲学と文化への根本的挑戦と位置付けるのであって、それによって包含できる何か、もしくは包括的に叙述する何かではない。そのため、ここでの「女性的」とは不可知で、流用不可の他者である。従って、エクリチュール・フェミニンは、ユングの元型的イメージと相通じる。というのも「女性的なるもの」は絶対的他者として、無意識をしめす記号だからである。

　この議論は、ユングの無意識が女性的であるという事を認める。なぜなら、それはロゴス指向の意識である「男性性」にとって「他者」として特徴づけられているからである。無意識はまた女性的である。なぜならそれはユング派の理論の中には「存在」しない物であり、ちょうどユングのこころが絶えず自我の理論化を超え、挑戦し続けているようなものだからである。

　しかしながら、シクスーもまたエクリチュール・フェミニンを前エディパル期の想像界と結びつける。そこは、いまだジェンダー化されていない、境界のない、前エディパル的母親の領域である。これによって、前エディパル期の母親が、母性的資源としてエクリチュール・フェミニンを語ることができるようになる。前エディパル期の母親は神話と聖書の言葉を用いる。それによって、ここでは「女性性」がすべての可能性を有する主体的な立場としてイメージされる。母親との肉体的融合を取り戻そうという試み、エクリチュール・フェミニンは身体的であり、母乳でもある。

　重ねて言うが、このようなポスト−ラカン派の思考にはユングの考えの中のフェミニズム的可能性を引き出すためのはっきりとした可能性が存在する。すでに述べたように、差延としてのエクリチュール・フェミニンは元型的イメージの書き方と非常に近い。それは互いの差異を通して機能し、元型の意味の可能性は一つのロゴス中心主義的に充足する説明を限りなく、繰り延べる。シクスーはエクリチュール・フェミニンを想像界の母性的身体と結びつける。これによって、シクスーは、言語の中の抑圧された多元的意味を探し出すために、象徴界との共鳴をまだ引き起こさねばならない。シクスーから見れば、象徴界は芸術や書くことで、単純に表現されることは不可能である：それは誰にとっ

ても失われた前エディパル期の主体性の状態である。文学と芸術がかろうじ
て、失われた無限の楽園を、それとなく（indirectly）表現することができる。
それには、言語と表象すべての形式へと導く、主体の象徴界へのエディパル期
の分離を思い起こさねばならない。

　以下の事は、フランスのフェミニストにとって共通の考えである。それは宗
教的神話が、想像界で永遠に失われた、典雅で個人的な充足の状態を取り戻そ
うとする、文化的意図であるという事である。ユングはこれらの考えに大いに
賛同するだろうが、文化的差異が存在する。ユングの象徴界は元型的イメー
ジのヌーメン的王国であり、それは単に個人の過去の歴史に属するものではな
い。

　従って、シクスーが言語の獲得によって切り取られた母性的豊潤さを探求
し、注目するために、神話、歌、詩を用いることと、ユング派の元型的イメー
ジとの類似と相違を見極めることが必要となる。ユング派の錬金術はちょうど
もう一つの物語の原理である。それは、象徴的言語と文化への資源であるとと
もに挑戦の創造的活動であることを示すために意図されている。シクスーとユ
ング双方の神話のように、錬金術は無意識過程の原理であり、主体性とジェン
ダーを再形成する。

　勿論、エクリチュール・フェミニンとユングのもう一つ「差異」は、ここで
はユング派の象徴界がラカン派のそれからの枝分かれと据えることができる。
先に述べたように、両性具有的な元型の先を見越す自律的役割は、ユングの象
徴界が記号表現から女性性を排除しないことを意味する。元型の効力は、女性
の身体をラカンのファルスのように力強い象徴化することを可能にする。ちょ
うどラカンのファルスの主なる役割がユング派の観点に立てば、一つの文化的
ファンタジーであるように、女性性はユング派の象徴界でいつも可能性があ
るそこなのだ。たとえ文化が伝統的に女性的表象を挫いてきたとしても、であ
る。

　シクスーのエクリチュール・フェミニンの神話的解釈は、イリガライの感受
性超越性にも似て、ユング派の象徴界と同類の何かを明確にするための試みで
あると考えることもできる。ユングの象徴界はその中で、二つの性（とジェン
ダーの非二項的概念）が同等に表象できる。グランドセオリーの二項的主張に

も拘らず、ユング派の象徴界――ユング派の無意識の脱構築的女性性を伴う絶えまない過程である――は、元型的イメージの生得的多元性を好み、言語中心主義的二項対立を脱ぎ捨てることを可能にする。

　エクリチュール・フェミニンはシクスーの業績の中の二重の意味と関わっている：一つはデリダ派の差延を明白にする努力の表現である。もう一つは、母性的充足のイメージを喚起することだ。シクスーは、この書くことが女性にとってより本来のものであると信じている。同じく、ユング派の無意識は、不可知でユング派の理論に還元できない他者としての「女性性」である（元型的イメージの中での差延を作り出す）。また、それは幼少期の前エディパル期の母親との身体と関わる元型的エネルギーの最初に構築するという「女性性」である。

　神話と詩の使用とどうように、シクスーは場としての劇場という概念も用いた。その中で、身体の言語は父権的なラカン派の象徴界の話し言葉に挑むことができる。[31] 劇場では、ジェスチャー、イメージ、声、木霊が、語り手たちがどのように互いに作ったり、壊したりするかを示すことによって、物語の慣習と伝統的形式を穿つことができる。シクスーは劇場を、劇的過程が、差延を認識できる、主体性を表現する場所として用いた：ジェンダー化された自己はパフォーマンスを通して構成され、堅固さも権威も主張できない。

　ここでユングとの関係を声高に述べたいという気持ちはともかく、主体性を内的劇場として考えるという、ユングとの似たような活動の発見は、なかなか魅力的である。二つの間には違いがある。シクスーはジェンダーを文化的に演じられ、社会心理的に形成するという圧力と主体の相互作用であると主張する。これと対照的に、ユングは元型的ドラマの叙述の中で文化的影響を軽視する。ユングは、演じるジェンダーを純粋に内的なものとして見るように示唆する。しかしながら、心的イメージは、ユング派の理論では社会的影響から完全に分離されていない。

　ユングはアクティブイマジネーションを劇場的に考えるようになる。それは、ユングの治療的技法で、その中で自我意識に警戒を解き、無意識にファンタジーへの注意をむけるようにすすめる。ユングはこの場が、自我が理想的な形で観察者から演者に代わるような一つの芝居であるべきだと提唱する。勿

論、この監督は創造的無意識である。「もし、観察者が自分自身のドラマが演じられていることを理解し……その結果、芝居の中に参加させるように感じる……」。[32] ここでシクスーとユングの違いがより明らかになる。それはエクリチュール・フェミニンと元型的「書くこと」の相互作用の驚くような程度の差である。シクスーは、ジェンダーアイデンティティと精神分析のようなことさら権威のある理論を論証するために、現実の劇場を文化的場として活用する。対照的に、ユングは、劇場のような内的世界に集中する心理治療の一つの形式を描写する。ユングはこの内的ドラマが、個性化をとおして達成された個人の真正のために包含されると信じている。

　しかしながら、シクスーもユングもジェンダーと主体性が演じられるように（performatively）イメージされることが可能だと提唱する。シクスーは差延に向けての考えを強く主張し、ユングは真正さの言語中心的概念を強く主張する。それでもなお、元型的無意識との今まで以上の豊かな一体化を通じての「真正の」主体性に向けたユングの努力は、グランドセオリーのユングだけである。このやり方で、ユングは、たとえば個性化といった固定化した意味を持つ用語への言語中心主義的帰属を論証する。ユング派の脱構築的無意識の根本的あり方によって、ユングのジェンダーと存在の劇場は、差延のフェミニズムの応用であるシクスーの劇場と豊かに共鳴しているとみることができる。

ジュリア・クリステヴァとユング：セミオティック（semiotic）と女の時間

　ジュリア・クリステヴァにとって、女性的なものとは父権的に象徴的なものによって軽んじられてきたものと定義される。[33] 歴史上の人物がジェンダーに関わりなく生き延びることはない。ラカン派の批判に従って、クリステヴァは前エディパル期のイメージを精査してきた。その中で子どもは母親と分化されていない絆の中に存在する。クリステヴァはこの母性的溶融の状態を「セミオティック（semiotic）」と名付けた。象徴界に入る上で、セミオティックは抑圧される。しかし、それは、象徴的表象を阻害し、それに挑み続ける。クリステヴァはセミオティックの働きを詩と現代芸術の中に見出している。

　セミオティックは構造的に母親の身体と結びつけられる。前エディパル期の母性なので、二つのジェンダーの可能性を包含するに違いない。というのも象

徴的定義とジェンダーが二元的に排除された理解の前に存在するからだ。従って、セミオティックは「女性性」ではない。シクスーのエクリチュール・フェミニンの前エディパル期的性質によってそれを尊重し、近いものであるものの、クリステヴァは、シクスーとは異なっている。それは、一つのジェンダーとしての女性性から前エディパル期の母性性を一貫して切り離すという点である。前エディパル期のセミオティックは、象徴的記号表現に先立つ、一つの態勢（position）であり、二つのジェンダーが一つの関係を探すことができるのである。⁽³⁴⁾

　勿論、いったんセミオティックが、書き物や芸術の中で広く「話し」だすと、それは、言語と権威的慣習の象徴界に戻ってしまう。結果的に、セミオティックの母性は「二重規範」の中だけでしか明らかになりえない：それは芸術と文化の形の中で、その混沌とした影響によって、象徴的慣習を執拗に混乱させ、突き通し、妨害し続ける。ジェンダーや身体的性からのセミオティックへの貢献のクリステヴァの初期の主張の中で、クリステヴァは、セミオティックのかすかな動きを男性近代主義者の著述の中に見出している。

　ユングとクリステヴァという二人の理論家の間の共鳴と同じく「差延」を探求するうえで、多元的アプローチは有用である。ユングとクリステヴァの間にある主な区別は、父性的象徴界のそれである。ユング派にとって、象徴界は元型的であると同時に父性的である：実際、ファルスは完全に文化的記号内容であり、独自に優先されるものではない。諸々の元型は、前エディパル期の母親のように、両性具有的である。が、元型はクリステヴァの前エディパル的セミオティックより自我の誕生により積極的な役割を果たす。ユングにおいては、エディパル期の分離は、主体性の決定にはるかに影響が少ない。実質的に、ユング派の象徴界は、クリステヴァ／ラカンのそれより、生来のセミオティックに関係を有している。

　ユングの母性的機能は、父権的遺産の文化的慣習によって大変歪められているかもしれないが、永遠に一定の形をとらないというわけではない。ユングの母性性は、それが前エディパル期である限り、一定の形をとらないに過ぎない。ただユングのそれはそれ以上でもある。前エディパル期の段階で抑圧されたものが、こころの中に母性性の前駆として残っている。それは、生涯全体を

通して、主体を育み、追求し続けるだろう。ユング派の象徴界では、父性性と同じくらい母性性に能力がある。抑圧され、形をとらないものは、ただ、前エディパル期の母親のみであり、それは単に母親元型の一つの次元にすぎない。

　次にユング派の母親の象徴的イメージは、次の二つの意味で、父性的機能に帰する必要がない。第一に、自我形成に影響を与える元型的な種々のイメージの中にあって、ファルスを特に優先する必要がない。第二に、母親の種々の象徴的イメージは、まったく過去に帰さない。母親イメージは、無意識／セミオティックのエネルギーと触れ合いながら、主体を前へ、個性化へと駆り立てる。前エディパル期の母親という後方を指す代わりに、種々の心的元型的イメージは、ヌーメン的自己への未来の接近を示すのである。

　勿論、ユングがいったん母親の元型的イメージについて書けば、そのイメージは象徴界にすら追い込まれてしまう。というのも、そのときイメージは文字に変換されたイメージとなり、さらには「母親であること」という慣習的表象の中の歪曲の対象となるからである。父権的文化の中でユングが書いたことを拡大することは、ユングのテキストの象徴界に父性的重きを置くこととなる。

　そうではあっても、心的イメージとしての元型的イメージは（象徴的言語に置き換えられる以前の）、セミオティックと象徴界とのより生産的な結びつきとみなすことができるかもしれない。心的イメージが、個人の文化的体験にあずかる限り、それらは象徴界への挿入物となる；心的イメージが、まず不可知の脱構築的無意識の記号表現としてみなされる限り、それらはセミオティックなのである（そして、クリステヴァにとって、前エディパルな）。

　「女の時間」[訳注7]のなかで、クリステヴァは、歴史的、文化的用語の中の母性的セミオティックの理解を提供している。[35]象徴界は芸術と哲学の中で直線的時間の流れにずっと貢献してきたと、クリステヴァは主張する。そこでは、「歴史」は記録可能な出来事の連続物という考え方が作られてきた。直線的時間の流れの物語は「男性的」である。なぜなら、象徴界が父性的であり、歴史的優位性は男性のものだからである。

　直線的時間の流れに対して、クリステヴァは「女の時間」を循環的で不滅なものとして措定した。「女の時間」は母性的セミオティックな時間である。というのも直線的な歴史時間に存在する人間が死で終わるという考え方は、ただ

象徴界に入るという点で得られたものである。また、その中では母親になりたいという欲望という意味で女の時間なのである。生殖の時間は、循環と不滅を引き受ける。

　クリステヴァは、すべての女性が母親であるといった本質主義者ではない。なぜなら母親は多様な文化的立場を持つからである。そのかわりに、クリステヴァは、女性とセミオティックな母性のつながりに必要なのは、フェミニズムが政治的変化のため行動より宗教の代替品として理論化されることではないかと主張する。まず第一に、フェミニズムは男性としての時間の中で活動し、それから女性的時間のために活動することをクリステヴァは提案する。そして今や、この二元性を脱構築する必要がある。

　初期のフェミニズムは、法の下の平等を探求した。女性が男性的な直線的時間の中で平等な対象になることが求められた。フェミニズム第二世代では、女性の分断と分離主義を批判した。古代の循環的時間に関心をもつ女性団体は、政治的運動より宗教に関心を向けた。

　イリガライやシクスーとちがって、クリステヴァは宗教と超越性に関する言語を信用しない。ユンギアン女神フェミニズムは、クリステヴァが「女の時間」の中で反論しているものと、ぴったり一致するように見えるかもしれない。その代わりに、クリステヴァは直線的時間の中で制限された主体受容の拒否を歴史の中に挿入することを、フェミニズムに託した。クリステヴァは、デリダの意味する形而上学的なものとして、それを描写することで、ジェンダーの二項対立に終止符を打つことを望んだ。二元的ジェンダーは一つの信念の対象であり、生まれつきであるという合理的必然ではない。むしろ、「社会あるいは反社会の土台となる贖罪の生贄をつくりだそうとするいつもの試み」という変革への試みであり[36][訳注8]、「おのおののアイデンティティ、おのおのの主体、おのおのの性に固有な生贄——と一死刑執行人の可能性の分析」をするべきだ。[37][訳注9]

　ユング派にとって、ジェンダー化された時間についてのクリステヴァの「説明」は、非常に個性化と似たように響くだろう。クリステヴァの時間軸のジェンダー化されたアイデンティティの過激な拒絶は、人の内なる暴力と犠牲者を演じる能力両方と折り合いをつけることになる。ここで、クリステヴァの考

察の中で魅力的な含意は、母親になることが、クリステヴァに、（ユングどうように）前向きな主体性を心的に引き起こすと考えさせるからである。女性は将来子供を持つことを欲求し、同時に子どもの将来をイメージすることを欲する。女性たちは、前向きに母親になる心的な準備をする。（クリステヴァによれば）たとえ、後ろ向きの前エディパル期の騒がしさに満たされていようとも。「女の時間」をユングに単純に取り込むより、ユングを女性性と時間という観点から見る必要がある。

　興味深いことに、ユングは、無意識の中の女性性を非―直線的な時間と結びつける。アニマは、不滅で時間の外にあるとユングは結論付ける。[38] 勿論、ユングの女性的セミオティックに対する同一化は、ユングがアニマに結びついているという重要性の中にある。ユングの女性性をさらに論じるために、簡単に脱構築−の中の−ユングを簡単に振り返っておきたい。そこでのユングの「女性的」セミオティックは、脱構築的「女性的」な無意識とアニマの女性への一般化をともなった、根本的で本質主義なものである。

　不滅のアニマは、男性の大多数の無意識と男性のアニマであるべきと仮定されている。ユングは女性の心理学について多くを書き残していないが、ユングのデーメーテール−コレ−の神話の取り上げ方を「女の時間」として読み取ることができる。[39] それは地下の神プルートーのペルセポネー略奪の物語である。ペルセポネーの母であり、豊穣の女神である、デーメーテールは直ちにペルセポネーを救出する。ユングは、この神話を女性の物語としてみる。それは、母親となることの効果を通して、より循環する時間と有機的なつながりを持つ。「（母親になる）という意識的な体験は、その女性の人生が世代を超えて拡大するという気分を生み出す……それは、不死の感情ももたらす。個人の人生が……一般的な女性の運命元型となる」。[40]

　クリステヴァどうよう、ユングは母性的時間が無意識と母親の心的母性の中に棲みつく循環的、古代的、不滅であるという感覚を持っている。しかし、クリステヴァとちがって、ユングは自分の「永久性」の中の文化的齟齬を漏らす。ユングの理論化のやり方は、ユングが「自然」で「永久」と考えた古臭いジェンダーのスタイルに影響されている。例えば、ここでユングの母性的時間の理論化は、すべての女性の「運命」に陥落していく。男性的直線の歴史と、

女性の神話、ユングの女性の永遠性には結びつきは存在しない！　ユング派の象徴界は理論的に女性的で母性的な機能を提供できるものになったのかもしれない。しかし、それを提供することにユングが当てにできるということではない。

　ユンギアンフェミニズムは、この短い反撃に対して、クリステヴァの広範で複雑な業績に二つの反応をできるかもしれない。女神フェミニズムによる最初の反論を、クリステヴァは厳しく拒否するだろう。女の時間という排他的誘惑は、分離主義、本質主義であり、文化的差異の多様な概念から根本を分離させてしまう。クリステヴァは、これを生贄−としての−女性に基礎を置く、抑圧的な社会的組織形態を作り出すものとみる。

　これを和らげるために、ユング派の象徴界の女神フェミニズムのジェンダー化は本質主義的やり方で解釈される必要はないと主張できるかもしれない。偉大な女神の神話は、前エディパル期の母親の、自然にこころの中に内在するものとして、二元的ジェンダーの分離に先立って、過大な役割をとる。そのため、ジェンダーの同一化の多元的形式へこころを前向きに導くことができる。

　脱構築に一層依拠するクリステヴァに対する第二の反論は、ユング派の象徴界に対するものである。フェミニズムの脱構築と「フレンチフェミニズム」は、ユング派の心理学が「他者」を思考するという（不可能な）課題に専念しているという認識と一体化している。ユングの業績は「脱構築」、内包しきれない無意識を優先することに固執する。それは「グランドセオリー」のために固定の定義を構築しようとするユングの最も野心的な意図である。

　この章で示そうとしたのは、ユングの他者−の中の−思考が、二つの重要なやり方で女性性と本質的に関わっているということである。ユング派の女性性は、無意識の第一原理である。それは、不可知で、いかなる諸理論、脱構築にさえ、形而上学的に還元不能である。そして、グランドセオリーと個人的神話の両方に付きまとう他者なる女性性は、女性蔑視と本質主義に陥落する。それはたいてい、女性に還元する宣言にするために、ユングのアニマを一般化することである。

　このようなユング派理論の「永久主義」は、父権的に歪曲された象徴界が、セミオティックと不可知性の潤沢な領分に侵入していると見ることができる

かもしれない。これは、ユングを脱構築とポストフロイト派フェミニズムの中で、さらに探求するのを妨げるものではない。フェミニズムの研究がこれらの理論の違いを尊重すると主張したいのだ。このようなフェミニズムは、共鳴と一致を結びつけようと当面戦略的に探究している；すべては捉えどころのない女性性の探求の中にあるのである。

5章のまとめ

ユングの元型理論は構造主義と脱構築の双方の関係を確立する。フェミニズムにとって、最も示唆的なのは、ユング派が脱構築と近い事である。しかしながら、ユングと脱構築の間には、グランドセオリーと個人的神話の色合いの両方という意味で、決定的な違いがある。脱構築の概念をユングに応用することで、女性性を抜本的に同一化しうるということと、そして女性に対する本質主義的考えを生み出す。

（脱構築を通しての）精神分析的フェミニズム理論は、ユングとジェンダーに多くの観点を提供する。精神分析の中にある男性−支配的思考に対するポストフロイト派の批判―ラカンのファルスへのイリガライの批判、分類に関するシクスーの批判―はアニマの神髄を明らかにするという点で、有用である。一方で、ユングによって、ラカンとポスト・フロイディアンフェミニズムに、よりジェンダーの流動性、よりセミオティックな象徴界を注ぎ込むことができる。

脱構築とポストフロイト派の両方から影響されたユンギアンフェミニズムは、より「女性的」な理論化の形をイメージすることができる。それは、超越性との繋がり提供する。母性的な身体（イリガライ）、エクリチュール・フェミニンと演じるジェンダー（シクスー）、母性的領域としてのセミオティックと非−直線的な女性の時間（クリステヴァ）によってもたらされる。

更なる学習のための文献

構造主義、ポスト構造主義と脱構築について

Barry, Peter, *Beginning Theory: An introduction and Cultural Theory*（Manchester：Manchester：University Press, 1995）.
　これらの複雑な領域への分かりやすい紹介。

Wolfreys, Julian（ed.）, *Literary Theories: A Reader and Guide*（Edinburgh：Edinburgh University Press, 1999）.
　デリダを含む主な理論家の評論を含む非常に求められる紹介書。

ポストフロイト派フェミニズム

次の三人のフレンチフェミニストの初学者は、以下の三冊の読本を読むのがいいだろう。この三冊は入門書として特に優れている。
Cixous, Helene, *The Helene Cixous Reader,* ed. Susan Sellers（London and New York：Routledge, 1994）.
Irigaray, Luce, *The Irigaray Reader,* ed. Margaret Whitford（Oxford：Blackwell, 1991）.
Kristeva, Julia, *The Kristeva Reader,* ed. Toril Moi（Oxford：Blackwell, 1986）.

ユングについて

Jung, 'The Psychological Aspects of the Kore', in CW 9（1）), pp.182-203.
　アニマから離れ、アニマの所有者としてではない、まれに興味深い女性に特化したユングの評論。

Rowland, Susan, *C.G. Jung and Literary Theory: The Challenge from Fiction*（London：Macmillan, 1999；repr. London：Palgrave, 2001）.
　この本では、ユングをフェミニズム的、政治的そして脱構築的方法で、現代の文学と関係づけながら読み解く。

第6章
ポストモダンのユンギアンフェミニズム

ここでは（女としての）メルクリウスが女王であり、
その女王は、太陽の輝く場である天を意味している。
(Jung, 結合の神秘, 1963)[訳注1]

崇高さ、それは女性に適切と考えられる境界を越え、
居場所を出てゆくところにある。
(Lynda Nead,「基本にもどれ」, 1997[訳注2])

　本章では、ポストモダン主義の中のユングを論証する。ここでは、身体、崇高さ（the sublime）、物語、ゴシックに関するかなりの数のポストモダンのフェミニズムへのユング派の貢献を検証する。身体とジェンダーに関するポストモダンの議論背景を検討する前に、ユングの錬金術の著作を紹介する。

　筆者は二つの方法を検討する。一つはジェンダーが、ユングが最もポストモダンに抵抗したという点である。もう一つはユングが反対物の確実さに固執したという点である。それにも拘らず、ユングの著作を注意深く精査すると、ユングを簡単にジェンダーの反ポストモダン主義だと決めつけられない。というのもユングの女性性は本質主義とも反本質主義—すなわち崇高さであるからだ。

　本章では、十八世紀の啓蒙主義からポストモダン主義の現代にいたるジェンダーの変遷を概観する。これは、ユングの女性性という厄介な問題を検討する

162

にあたってポストモダン主義におけるユングのさまざまな問題を見る序章である。根本的な主張はユングに無視されるだろうが、驚くべきことに、その主体はポストモダン的概念に親和的である。ユングの心理的「サトルボディ（subtle body）」という根本的概念は特に注意をひく。ユング派のサトルボディとジュディス・バトラーの散漫な（discursive）身体を比較してゆく。このような議論によって、ポストモダンのユング派の身体への可能性が導かれるように考えられる。

　さらに、ポストモダンのフェミニストのユングが、ロマン主義からポストモダンに受け継がれた崇高さという概念の中で明らかにされるかもしれない。このことは、筆者が思うに、政治的、社会的変容にいつも開放されている場所としてユング派のジェンダーが提供されているという事かもしれない。ポストモダン主義の崇高さの不可知性という逆転は、暫定的で経験的な物語の拡散である。フェミニズムへのこのような貢献によって、ユング派の諸概念は、女神フェミニズムとフェミニスト小説の（理論的ではなく）行う（performing）物語とみなす事ができるだろう。

　本章の最後の節では、以下の事を提起する。ユングはジェンダーの観点からポストモダン主義について多くを語っているものの、やはりゴシックの著作者と考えるのがより適切であろう。この提起は、ユングの以下の傾向による。ユングは挑戦し、破壊するが、それでも男性性と女性性に言及するときは必ず二元論に舞い戻る。この章をエコフェミニズムとサイバーフェミニズムに関する覚書で終えたい。はたしてそこにフェミニズムにおけるユングの未来はあるのだろうか？

序論

　先の二章では、「フェミニズム」の歴史を見てきた。そこでは、フェミニズムの歴史は「女性」という一つのカテゴリーを表現すると考えられた一つの主体というより、むしろ「異なるもの」の一つの連合に発展したものとみる。この二重の考え方の圧力は、現場の政治と学術的な理論という新たな多様性に息吹を吹き込んだ。階層、セクシュアリティ、人種、民族間の違いの認識が発達

するにつれて、増加する女性たちの間の複雑な政治が、透けてみえる主体とし
て、フェミニズムに混乱をもたらし始めた。どうようにフェミニストの理論家
は、ポスト構造主義、脱構築、ラカン後の精神分析的フェミニズムなどの理論
の影響を検討を始めた。

　政治と理論は以下のような認識に収束した。すなわち、安定的、可知的で固
定的ジェンダーとしての意識的な自己の信念、また世界に関する真実の知識の
基礎が意識的自己の中に存在するという信念が、もはや持ちこたえられないと
いう事だ。ポストラカン派の精神分析と脱構築は女性性と男性性という二つの
不変のジェンダーがあるという神話を破壊したのみではなかった；ポストラカ
ン派の精神分析と脱構築は人間主体に関して固定的で確実に知りえる何かがあ
るという概念に疑義を呈した。そして、もしも自分は誰かという問いに対して
知識の基礎がなく、意識的な意図がもはや保証されていないとすれば、世界に
関する知識と信念は二つとも問題があり不安定になる。西欧社会はポストモダ
ン主義に突入する。

　フェミニズムの要請という観点にたてば、ポストモダン主義の急進的性格
は、社会と文化の状態に適用される。[1] 理論と社会的実践を取り混ぜるポスト
モダン主義は、社会的経験を考えの構築から区別できない。実際、ポストモダ
ン主義にあっては、社会的分裂と一貫したポストモダン主義の思考を作り出す
のか、果たしてそれによって作られているのかはっきり述べることは不可能で
ある。

　前ポストモダン主義的啓蒙主義がフェミニズムを取り入れていないなどとい
うつもりはない。実際、すべての西欧のフェミニズム運動は人間の自由と平等
という啓蒙主義の主張に負うところが大きい。むしろ、ポストモダン社会の状
況の中のフェミニズムは、多元的社会の中での政治的目標という啓蒙主義の遺
産に依拠する要請である。多元的社会では、「女性」はもはや単一の集団とし
て見なすことはできない。ポストモダン主義的多元的社会は「ポストモダン」
と「フェミニズム的」という用語の含意を改めて検討することを求めているの
だ。

　さらに、まとまった決まりごとのないところでは、芸術と芸術的実践に新た
な重要性が求められる。ポストモダン主義では、哲学、文化、社会にとっての

確実な決まりと固定的論点が欠落している。そのため、ポストモダン主義的理論自体が、全体的に一貫した合意に至らないという事は驚くに当たらない。芸術と芸術的実践は人間の構成概念で、それらは常に哲学的、社会的コンセンサスの境界線上から創り出されてきた。したがって、ポストモダン主義の芸術は論点の体現もしくは表現という役割を担う。そこでは多様で、しばしば矛盾する考え、文化的実践、社会的要請と資本主義がぶつかり合い、物質的形式をとる。

　この状況で、ポストモダン主義的フェミニズムにとって一つの最も肥沃な領域は、芸術作品に見いだされる。もしくは、たとえばC.G.ユングの業績などに。この点で、考え方のシステムが科学的な境界を越えてしまう。ユングの業績はポストモダンとの類似性を示すと言えるだろう。それ自体、人間主体の固定的知識にとって、確実な基礎を確立することを放棄するとき、その類似性が示される。ユングが「グランドセオリー」を放棄し、メタファー、思索と文学の領域に入ったとき、ポストモダンを語ることになる。

　ポストモダン主義は「グランドナラティブ」の権威の衰退に特徴づけられる。種々のグランドナラティブは、その知識システムにある。この遺産は西欧文明での啓蒙主義として知られる十八世紀の時代に遡る。グランドナラティブは、確実な哲学的基礎の中に、知識と科学的平等を組織し、基礎づけるために構想された。そこには、科学的経験主義（実証的根拠に根付く科学）と西欧文明の中の信念に埋め込まれた人間の発展という理想も含まれる。[2]

　勿論、ポストモダン主義が「グランドナラティブ」の権威の失墜を特徴とするという事をきれいに一般化するためには、「他の」普及していたグランドナラティブが実際に衰退したという事実で示される。このことは、ポストモダン主義がそれに先行する現代性にぴったり寄り添っていたという広汎性の中に見られる。グランドナラティブの衰退は、例えばキリスト教とマルクス主義の両方を区別する「終末」という終末論的ナラティブであると見られるようなものである。

　本章の目的は、ユングが、ジェンダーを強調することで、ポストモダン主義に対して拮抗と促進の両方を行ったやり方を検討することである。女性性に関する多くの還元的言辞にユングは前ポストモダン的啓蒙の証明に歩調を合わせ

ているとみることができる。一方で、ユングの原初的ポストモダン主義は、ポストモダンの議論の場に肯定的で活気づけるものを提供している。ポストモダンの思考は、ポスト唯物論的ニヒリズムの過剰さに支配されがちなところである。

　「グランドセオリー」へのユングの傾倒に触れるのは、ユングの著作の「大きな」グランドナラティブに基づく二つの趣旨を意味するときである。それらは、ユングが自分の心理学を「経験主義」（第5章を参照）とみなすとき。そして、決定的に自分の心理学に自分自身のグランドナラティブを提供していると主張するときである。ユングは自分の心理学が文化、宗教、人間の（少なくとも最も重要な）諸問題にとって役に立つ説明だと主張する。この主張はユングが啓蒙主義的近代の人間であるという事だ。ユングの「グランドセオリー」は一つのグランドナラティブの立場を取り入れている。

　それにも拘らず、今まで示してきたように、ユングは個人的神話も保持する。これこそ、一つの心理学を構築する中に「個人的なもの」を認めるユングなのだ。二人のユングを結びつけることが、無意識の絶対的他者性を何らかの他の物に理論づけるという中核的命題である。グランドセオリーと個人的神話の両方が、無意識的なものが意識的自己を生み出すとするユングの形而上学的概念によって、決定的混乱に陥る。

　ユングがこの無意識的なものを人間の心の中で超越的宗教的役割を果していると見なすとき、無意識的なものは宗教的感覚で「形而上学的」なのだ。これはデリダ派の感覚でも形而上学的である。その感覚の中にユングの考え方のシステムへの基礎が残っているからである—それは、ユングは自律的なこころ（ユングの言葉では「客体的」）に関するユングの叙述から自己—証明とみなしたものである。デリダ派の用語では、ユングの無意識は代補（supplement）となる— 一つの考えを他の全ての概念の基礎を提供するために持ち込むことである。(3)

　形而上学的代補として持ち込むことは決定的に破壊的で不可知な無意識という特別な結果をもたらす。この結果はユングの理論化にとって非常に「ポストモダン的」な基礎となる。もしも、ユングがしばしば主張するように、無意識は本当に無意識であるとしよう。そうであるなら、グランドナラティブの状態

のグランドセオリーを、形而上学的残余として無意識を作り出す「存在」は特別な例外として、否定しなければならない。もし、不可知であることが最も重要であるならば、その理論は、例えば元型といった絶対的で権威のある概念を知ることを決定的に遺棄することを意味する。それならば、ユング心理学（グランドセオリーと個人的神話として）の基礎の創設は事実上非存在を作ることになる。

　無意識の破壊的効果は、「真実」を主張する理論的命題がないことを意味する；それはせいぜい、特別の状態を説明する、仮のそして形而上学的意図である。たとえ、それが啓蒙主義のグランドナラティブをもてあそぶという欲求であっても、ポストモダン主義のユングにとってとくに示唆的なことが、著述の中に見いだされることである。自己意識的な感覚が理論的議論にとって確実で一貫した地平を欠いているが、それはユングの著作の中に織り込まれている。「というのもわれわれが『意識と無意識が統一される』という場合、われわれはそれによって同時に『それは思い浮かべることの不可避な事象である』といっているのである」。(4)〔訳注3〕ポストモダン主義とジェンダーはユングにより複雑な要求をつきつける。錬金術の取り扱いとユングのこころの生活にとっての身体の貢献に関する考えは、そこからポストモダン主義とジェンダーに対するユングの貢献に近づく良い観点なのだ。

　この最終章では、ユングがポストモダン主義にとって価値ある思索者であり、ポストモダンフェミニズムにとって潜在的パイオニアであることを論じる。驚くにはあたらないが、先の章で見てきたように、ジェンダーでは、ユングが、少なくとも自分のポストモダン宣言に専念しているという傾向も示しているのだ。そこでは、ユングの女性の本質に関する本質主義が見出される。その本質主義は基本的な知識のようであり、ユングが特徴的な啓蒙主義的構造を保持しているかのようである。ユングは啓蒙主義的グランドナラティブから直接偏見を取り入れる。その偏見はそれらしい根拠と合理的思考であり、女性の非合理性の「外側」に対して、男性を反対のものとしてジェンダー化する。

　このような、ポストモダンのフェミニズムの中でのユングの見ための限界にも拘らず（そして、勿論、フェミニズムはポストモダン主義の中で「一枚岩」ではありえない）、筆者が先に示唆したように、そこには多くの現実の機会が

ある。というのは、ユングの著作は「伴走者」かもしれないが、ポストモダン主義のフェミニスト理論にとって、トップランナーではない。ユングの心理学がその限界を最も露呈する時、無意識は最もひそやかにユングの著述の中で、錬金術と身体の中で、呼び起される。この瞬間、ユングの本質主義的偏見はユングの著作の中でもはや進まなくなる。

　ポストモダンのユンギアンフェミニズムにとっての潜在可能性の例としては、ナラティブの形を小説のような芸術に提供するというユングの考えを用いることである。このやり方は、ユングを審美的表現の一つの技術として、グランドセオリーを持ち込まずに、ユングを用いることかもしれない。このような芸術は、ユング心理学を本質主義的真実に直結する手段として使用しない。ユングは、固定した知識の基礎を授けることを要求しないという方法を構成するやり方に、貢献するのだ。[5]

　このような小説をユングの中にある潜在的な反基礎づけ主義として使う事は、ユング自身のジェンダー、特にユングのアニマに関する記述から本質主義を切り離す。興味深いことに、ユング派の考え方をポストモダンのナラティブ戦略として使う発見するために、フェミニストの芸術家に移し替える必要はないのである。というのもユング自身が、錬金術と幽霊の文献の中で、ところどころではあるが、行っているからである（後述、参照）。[6]

　本章の後ろから二番目の節では、フェミニズムの見解から、ユングをポストモダン主義に過剰に同一化するより、ユングとゴシックを結びつけるのに有効かもしれない。[7] この啓蒙主義とポストモダン主義の曖昧な関係、その「女性性」を巡って繰り返される論争の中に、ゴシックがユングと彼の全ての女性の幽霊に居場所を与えるかもしれない。

錬金術におけるユング

　錬金術は鉛を金に変える試みであった。哲学的、宗教的にそれが可能であるとした歴史のある時期に普及したいわば娯楽であると理解される。西ヨーロッパでは中世から前近代期に繁栄したが、錬金術そのものは紀元一世紀に遡って存在したことが知られている。錬金術は詐欺師たちを大いに魅了したが、彼ら

が幸運を見出すことはほとんどなかった。しかし、まじめな錬金術師たちの献身的な実験的業績は、多くの科学的成果をもたらした。錬金術は近代科学の先駆者と考えられ、そこから後者の名前が派生した。

　これが一般的な錬金術の見方である。一方錬金術の哲学的、宗教的次元はあまり知られていない。[8] 啓蒙主義とポスト啓蒙主義の考え方では、心を物質から切り離した。そこでは、科学と金属は不変で、「死んだ」物質とみなされる。一方錬金術では、物質と、心理学的なものの聖なるものの間には繋がりがあると信じられた。心、物質と霊魂は結合しているのである。錬金術の世界に生命が吹き込まれた：聖なる火花が物質、人間の魂の深みそして超越的神性の中に棲息するのである。

　鉛の黄金への変容は、あるレベルでは非常に金儲けになる作業であるが、真実の錬金術師にとっては、その作業は、基礎的物質という牢獄から聖なる霊魂を精製することであった。「プリママテリア」、第一物質として知られる基礎となる鉛は、しばしば賢者の石と呼ばれる聖なる黄金の形を産出しうる。同時に錬金術の作業はその錬金術師の魂を精製することになる。そこに錬金術の目的がある。それは、金属というプリママテリアと、変容しない人間の魂という基本的に憂鬱な気性の両方を高い聖性と哲学的形に高めることである。

　錬金術のテキストを読むと、錬金術師が本当に以下の事を信じているというのは難しい。はたして錬金術師は現実に科学的金を作っていたのか、このような言辞が何らかの聖なる何かの隠喩であるのか、その両方であるのかである。文字通りの物質と隠喩的な神学は必ずしも二者択一ではない。むしろ、錬金術師は魂を吹き入れる世界に居た。そこでは、聖なるものは単に「天国の高み」と「分離」（超越的）に在るだけではない；それはまた内在的問題であり、人間の心の問題なのだ。

　ポストモダン主義の分裂と不信から錬金術はまったく異なる次元にあるように見えるかもしれないが、事実はそうではない。錬金術へのポストモダン主義者の関心は、この前啓蒙主義的「科学」が意識を物質から分裂させることを断固拒否するという事である。従って、それは啓蒙主義の教義に反して、科学的グランドナラティブポストモダン主義に挑戦したという事でもある。錬金術の中に意識を観察するという事は、とりもなおさず物質的プロセスに巻き込まれ

ることである。ちょうど、ポストモダンの科学が、観察される現象が観察者に
影響されると、主張するのと同じである。どうように、ユングにとっての多大
な関心は、錬金術のプロセスが錬金術師の魂に中に起こるという錬金術の主張
であった。

　事実、ユングは錬金術を個性化とよんだものの投影であると信じるように
なった。[9] 錬金術師たちは、自分たち自身の無意識内容を試験管の中に投影し
たので、試験管の中の物質に深く関わることとなった。錬金術師が、物質が死
滅する、復活する、まとまるそして溶解すると語るとき、錬金術師は自分自身
の個性化の促進という自己分析と同じ事を行っていたのだ。このような意味
で、錬金術のテキストを見ると、こころの内容の記録である夢と同じなのであ
る。夢と錬金術の唯一異なる点は、錬金術の仕事が外的な物質に投影されてい
る点である。

　二人の人間が錬金術に関わっているところでおこるプロセスは古典的なユン
グ派の分析と同じである。転移と逆転移が互いに認められ、こころの発達の出
発点として用いられる。

　筆者が「同等（equivalent）」という用語を、ユングが錬金術について整えた
考えを説明するのに用いてきた。それは、同時にユングが、錬金術をユングの
個性化の概念の証拠と見なしている点で、まさに「グランドセオリー」と同じ
であったかもしれないからだ。一方で、不動性と錬金術に関する著述に基礎づ
けられたものの欠落が、ユングにとって錬金術を自分の心理学の普遍的妥当性
の「科学的」根拠とする事を困難にする。ユングの錬金術の業績には一つの意
識がある。それは、ユングの理論化の能力が、錬金術の説明に多くを費やすほ
どに錬金術の著作に依拠しているという事だ。ユングは錬金術がこころの「山
なす象徴表現 [10][訳注4]」を提供してくれると述べ、錬金術が反対物の決定的な
単一化のための「象徴的作業手順 [11][訳注5]」を示唆していると述べている。さ
らに、錬金術は他の方法ではできなかった「個性化過程の最も主要な側面を描
写することができたのである [12][訳注6]」。結果的に同時に逆説的に、ユングは、
自分自身の患者との臨床的経験について述べている時より、錬金術について著
述しているときの方が、より「ユンギアン」だと主張できるのである。錬金術
では、実在の人物の実際の事例ができないやり方で、個性化の過程を際限なく

多様に、ユングにつくりあげさせることができる。

　これは、一つの心理学の基礎を描写する点で、小さいが重要な転換である。それは臨床的知見か神秘的解読に基礎を置くのだろうか？　勿論、ユングは自分の臨床に基礎を置く理論化を拒否もしていないし、グランドセオリーへの欲求も拒否していない。しかし、ユングは、錬金術が症例報告の「最初も終わりもない断片のモザイク(13)[訳注7]」よりもっと包括的な根拠を提供すると述べる。その時、彼は錬金術と心理学の支えとの間の差異を広げるのである。このような転換は、反基礎的、反経験主義的なポストモダン主義の背景でみると非常に重要である。

　ユングは自信をもって、自分の考えが錬金術的顕現を説明しうるが、完全には説明しきれない。不可知の無意識が瓶の底に残るのだ。それはこころの諸理論の絶対的で分かり切った敗北である。そのため、ユングの心理学はいつの日か、「比喩的で象徴的」なものと定義されるだろう。ちょうどユングが錬金術をそう信じたように(14)[訳注8]。

　ユングについて最後にいえることは、ユングが錬金術をユング心理学の本体に持ち込んだという事である。ユングは、錬金術に従い、個性化の過程を三つの段階に分けた。最初は、無意識との統一が、ジェンダーを通じて、こころが「他者」、他のジェンダー、アニマ／アニムスとみなす反対物的に構成される事だろう。この統一は典型的には「結婚」と描写され、無意識のヌーメン的力をとおして聖婚となる。第二段階では、こころは身体との統一を体験するだろう。そうして、さらに物質が心に奉仕する啓蒙主義を否定し、こころは外部の世界と一体化するだろう。(15)

　ユングは錬金術を第一に個性化の投影とみなしたが、錬金術をこころと物質の究極の同一化を推測するためにも利用した。これは、クリストファー・ホークが非常に価値ある『ユングとポストモダン』の中で説明したように、ポストモダンの科学に親和性のあるテーマなのだ。(16)

ユングと身体

　ポストモダン主義者の反基礎的立場に疑いを抱く理論家達は、確かな意味の源泉として、しばしば身体に回帰する。心と主体性にもはや信頼性が置けない今、身体は何らかの真実の基礎を確実に提供するのだろうか？　フェミニストたちは、真実の問題のない源泉として、性化された身体を用いることに誘われがちである。身体は、不安定なポストモダン的身体に比較して、自明で固定的である。

　このようなフェミニストの考えは、ジュディス・バトラーの身体は散漫に構成されているという主張によって反論されてきた。[17]　その言い分はこうである。身体は世界の中で安定した「もの」であるかもしれない。しかし、われわれの理解では、これらの全ての考えの言語どうようシステムをすべらせる主体である。言語の滑りは、見たところ自明の他の「真実」を汚す。身体に基づく概念の意味に関する信念は、ジェンダー、人種、権力、医学、科学、哲学など、じつは非常に多くの欺瞞的にうつろう用語、たとえば女性性と男性性のような言語によって構成されているのだ。

　ジュディス・バトラーのポストモダンの身体的性に関する業績は、ユング派の身体と比較検討するのに役立つ。まず身体に関するユングの概念を紹介しよう。

　ポストモダン主義者どうようにユングは、身体を自明なものとみなさなかった。ユング派における身体は、原理を支配するものでも基礎づけるものでもない。実際、ユングは身体を形而上学的に捉えた。というのも身体は、活動的で創造的こころを通して直接的に知りえないからである。したがって、身体を知識の基礎とみなすことは、決して実証できない信仰という行動のようなものであり、よって身体は形而上学的なのだ。[18]

　（身体に関する精神的不安はこころを通して自覚されるので）、いつも心理的に構成され、身体は真実の客観的資源ではない。この論争にあって、ユングは自分がポストモダンのフェミニストたちの仲間であると知って驚いたかもしれない。ユングは、身体は、それ自身のさまざまな必要性と決まり事、そして心

との強い関わりの両方において、逆説的に理解されるべきだと感じていた。ユング派において、身体の心への影響は、まだ基準となる要因にはなりえないのである。これは、ユングにとって、不可知な無意識が常に第一であるからだ。無意識をユングの心理学の最も中心的考えにすることが、身体は客観的に知りえないと主張するもう一つの方法なのである。こころにおける無意識のプロセスは、必然的に身体の精神の見解に必然的に介入するのである。

　元型のような、こころの構造は、材料であり同時に実体のないものである。材料として、それらは身体において、本能のレベルで存在する。実体のないものとしては、それはヌーメン的超越的形を有する：それは、身体に依拠しないし、その存在にとって外的世界からうける印象にも依拠しない。[19] これを利用するもう一つの方法は、元型が二つの極を持つというものだ；その身体的本能的極は、ヌーメン的で自律的側面と対話を持つのである。

　この二つの側面は非常に相互関与しているが、身体も他を支配するヌーメン的次元でもない。実際、身体は、自我によってその基礎を求められる。身体が無意識に圧倒されるより、自我により統合されるためかもしれない。[20] 自我に根差した身体をこころに基礎を置くことと紛らわせることは決してない。身体は考え方のシステムとしてのユング派の心理学の基礎にならない。なぜなら、自我はユングの現実性の基礎でも理論の基礎でもないからだ。ユング心理学の基礎はいつも不可知な無意識にある。

　身体に関するフェミニズムとユングの繋がりの可能性は、「サトルボディ」という概念にみられる。これは、精神的に想像もしくはイメージされる身体である。個人のアイデンティティという意味で、この身体の心理的貢献は、夢の中の身体のようなものである；その身体は既に精神的に所有されている。そして、サトルボディは社会的圧力とも関係がある（本章のユングの幽霊の物語に関する後節を参照のこと）。たとえ、ユングがイメージの形成において文化の役割を軽視したとしても、ユングのサトルボディは文化がその構成に介入するものである。なぜなら文化は元型的イメージに入り込んでいるからである。サトルボディは、身体的印象に逆らう元型から作られる。

　ユング派のサトルボディは、ユングの錬金術的著述にとって多くの証拠となる。ここで、ユングの錬金術に対する広範な扱い、そして錬金術への依拠は、

有効、無効の両方である。有効というのは、錬金術のテキストに関する、文化と歴史的次元へのユングの関心の欠如が、ユング自身の社会的偏見が入りこむ余地を失くしている。翻って、これはまた、個性化が個人史と文化から切り離されうるという誤った印象を与える点で無効である：そんなことは有りえない。

　錬金術はユングに心的イメージの文法を授けたのであり、ユングのサトルボディの文化的刻印に関して無実という正当化を与えたのではない。身体的、ヌーメン的次元を伴う、さまざまな元型は、身体的現実としての元型的イメージを構成する部分、サトルボディを供給する。個人史と文化もまた、役割を持っているが、それらはユング派の枠組み（創造的で不可知な無意識に余地を残す）の中で、支配的な要因には決してならない。ユング自身の関心にも拘らず、ユング派のサトルボディは、文化的考えと競合する社会的実践の余地を残している。

　ユング派の身体に関して、特に魅力的なことは、それが身体の創造物でも、心の創造物でもないところである；それは両者の統一の表現なのだ。それゆえ、サトルボディは、身体と心を二つに分裂させる啓蒙主義の特徴を超越する。この点でサトルボディは心と身体が出会い、一方が他方に先んじることができない。心も体ももう一方に「翻訳」することができない。このようなわけで、「言語（words）」は完ぺきにサトルボディを説明することも呼び起こすこともできない。なぜなら言語は意識的自我の産物だからだ。ただ、象徴だけがそれをなしうる；「そしてこの象徴は、抽象的でも具象的でもなく、合理的でも非合理的でもなく、実在的でもなく非実在的でもない。それは常に両者である……」[21][訳注9]。ポストモダンのユング派の身体を語る前に、今こそ、ユングが「啓蒙主義」、「ポストモダン主義」そして「フェミニズム」といった用語で表現したものの再考に挑戦するときである。

啓蒙主義、ポストモダン主義とフェミニズム

　「啓蒙主義」という用語は、哲学的、政治的そして近代の科学的グランドナラティブが確立された十九世紀という時代に関わっている。特に重要なこ

とは、西洋社会を文明化の「過程」で直線的な方向に邁進すると、特徴づけたことである。この信念は経験主義的科学と人間の自由と平等というグランドナラティブによって支えられた。一方、それらはある共通の人間の「本質（essence）」に基づいていた。ポストモダン主義が啓蒙主義の知的遺産に対抗し、打ち砕き、問題視したので、啓蒙主義の過程をもう少し検証する価値がある。

知的運動としての啓蒙主義は、多くの定義づけを行っている。概説すると以下のようになる：

1．人間は、安定した、一貫性のある、意識的アイデンティティもしくは「自己（self）」を有しており、それは合理性に特徴づけられている。「理性」は最上級の価値であり、人間の自己が自分自身や人間以外のものに対する特権的洞察を可能にさせる。

2．理性は哲学を構成する。結果的に哲学は、知識に対する客観的、信頼性のある普遍的基礎を提供する。したがって、理性は人間と世界に関する「真実の」安定した知識をもたらす。

3．歴史、文化そして身体は、客観的知識を供給する理性の力に影響を与えない。このように、理性は「超越的」で普遍的である。理性は自律と自由の可能性に結びついている。

4．理性に基づいた知識は政治的に中立である。真実、知識と権力の間の争いは理性の主張によって収束することが可能になる。

5．理性に基づいた科学は、知識のモデルを大変よく提供する。したがって、科学は政治的に中立であり、社会的に有益である。

6．言語は世界の上に開かれた分かりやすい窓である。言語は理性と表現のための透明性のある手段である。言語の正しい使用は世界を意識させる。言語は現実を構築しない。

ポストモダン主義は啓蒙主義の上記のすべての信念に挑む。啓蒙主義のグランドナラティブは理性の優越性という考えを堅持する。身体、歴史に対する理性の優越性と科学の中立性は経験主義的実践（再現可能な客観的実験）によって強化された。これらのすべてはポストモダンの批判によって、弱体化される

か、瑕疵が証明されてきた。特に論点となったのは、啓蒙主義がさまざまな原
理をつくった方法である。啓蒙主義のグランドナラティブは二元的構成に依拠
している。例えば、精神は身体から完全に別と定義され、客観的科学者は世界
の考察から完全に切り離されていなければならず、最も重要なことは、理性は
非合理的なものは切り捨てなければならないという点である。

　典型的なのは、啓蒙主義では、ジェンダーが必須の二元性と位置付ける手段
として使われたことである：男性性は超越的精神に関連付けられ、女性性は混
とんとした生殖の身体に関連付けられた。お決まりの言いぐさでは、女性が性
と生殖というより低い立場をわり当てられたのに対して、男性は「思考」と
いう重要な仕事をするということを意味する。男性の科学者や医師は女性の
特質、もしくは受動的（非常に女性化された）な患者に沿うのではなく、その
上に立って操作する。そして、勿論、理性は男性的意識の優越的本質にジェン
ダー化され、非合理なものは理性から逸脱した女性性にジェンダー化される。

　三つの互いにかかわりを持つ知的運動が啓蒙主義のグランドナラティブを批
判し、西洋社会はポストモダンに移った。その三つとは、精神分析、フェミニ
ズム理論とポストモダン哲学である。これらはすべて啓蒙主義的思考が依拠す
る固定化した二元論を論点とする。精神分析は、合理性と非合理性の絶対的分
裂について、無意識が合理的自己を目覚めさせるという役割を形作ることを示
し、疑問を呈した。フェミニズムはジェンダーの二元性を攻撃し、ポストモダ
ン的考えは、すべての事を二元論的思考に挑む方法を提供した。

　ポストモダンの諸理論は、脱構築と特徴づけられる（第五章を参照）。ポストモ
ダン主義思考は、非合理的女性性を締め出し、抑圧することで創造された、優
越的男性的理性という啓蒙主義の中核的信念の周りに凝り固まった、階層的対
立物を元に戻す。

　すべてを包み込むグランドナラティブに代わって、ポストモダン主義はそ
れに太刀打ちする議論を提供する。ここでの「議論（discourse）」という用語
は、ミシェル・フーコーの著作からとられている。(22) 議論は知識の本体であ
り、それはまた社会的実践である。したがって、議論は社会的権力の形態であ
る。さまざまな議論は、意味を思考し、構成する方法を提供する。それらの議
論はただ説明しない；もっとも重要なことは、さまざまな議論が主体性、社会

的関係そして世界の知識を構成することである。

　議論は強調されはするが政治的に中立ではない。それどころか、議論はそれが起こってきた社会的、歴史的、権力との関係の一部である。フーコーは、社会的関係は競合し、そして互いに構成するさまざまな議論からなり、これらの議論は権力、社会そして主体性そのものを作り出すと信じていた。ポストモダンの議論は脱構築的であり、その中でそれ自身の構成の外部の知識のための基礎をもたらすことはできない。このようにポストモダン主義議論は啓蒙主義的グランドナラティブのさまざまな基礎に挑むのである。

フェミニズム、ポストモダン主義とユング

　フェミニズムは啓蒙主義とそのポストモダンの対立物と曖昧な関係を持っている。一方で、啓蒙主義には、男性性の合理性を女性性の非合理性の上位に置くヒエラルキーに依拠する傾向がある。この傾向はポストモダン時代を促進するためにフェミニズム理論を活気付けてきた。一方で、フェミニズムは、現代世界が受け継いできた解放、自由、自主、平等といった理想の啓蒙主義からなっている。フェミニズムもそれを希求している。ポストモダン主義それ自体がフェミニズムの企図を満たすものではない。この論争は、ポストモダン理論の中の啓蒙主義が固執する近代性のジェンダーの二元性を見る過程で実証されうるだろう。

　ポストモダン主義の諸哲学は、女性性の非合理性をあいかわらず歓迎している。存在し続けるヒエラルキーの逆転は滅多にないように見える。その中で、とらえどころがなく、不完全なポストモダンの「真実」という状況に、今や他者としての女性性が、評価され、特権的位置を与えられている。「女性性」は、ベールに覆われた女性のようにポストモダンの真実なのである。[23] 啓蒙主義からポストモダン主義へ、「真実」は変化した面がある。男性性理性の所有物から、今や他者としての女性性の擁護に位置づけられている。

　ポストモダンそれ自体、この非合理で、表現できない「真実」に根本的に依拠しているのかもしれない。しかし、女性性を他者性に引き続き制限することは、政治的、社会的分野での女性の発達をエンパワーすることにならない。女

性性を他者と位置付けるポストモダンの古めかしい伝統の維持が、フェミニズムの理論によって、挑戦されないわけがない。

　ポストモダンフェミニズムはポストモダンとフェミニズムの両方を保持しなければならない。二つの用語を互いに折り畳むという事ではない。単一のフェミニズム運動に変わって、多様であるが結びついたフェミニズムの産出は、ポストモダン主義の一つの兆候である。それはまた、「ポストモダン」と「フェミニズム」という用語を再考し、両者の関係を再考するという継続した欲求でもある。フェミニズム的ポストモダン主義は、自主と自由という啓蒙主義のナラティブの関係と折り合いをつけねばならない。同時に「女性性」の劣等性に超越的に居座る男性性のナラティブともである。

　このような啓蒙主義、ポストモダン主義とフェミニズムのこの筋書きの中にこそ、C.G.ユングの居場所がある。クリストファー・ホークはユング心理学を、ポストモダンの社会のための議論として説得力をもって説明している。(24)

　真実の知識のための基礎としての理性への挑戦に注目し、ユングは現代の啓蒙主義の性質を批判する。ユングにとって、理性は真実の源泉ではないのである。なぜなら、主観性と現実の知識は他者、不可知な無意識に依拠しているからである。歴史、文化そして身体は、意識的な精神の世界の理解に強く影響する。その世界は意識的な認知に影響も与える、元型的イメージの鋳造物の中にある。ポストモダン主義では、何物も「真実」にとっての確定された、もしくは確実な基盤を提供しないのである。

　どうように、ユングは自分の心理学を「普遍的」真実の中に据えるために、科学的もしくは哲学的グランドナラティブを用いない。ユングが自分の心理学に関して「哲学」を著述する時、知識にとって、哲学が中立的な根拠を提供しうるとは決して言わない。むしろ、ユング心理学は個人的神話の範疇に入り込む。というのも、自我に据えられたユングの理性は、自分の他者、優越的で不可知な無意識の介入に依拠しているからである。ユングは理性が「個人的」要因の刈りこまれたものであるというふりを決してしなかった。

　ユングの意図は自分の理論を、筆者が「グランドセオリー」と呼ぶ、グランドナラティブに構造づけようとするものである。従って、それは個人的神話への欲求から完全に切り離されることは決してない。なぜなら、不可知で無意識

的で、最も決定的命題が意味するのは、ユングが、優越的で真実を認知する理性という啓蒙主義の原理を持ちえないという事である。このことから、ユングのポストモダン主義への親和性は、ユングの無意識という基本的命題と逆説的に存在すると言えるだろう。ユング派の理論は無意識に依拠している（その形而上学的残余物については、第5章を参照）。そのことは、表現不能であり、記述不能である。なぜならそれは自我の創造をはるかに超えるからである。もしも、生み出された存在が、叙述の中では産出されない不在であるならば、ユングにとって、ポストモダン主義のように、言語は、真実とこの世界の意味にとって、信頼できる透明な窓ではないのである。

　まさに、筆者が前述したように、ユングは完全な意味でポストモダン主義者ではない。自分のグランドセオリーへの欲求で、ユングは啓蒙主義的グランドナラティブと関係づけることと、模倣するということの両方を望むのである。フェミニズムの観点から最も重要なことは、ユングが最も深く、啓蒙主義のジェンダーに関して反対の考えを保持する男性であることだ。実際、ユング派の考えで表現される反対の思考によって、ジェンダーが原則の手段となる。個性化の本質的に脱構築的プロセスを、ユングの典型的なジェンダーの考えなしに、どのように、意識と無意識間の反対物を表現しうるか、想像するのはむずかしい。

　たぶん、前章で筆者がユングのファリックアニマと呼んだものが、啓蒙主義的現代のユングの成果である。同時に、極めて脱構築的「女性的」無意識はポストモダンのユングによるものである。他のポストモダン主義どうよう、それは他者をまだ女性性として追い求めている。

　ユングのアニマに関する叙述は「ファリック」である。それらの叙述が、アニマを単にスクリーンとして説明する。そのスクリーンには、合理性とロゴスに結びつくための男性的意識から追い出されたに違いないものが、投影される。ここに、男性性が有する「男性にとっての「彼の」他者」という意味であるが、男性性がなるはずがない。しかし「女性は男性にとって、彼のアニマに「なる」」。したがって、このアニマは女性性の誤った表現であり、その重要な記号表現（シニフィアン）となり、男性性―意識―ロゴス／女性性―無意識―エロスという：二元的構造を形作る手段となる。

ファリックアニマは啓蒙主義的ユングである。そこでは不可知な無意識の記号表現としてのアニマは、ポストモダンのユングの具現化なのである。ポストモダン主義からユングを取り去ることは、ユングをポストモダンフェミニズムの協力者とすることである。ユング派の身体に再び論を戻そう。

ユングとポストモダン主義の身体
ポストモダン主義の身体に関する考えには、四つの側面がある。
1．身体は精神に対して二元的で排他的な関係にない。
2．従って身体は、意識的セルフ、理性、ジェンダー、こころ等の人間の感覚の中の要素である。
3．身体はディスコースを通して構築される。身体は中立もしくは研究の客観的対象ではない。身体は、歴史と文化に結びついた考えによって構成される。
4．身体は理性にとっての一つの選択肢ではない。身体は、歴史、こころと文化を超越したものではないので、それ自身で知識と真実のための客観的基礎を提供することはできない。

ポストモダンのフェミニズムでは、『ジェンダー・トラブル』と『身体が問題だ』でジュディス・バトラーは、ジェンダーの形成と心的アイデンティティの中で、性化された身体の役割を検討してきた。特に文化的ジェンダーから身体的性を分割するフェミニズムの伝統を、バトラーは批判する。身体的性を文化的ジェンダーの上に立つ中立的な背景とみなすこの態度が、構築され、刻み込まれたものだ。バトラーは、性／ジェンダーという二元性を、性は中立的に決して「知られた」ものではないという主張によって、脱構築するのだ。むしろ、身体的性は、フーコー派の意味ではディスコースを通して構成される言説的意識（discursive）である。

このことは、身体が単に議論であるという意味ではない。身体の問題（matter）には二つの意味がある：自分を理解する方法を形づくるディスコースであるが、二つとも重要である。また、それらは重要さの部分でもあり、意識に上るものを超える身体的存在を有している。バトラーにとって、身体と

180

は、社会的産物と社会的領域と関係づけられた、現実の唯物論的概念である。身体は議論をとおしてのみ可知的なものであるが：それにも拘らず論証を超えて存在するのだ。

バトラーは、言説的意識と非―言説的意識の身体を、社会的現実という唯物論的観点の連続体に位置づける：「言語（ディスコースを形作る）と物質は反対ではない。というのも言語はその両者であり、物質とされるものに言及する。そして、物質とされたものは、記号内容（シニフィエ）とされたものによって、そのプロセスから決して逃れられない。(25)身体の言説的性化をアイデンティティ形成の中心部に据えることで、バトラーはジェンダーを言語学でいう遂行態[訳注10]だというのである。これが意味するのは、ジェンダーに先行する、「私（an I）」、セルフ（a self）はない。ある性役割をとるように決める何かがあるのである。反対に、「私（I）」、そのセルフ（the self）は性をジェンダーに置き換える身体というディスコースを通して構築される。

実際、性とジェンダーに分け目はない。ジェンダー化の種々のディスコースは、身体の繰り返しの引用によって、性の効果を産みだす。また身体は、ジェンダーの関係の中に置かれる（また、ジェンダーの関係で構成される）。従来の仮定を反転させるのに、社会は二つのジェンダーを持たない。なぜなら、自明の二つの異なった人間の身体の種類があるからだ。むしろ、ジェンダーについて考える時、頑迷な二元性が、二つの絶対的に異なった身体のタイプを構築する。それは二元的不平等を保持したいという欲求を正当化するためである。

さらに、このことは、子どもを育てる上で、単一の外的力がかかることは、問題にならない。繰り返しの言及と引用によって、物質としての身体の構築である。身体の重要性は、単純で表面的なものではない。それは「われわれが重要とよぶ境界、不変性と表面の効果を産みだすために、時間とともに安定させることを具現化するプロセスである」。(26)

バトラーにとって特に問題となること。そこでバトラーの記述的意識の身体が、フェミニズムのポストモダン的企てをはっきりと引き受けるものは、規制する実践としてのバトラーのジェンダー観である。ジェンダーは遂行態（本質的な「真実」ではなく）であり、反復である。ジェンダーはその「私（I）」を構成する。そのため、選択する主語はない。ジェンダーの境界を定めることと

主体性は、一つの異性愛の規範を産みだすディスコースの生まれながらの構造
である。異性愛は、主体性と性関係にとって規範と望ましい基礎とみなされた
時、主導的で、支配となる。

　しかしながら、性－ジェンダーのディスコースは、固定し安定的な人間の条
件として、異性愛を単純に再生産できるものではない。ジェンダーディスコー
スは遂行的であり、反復であるので、それらはまだ存在しない「完全」なモデ
ルには役に立たない。その結果、遂行的ジェンダーは、必ず異性愛の規範の中
に溝と亀裂を産みだす。これらのディスコースは静的条件下で働いていないの
で、これらの溝は広がってゆく。これらの溝は、他の競合する考えと社会的実
践との衝突として機能する。(27)

　従って、遂行性は、自動力のない身体に、同じ意味を繰り返す刻印付けでは
ない。一様なジェンダーを産みだす単一の外的「基礎」など無いのである。む
しろ、ジェンダーのディスコースの反復的引用は、異性愛としての男性／女性
の支配的構築の不安定性を明らかにする。異性愛の再生産をしようとする企て
によって、遂行性は、異性愛のディスコースの境界をむき出しにする種々の身
体を本当に構築するのだ。

　これらの種々の境界は、いくつかの性－ジェンダーを「他者」もしくは「規
範」外と指定することによって、形作られるに違いない。異性愛は、いくつか
の身体が水準に達していない、異性愛として認識できない、論外ですらあると
決めつける。(28)

　バトラーが自分の分析を使うという方法の一例が、唯一の優先的記号内容と
してのファルスであるというラカンの考えへの挑戦である。これは女性性は表
現不能というラカン派の考えの結果となる。この方法で、例えば、レズビアン
の性愛は、定義によれば、思考不能となる。バトラーが示唆するように、「レ
ズビアンのファルス」を考えない限りは。(29) バトラーはラカン派のファルスを
男性性／女性性というその二元的反対物から除去する。男性の身体の去勢不安
を、依然として唯一の特権的ファルスという全くの意識的言説に割り当てると
いう事への挑戦によってである。そうして、このことは、ファルスは他の体の
多様な部分に移し替えられるかもしれないと示唆する。というのも、去勢不安
は何も男根の喪失の恐怖に限られる必要はないからである。

　ファルスは一つの記号表現としては残る。しかし、ファルスはもはや異性愛の男性性の特権ではない。また、ファルスは記号表現可能な組織の唯一の意味も失う。レズビアンと取り換えるなら、他者の中の単なる一つの記号表現、ファルスは元となる記号表現でも表現不能な外部の物でもない。[30]

　ラカンが、惨めに抑圧された女性の身体に依拠するところで、バトラーはポストモダンフェミニズムの姿勢をとる。そこでは、身体的ディスコースは構成的であり、決して基礎的なものではない。女性の身体は、女性の欲求を表現可能な身体であると主張するために、脱構築に浸透可能なのである。

ユング、身体、そしてジュディス・バトラーの業績

　ユングとバトラーの業績の類似や一致するところを見つけるために、この二つの理論が完全に一致するかもしれないと考えるのは誤りである。もう少しましなのは、ポストモダンのユング派のフェミニズムへの影響力を見つけ出すために、ジェンダーと身体に関する二つの全く異なる哲学的出発点を比較し、対比する見方であろう。

　ユング心理学にはディスコースの一つの理論がない、さらに力関係の結果を産みだすという唯物論に基礎をおいていない。ユングの業績にこのような考えが無いにも拘らず、全く絶対的非互換性というわけではない。元型的イメージがある個人の文化と歴史に影響されるという事を考慮すると、主体性を研ぎ澄ます物質的ディスコースにとって、ユング派のこころの中の溝が広がる。

　ユングと、文化的ディスコースの役割に特権を与える諸理論の間には、決定的でそれ以上単純化できない違いが残っている。それは、ユングにとって、不可知な無意識が自律的介入的要因だからだ。このような「形而上学的」無意識の自立はバトラーの世界では全くのよそ者である。

　しかしながら、この小さからぬ違いは、もし、バトラーのディスコースの不安定さというポストモダンの意義を、次にユングの脱構築的無意識に当てはめれば、そう大きなものには見えない。二つの理論にとって、こころについて「分かっている」のは、不安定で暫定的なものだという事である。ユングにとっては、それは無意識が至上の現実で、知りえない「基礎」であるからだ。意識的な自己が「知っている」もしくは本当だと信じていることは、無意識的

他者によって絶えず削り落とされる。一方、バトラーにとって、意識的存在は不安定である。なぜなら、ジェンダーのディスコースは異性愛を、浅ましい他の物を作り出すことなしに、固定しえないからである。

　ユングとバトラーの間には明確な違いが貫かれている。フェミニズムは、そのルーツをポストマルクス主義の唯物論に持つ。ユング理論は無意識の超越的知識に根差している。この両者は共に「形而上学的」である（本章の序論参照）。バトラーの考えをユングにまだ適応することができるかもしれない。そして、ユング心理学は、それ自身を産む「他者」に依拠する、もう一つのジェンダー化のディスコースであるといえるかもしれない。ユング派の理論は、不可知の無意識を産出し、その基礎に依拠している。そのため、ユング理論は、異性愛に対する偏見をもち続けているジェンダーの対立物を補強するかもしれない。

　さらに好都合なのは、バトラー派の観点が、貧弱な女性性としてのファリックアニマだという点である。女性性はユング心理学では、持続的な交渉と再構築のための境界として働く。そのため、ユングの女性性は、バトラーの、女性性を逸脱し、怪しげなものとする議論を放逐する力強い批判的ディスコースの手法に届く。バトラーはユングの女性蔑視に対して価値ある視点を提供するのである。

　しかしながら、皮肉なことに一つのディスコース（バトラーのような）を「より高次な真実」として、他のもう一つのディスコース（ユングのような）へ改造するために取り上げるのは、適正なポストモダンとは言えない。それよりもこの議論がこれら二人の思索者によって可能になることである。事実、ユングは、こころの中の反対物が個性化のために結合するという主張を熱心に試みている。ユングはジェンダーを取り上げ、そうするために女性性を卑しめたのである。

　それにも拘らず、バトラーが援用した精神分析の伝統とはちがって、ユング派の主体性は他者の関係において「欠如」（去勢不安）に依拠しない。むしろ、ユング派のこころは多様で、目的論的結合のうえに構築されている。完璧な結合の無意識の要求によって、自我は脱構築的無意識に終始身近な親密さを発展させる。ここに、解剖学的反対物のジェンダーは必然的に崩壊する。個性化は、必ずしも反対物として構成されず補償に依拠する。無意識はいつも、自我

を構成するディスコースに過剰なものを産出する。したがって、ユング派の象徴的なものは、無意識のプロセスにより親和的に関わりを持ち、より流動的なジェンダー化である。そのため、男性性の記号表現である。ファルスに支配されない。

重要なのは、ユング派の象徴的なものが、諸元型が身体的次元を有しているので、身体にも結び付いている。ユング派のサトルボディはこころの中に、策定されている：サトルボディは種々の元型の直感的でヌーメン的側面から作り出されている。それと、個人の文化的経験（バトラーの用語でいえばディスコースにさらされている）から作りだされる。

ユングとバトラーが同じテーブルにつき、同意するというのは不可能である。が、バトラーのフェミニズムのポストモダンの散漫な身体とユング派のサトルボディには明らかな類似がある。この類似は、ユングのサトルボディのポストモダン的側面にとって強力である。これらの側面は、身体、文化、超越的元型、ユング派の理論そのもの、確実な状況、意味と知識の普遍的基礎を許すことの拒否の中に内在する。ユングのサトルボディは心的、文化的構造の脱構築的ウェブの中で起こる。

勿論、ユングが他者性を純粋な反対物として、身体的形成やジェンダーの決まり文句を使うと、ユング派の身体はバトラーのポストモダン的身体から最も遠くなる。啓蒙主義／グランドセオリー、ユングのアニマ／アニムスとエロス／ロゴスといった、ジェンダー化された二元性はポストモダンフェミニズムに何ももたらさない。

ユングの著述の中でポストモダン的フェミニズム身体にとって、最も示唆的な可能性があるのは錬金術的サトルボディである。これは、ジェンダーの反対物へのグランドセオリーの欲求は錬金術のテキストにはないといっているわけではない。一例として、（ユングによれば）女性の意識がより散漫な「月」であり、その本質はただ女性は家庭を維持しなければならないことをユングは正当化しているのだ！[31]

しかし、錬金術に関する著作で、ユングはバトラーが望むものをまさに行っているのだ。ユングは卑しい排除された身体を、異性愛の境界を構成する物であることを明らかにするために、見直すべきだと自問している。卑しいとい

う事は、異性愛的結合、聖婚の構築の外に置かれてきたが、擁護され、含まれるべきである。自己と他者の間の境界を引き直すための、卑しいという事の継続的再構築は、ユングの錬金術では喫緊である。なぜなら、個性化するこころは、ふたつのジェンダーの聖婚の異性愛モデルに基づいては有りえないからだ。心的結合は身体と言説的意識の世界で進み、包含されるべきだからだ。

　そのため、錬金術のテキストに以下の事があるのは驚くに当たらない。すなわち、卑しいとされる身体、動物や近親姦など、普通異性愛の規範から除外される心的イメージを取り上げるものである。バトラーが示すように、異性愛はこのような排除によってのみ構築され、表現されうる。このことはユングにとって真実であるとどうようラカンのような心理学にとっても真実だ。

　ユングは、ユング全体の業績と特に錬金術に関する業績でフェミニズム的価値を明らかにしている。そこでは、異性愛的反対物の限界の再認識がなされる。排除され、卑しい身体として見なされたものを、中に入れて再構成されるべきだというのである。錬金術の多様なこころの結合は、ジェンダー、身体と外部の現実が結びついた相互依存的なウェブの中の主体性を目指す。単純な異性愛の反対物は、錬金術の目標ではない；ユングの錬金術は社会的ディスコースを排除できない。というのもどこであれ自我が存在するところに必ず存在するからである。

　ユング派の錬金術のサトルボディ、そこでユングが中立的ジェンダー反対物主義から、ポストモダンのフェミニズムに有効な身体を超えるものになった。バトラーの性化された遂行するジェンダーとの類似が、最も注目に値する。ユングの錬金術に関する叙述は、卑しい身体を見直すこころの文法を提供する：たとえば、ユングが卑しい女性性として龍を話題にするとき、それらは同時に、変幻自在で、移ろいやすい心的イメージ、変容への準備が明らかにされる。ジェンダー、主体性と身体は持続的な心的再構築の問題である。そこでは、社会的ディスコースは決して制限、凍結されてはならない。

ジェンダーとポストモダンの崇高さ

　ポストモダン主義者は、超越的理由によって性格づけられた、安定した人間の自己を覆すという厳しい選択に直面している。彼らはどちらかの選択が可能

である。ポストモダン主義の部分的に断片的意識を追い求めるか、[32] もしくは啓蒙主義が、表現不能な非合理的他者を熟考するためにグラグラしていることに注意を向けなおすことである。

非合理性への焦点は、ポストモダン主義の実現によって正当化される。その実現は、この軽んじられた、「女性的」範囲に今や知識と種々の真実が依拠しているという事である。非合理と表現不能なものに目を向けることが、崇高さへの考察を喚起する。

男性的理性／女性的非合理性という啓蒙主義のヒエラルキーとポストモダン主義の断片的自己対女性的非合理と脆い「真実」の間には連続があるように、崇高さにも多くの物がありすぎる。ポストモダンの崇高さの展望は、啓蒙主義とロマン主義の時代に述べられた崇高さを利用している。

啓蒙主義の確実性を振り返って、ロマン主義の崇高さは、認識されえたものとイメージされ、表現されえたものの違いへの痛みと悲哀を語る。崇高さとは、表現するために理性、意識、審美的、哲学的範疇の有効性を打ち破るものである。それは、真実を表現するか確実にする資源の理性と言語への啓蒙主義的信頼とは、全く正反対である。

宗教がすでに与える概念的な思考（たとえば神の概念）の中にロマン主義的崇高さの充満や存在の意義がある。が、すべての可能な次元で完全に想像されてはいない。また、宗教は著書や芸術で完全に表現もされない。

もしも聖性に結び付けられるなら、崇高さが男性性にジェンダー化された「他者」というのは、驚くに当たらない。反対にうまくいった審美的表現、「美しさ」の範疇は、小さく、女性的である。[33] たとえば宗教のような、「大きく」重要な概念を合理性の適応外に置くことで、崇高さは啓蒙主義の想定に挑戦することになる。勿論、どんな挑戦も女性性の劣等性を表すものとして用いる議論に広められない。

ポストモダンの崇高さは、ロマン主義の、言語と芸術の限界をむき出しにする性質を共有している：どうようにこの崇高さは、表象しえないものを表現または賦活する意図の中に存在する。ロマン主義の「聖性」の存在意義を欠くことで、ポストモダン主義の崇高さは、断片化した現代の自己の失敗に見いだされる。その自己は、安定した存在として、真実やそれ自体を構成する物であ

る。

　この崇高さは「意識を解体する物、意識を廃棄する物であり、意識が構成しえない物、それどころか意識がそれ自体を構成するために忘れるものである」。⁽³⁴⁾

　グランドナラティブの弱体化の結果、崇高さは種々の「溝」を残した。その溝は、知識の体系同士の間にあり、それらの体系はポストモダンの状態を全体のまとまったものにできていない。ポストモダンの芸術では、その仕事にたけたと言われる芸術家も鑑賞者も居ないのである。⁽³⁵⁾さらに、権威や意味を絶対に支配するという点で意義ある著作者もいない。このようなポストモダンの視点に立てば、理論家たちは著者ではない。彼らの業績は、ポストモダンの真実の「ベールに覆われた女性」を表現するのに格闘し、失敗するので、崇高なのである。ここに、ユングの影が浮かぶ。それは、もっとも高次な「真実」、不可知な無意識を表現するその不安定さという点で、ユング心理学もまた、ポストモダンの崇高さであると述べたい。

　ベールに覆われた女性を呼び起こすことが、ジェンダーをポストモダンの崇高さにもたらす。ポストモダンの理論家達は、なんとも強烈な現代文化を構成するために、ロマン主義の崇高さをポストモダン主義に改訂する。彼らは、後期資本主義（late capitalism）の不安定な影響に特に関心を抱く。ラカンと精神分析の思索者達は、ファルスというもう一つの道筋から崇高さに辿りつく。ラカン派の理論によれば、ファルスは象徴的なものの唯一優越的な記号表現であり、それはまた崇高さを超える境界を糺す。それは、絶対的に抑圧され、表現不能な女性（Woman）のことである。ラカン派はポストモダンの崇高さを女性性のように表現不能なジェンダーに取り入れる。

　勿論、女性の表現は文化と同時に象徴的に、いくどとなく取り扱われている。しかし、それらの女性表現は、はたして女性自身によるものか、それとも男性の欲求のためだろうか？　ラカン派の理論は、フェミニズム理論に非常に影響があることを証明してきた。なぜなら、文化の中で女性を対象として表現する手段として構成するように見えるからだ。もし、女性性が男性性のためのファルス（欲求の対象）に「なる」ことを求められているとする。すると、なぜ女性性が、男性性を写す鏡以上の何かとして、表現されないかということの

説明となる。

このフェミニズムの行き詰まりに対して、二つの反応がある。一つ目は、象徴的な異性愛における男性性の優越性を批難することである。これは、ジュディス・バトラーによるポストモダンの身体の精査であり、ユングによるジェンダーのより流動的象徴性とユングのポストモダンのフェミニズムに親和的なサトルボディ、によって可能となる。二つ目は、もしも女性性が崇高で表現不能であるなら、そのやり方で、そうであれば何か提供できるものがある。さて、ポストモダンフェミニズムの崇高さにユングははたして貢献しうるだろうか？

ユング、ジェンダーそしてポストモダンの崇高さ

崇高さの歴史の中で、ユングを読んで、筆者が主張したいのは、ユング心理学がロマン主義の崇高さからポストモダンの崇高さへの変遷を齎したという事である。ユングには、諸元型（とりわけ自己）を、こころの中の聖的存在に写し取るものとして、ヌーメン的なものと宗教的なものに関連付ける傾向がある――これがユングのロマン主義的崇高さの具現化である。一方で、啓蒙主義の合理性、言語と理論の限界を認めること、第一の現実として心的イメージへの注目という啓蒙主義への批判――これらすべてがポストモダンの崇高さの業績を後押しする。

ユングの著作をポストモダンの崇高さと特に響きあうようにしたものは、ユング理論の核心に表現不能でイメージできないものを持ち込んだことである：すなわち、欠損の発見としての存在の発見である。ユングと政治指向のポストモダンは共に、不公平で抑圧的なものとして啓蒙主義の合理性をみなすことを批判する。両者にとって、崇高さは意識的精神にとって他者であるものが、価値あるものとして喚起されることである。

ラカン派の崇高さのように、急増するファリックアニマを通してか、構造的に不可知な無意識を女性化するか、どちらにせよ、ユングは表現不能なものを女性化する。また、ラカンのようにフェミニズムへの困難さが、反対物を考えさせる傾向にある。

しかし、ラカンがファルスの男性性に非常に固執するのに対して、ユングは

無意識の女性性の本質を、本質的にまたは疑似的な方法で述べることができない。（ファリック）アニマは、女性性の表現を支配するようにはできていない。先にも述べたように、ファリックアニマは、ユングの叙述の女性性の表現を歪めるそれは、ユングの考えの意味合いではないのだ。なぜなら、ユングの無意識は流動的にジェンダー化されているからだ。さらに、無意識は、意味を支配する自我の欲求を妨害する補償的イメージの供給であり、ジェンダーの反対物に限定されない。

　クリストファー・ホークはユングが超越機能の概念で崇高さを理論化していると説明する。[(36)] 意識の先入観と無意識のエネルギーの間の衝突が、心的イメージの喚起を齎すかもしれない。これらのイメージは、反対物の「超越」もしくは非合理的なやり方での違いを表現する試みである：そして、自我はこのようなぶつかり合いに「勝利」しない。超越的機能を通して提供される象徴が、最も重要なのは、それらが崇高と考えられるに違いないということだ。これらの象徴は、言葉に縮められることも、自我を満足させるどのようなナラティブにも縮められない。これら心的象徴は、非合理で無意識の中にのみ本当の居場所がある。

　このような象徴を単純なナラティブの原因に帰することは、──例えば、宗教的な象徴は、性的トラウマの結果であるといった──無意識の崇高さの癒しの力を剥ぎ取る。ユング派の心理療法では、心的象徴は、その崇高さによって、理論そのものの信条への信頼を超えて、大切に扱われなければならない。逆説的に言えば、ポストモダンの崇高さの中で、ユング派の理論の中と外で同時に作動するという事である。

　フェミニズムの観点に立てば、崇高さの考えは、ユングの叙述の、女性と女性性の表現の間の価値ある「溝」を明らかにする。第二章で述べたように、ユングはジェンダーという考えに協調しなかった。代わりに、ユングにはジェンダーを身体的性に落とし込む傾向があったので、ジェンダーが文化的変化の影響を特に受けやすいとは観ていなかった。この傾向は、特に女性について叙述する際、いつもその著作の前部に顕著である。アニマは女性の表現、すなわちそのファリックな性質を支配するところから来るのである。

　しかしながら、ユングの女性性の意義深いところは、ファリックアニマの完

全な支配下にないところである。なぜなら、それは無意識の崇高さという本質を否定してしまうかもしれないからだ。ユングには二つの女性性がある。一つはアニマによって男性が形作ったもの。もう一つは、男性の理論家を誘惑する魅力的なアニマによって、曖昧になる女性のアニマである。非グランドセオリーのユングである限り、ユングは現実表現の理論と言語の限界に気づいてもいる。このユングは二つの女性性の間の溝を提供しなければならない。一つの女性性は貶められたもので（男性の優越性を創り出すために男性の意識から排除されたもの）、もう一つの女性性は、完全な他者であり、従来の表現からわずかではあるが解放されたものである。

　ポストモダンの崇高さのユングは、自分の理論に「いつか最終的な正当性を獲得しうるという保証はまったくない」。(37)［訳注11］結果的に、ユングの叙述の中の女性性はユングの文化的偏見に引きずられるかもしれないが、その表現可能性が制限されることは無い。ユングの崇高さの中の女性性は、表現不能な神性もしくは知識を、単にイメージするだけでなく、指し示せるのだ。例えば、錬金術において、ユングは女性性が、男性性に対して力強いイメージを完全に制限するイエスの不能を、あらわすということを渋々認めるのである。(38)

　崇高さの中のユングのポストモダン主義は、女性的イメージと記号表現が、説明的というより、可能性とみなされると、フェミニズムにとって一つの好機となる。これが意味するのは、女性性が崇高さの指標になりうるかもしれないという事である。「女性的」という用語は、確実に、完全もしくは定義可能なしに、漂う記号表現となりうるかもしれない。そして、それは文化と政治的変容を新たにするもの、かつて表現された一つの文化の中の女性性の意味を変える物にまでなりうる。しかし、このように発展する意義は、女性性を再創造する余地を阻害する欲求を満たすような、全体的で、完全で満足のいくものには決してならない。

　この女性性の意味を先だって制限するもの、これらの意味を変えることに与する、もしくは与しないかもしれない物に割り当てられたものもない。「女性的」という記号表現は、継続的な社会的、政治的、哲学的変容の場所になりうる。(39)ユングの崇高な無意識は、このようなフェミニズムのポストモダンの夢に、理論的正当性を提供しうるのだ。

　このようなポストモダンの崇高なフェミニズムおけるユングの役割は、決して圧倒的なものにはなりえない。なぜなら、彼の業績のいたるところに、二元性のジェンダーを構成し、ファリックアニマへのグランドセオリーへの欲求が、刻まれているからである。ポストモダンの崇高さは、ユング理論の中にあり、女性性に自由に開かれている。というのも、ユングの象徴的なものは、ファリックではなく両性具有的であり、フェミニズムの思考への協力可能性を産みだすのである。

　この節の価値ある結末は、ラカンの理論の男性的ファルスとユングの「叙述」のなかのファリックアニマの決定的違いを強調することである。ユングの理論では、女性性は、ユング独自の無意識のジェンダーの流動的性格をもつ、象徴への平等な接近を持つべきなのだ。ユングの叙述の中の滑り込みが、アニマを内在する「自分」の個人的神話を崩壊させる。最初に、アニマはグランドセオリーのなかのすべての男性のものであり、そして二次的にすべての女性のための心理学なのだ。ユングの業績の中のこの本質主義を避けるためのあがきは、決してユング派の諸概念の反本質主義と混同されてはならない。ユングのポストモダンの崇高さは、「女性的」記号表現の継続的な蘇生のための一つの資源なのだ。

フェミニズムナラティブとしてポストモダンのユング

　ポストモダンのフェミニズムにおけるもう一つのユングの役割は、基本的主張のないナラティブである。これは二つのやり方でなされうる。ひとつはユングの考えに、心理学のディスコースという力の主張から移し替えることに拠って、架空の構造を振り当てる事である。もしくは、ユングの業績は地域的、歴史的に左右されるナラティブに作り替えられる。ユングの心理学はグランドセオリーのグランドナラティブの地位を剥奪される。それは、社会的、医学的そしてジェンダーディスコースの特別な組み合わせの創出として再定義されることによる。この第二の行為を可能性として先の章で提言してきた。それは、ユング派の理論が無邪気な心霊主義と十九世紀後半のオカルト的女性性の概念とははるかに遠いものであると検討してきたことに拠る。ここでは、ユングを一つの架空の文脈のポストモダンのナラティブとして考える事が有効かもしれな

い。

　ユング派のジェンダーのナラティブの既に存在している身体は、第3章で述べたような、ありあまるユンギアン女神フェミニズムの中に見いだされる。これらのテキストはそれ自身をポストモダンとは定義していない。それどころか、文化、ジェンダーそして宗教を「説明」すると称するグランドナラティブを提唱するために、ユング派の概念を拡充している。それにも拘らず、ポストモダンのユング派のフェミニズムは、これらの業績を、観念的な創作と実行の修練として「再利用」できるのだ。女神フェミニズムは女性性のナラティブとして機能し、読者（そして分析家と被分析者）に新たな物語の存在を「体験」させる。これらの物語を深遠な心理的レヴェルで、しかし、それらが創作だという感覚を残しながら、体験することが可能なのだ。

　ここでの筆者のモデルは、ファンタジー文学である。読者は、それに対して客観的「真実」としてではなく、深い反応を抱く。このような物語は、読者に以下のものを示そうとすることで、フェミニズム的価値がある。それは、父権的宗教的構造と保守的な性役割の外に存在するかもしれないものである。女神フェミニズムは、自覚的な創作として読むことができる。それは、また読むという行動を通しての主観的試みでもある。ポストモダン主義にとって、女神フェミニズムは、心理学のファンタジー文学である。

　ここでの、「ファンタジー文学」という用語は、女神フェミニズムの境界線上に存在することを意味する。それは、心理学フェミニズムのポストモダンに対する関心の余白と文学の境界線上である。心理学にとって、「ファンタジー」文学には臨床的な含みがある。ファンタジーは無意識の種々のモチーフである。文学は、それらのモチーフを社会的相互作用の現実と共有されることなしに、一つの「現実」として叙述する。心理学の「ファンタジー文学」は、現実の人間の主体の「個人的神話」の主観という実験的疑問を投げかける。

　一方で、「文学」という視点にたてば、ファンタジー文学は、恣意的、非常に観念的な絵空事である。フェミニズムファンタジー文学は、女性と女性性をイメージしようとする試みであり、存在する社会と文学的リアリズムの支配的なジャンル両方の社会的縛りを超えたものである。世界に接する窓を主張することで、文学的リアリズムは、まったくもって啓蒙主義の産物である。なぜな

ら、それは言語を、安定的で透明で真実に続く通路とみなす。ファンタジー文学はポストモダンであり、言語は他の世界への視野を、実証的現実の主張なしに、魔法のように得るものとして使われる。ファンタジー文学は、読者に社会的真実をもたらすのではなく、社会とジェンダーに関するフィクションの中で異なったナラティブの体験の機会をもたらすのである。

　ポストモダンのユング派のフェミニズムは女神フェミニズムを、文学と心理学の境界の探索として扱っていると提起したい。このようなフェミニズムでは、読むという行為に以下のような注意が必要かもしれない：フィクションを読むという事は、真実という権威を主張するのではなく、ナラティブを通して主観を一旦沈め、再びイメージすることである。実際、フィクションを読むことで、主観がまったく「地についた」ものでないという体験をする。ポストモダンの女神フェミニズムは、意識的自己を遂行する中でのフィクションの効果の一つの研究なのである。

　心理学から出現した文学を、心理学的理論とフェミニズムのフィクションの境界を探索する物とみるとしよう。そうすると、それはポストモダンのフェミニズムたり得る。ミシェル・ロバーツ[訳注12]の『ワイルドガール』[訳注13]と『イン・ザ・レッド・キッチン』[訳注14]とマーガレット・アトウッド[訳注15]の『またの名をグレイス』[訳注16]等の小説は、ユングのグランドセオリーの中の女性性の役割を十分に言及している。これらの小説は、フィクションとして（あらたな基礎的真実を作り上げようとはしないポストモダンの中で）ファリックアニマ、フェミニストの崇高さのユングにとっての可能性、そしてポストモダンのナラティブ形式の歴史的文脈を、探索している。[40]

　さらなるポストモダンのフェミニズムへのユングの貢献として、筆者はユングのゴシックへの関係をここで考えたい。ゴシックとは審美的運動であり、啓蒙主義の合理性の限界を明らかにするためにも用いられる。

ユングの女性性とゴシック

　ゴシックは、幽霊、中世の城、邪悪な暴君などの文学であり、十八世紀後半に出現し始めた。ロマン主義の崇高さとどうように、その一部分として、ゴ

シックは啓蒙主義の理性の強調に注目し、論議する。崇高さとポストモダン主義の中に継続し、修正されている。

　特徴的な十八世紀ゴシックの中世のモチーフは、後の世紀、ヴィクトリア朝時代の合理性が備わった場所にも度々ゴシック風の亡霊として登場する。幽霊、奇怪さそして横暴さは、近代都市のジキルとハイドもしくはヨークシャーの荒野のヒースクリフの悩ましい程の残忍さに見いだされる。[41]

　ポストモダンの魂にとって、ゴシックは今や科学技術の悪夢であり、現代の自己への攻撃である。終わりのない十八世紀の城の迷宮は、多様な非現実のサイバー空間からどうしようもなく逃れられないところに再び現れる。

　ゴシックは過剰の文学である。ゴシック文学は啓蒙主義の境界を安定させるものを超えてしまう。その境界とは、理性の外部の非合理性、超自然を排除する自然、ファンタジーを超えるリアリズム、自己対他者、そして二元的に女性性に優越する男性性に置かれていたものである。ゴシック文学は、啓蒙主義の規範を批判する感情の美学、主に恐怖をもたらす。それのみならず、ロマン主義の崇高さのように、ゴシックは啓蒙主義への単なる反対物というわけでもない。ゴシックは非合理性を究極的に回復するための放出口を用意することで、啓蒙主義を補強するのである。理性はゴシックの物語の中で復元を得る。たとえそれらの物語が、ナラティブの内で崩壊をしめす、ぞっとする効果を与えるとしても。

　ゴシックは崇高さにとって文化的輪郭を与える。ゴシックは現実的恐怖とぞっとする嫌悪すべき恐怖の二つの心理的様式をもたらす。「現実的恐怖」は、崇高さの圧力のもと意識的自己を説明する記号表現である。たとえば、ある幽霊の物語の中で自然と超自然の間の境界が蝕まれる。「ぞっとする嫌悪すべき恐怖」が意味するのは、たじろぎ、自己の断片化にまで、逆行するような方向である。

　ゴシックは、他者を抑圧する啓蒙主義に挑む。しかし、その最後には、ぞっとするような恐怖を放逐することで、すでに存在する規範の復元に役立つ。これは、啓蒙主義社会が、真実の基礎として理性を崇めることによって、生み出された他者を根絶する必要性に関わった、一つの方式であった。ゴシックのこの捨て身の突然変異と頑迷さは、啓蒙主義の二元的構造を保持するために求め

られる継続的効果の一つの症状とみることができる。ポストモダン主義では、このゴシックは、断片化した自己ととてつもなく表現不能な科学技術社会で、ぞっとする恐怖の特徴的分野となる。その表れの筆頭がサイバーパンクである。[訳注17]

　それならばこの審美的運動の中でのユングは何か？　上記のゴシックの定義によれば、ユングは、ゴシックを説明する理論として、容易だろう。個性化と自我に恐ろしい挑戦を突きつけるシャドウの役割。それは結局のところ他者へのより大きな愛着に組み込まれる。このような概念はゴシックを形作るのに使われてきた。ユングのグランドセオリーは、一貫したゴシックの文学的批判の形を提供し、その最も荒々しい逸脱でさえある。これは、ユング心理学を文学の知識に優先的な形として使う事である。それは必然的にグランドセオリーの様式のユングだけをみることを伴う。ユングを文学のグランドナラティブとして見ることである。これを正確に行うユング派の文学評論の伝統が存在する。

　ふたつの関係ある論点が直ちに明らかになる。自明のこととして、また絶対的に一方が一方に優先するものとして、一つの知識の形式をとるものは、ポストモダンではない。ファンタジー文学が、現代のフェミニズムにとって、文学と心理学の間の相互的関係を示していると言いたいのである。一方を他のもう一つに還元することではないのである。

　次に、ユングだけをグランドセオリーとして見ることがゴシックのナラティブになる。これは、ユングの著作の個人的神話の種々の次元をすべて無視することである。これはまた、グランドセオリーが、不可知な無意識という基礎的な概念の中で、単一の包括的理論という観念を紛れもなく問題提起していることさえ、無視することになる。

　ユンギアンフェミニズムにとって、さらに生産的なことは、ユング自身の著作が女性性と幽霊のような出会いに所以していることを思い起こしてほしい。またユング自身の権利で自分をゴシック作家として据えることである。考えてみてほしい。例えば、啓蒙主義の理性の優先を批判するために、ユングは錬金術の中世風のものを利用する。この戦術は、ゴシック小説のなかの中世的構成の役割に類似している。ユングは、合理性への過渡の信頼を批判する中で前向きに進むため、知的歴史を深く掘り下げる。それは、ゴシックへの徹底的な

没頭である。事実、ユングのジェンダーの扱いは、異様なほどゴシック風である。

女性性におけるゴシック作家としてのユング

　ゴシックは恐怖とぞっとする恐怖の形の中で、崇高さを、女性性を非合理性とするジェンダーの境界を解放し、再構成する。このゴシックの特徴により、ユングは三つのやり方でゴシックに加わる。

1. 啓蒙主義的ゴシックによって、ユングが（ファリック）アニマのなかの男性性のために合理性を回復するやり方は、完全な類型であった。ゴシック小説とユングの著作は、共に男性的理性のヒエラルキーを破壊する。このヒエラルキーは女性性の抑圧から構成されており、ただそれをより薄っぺらい形に再構成するのみである。
2. ユングはポストモダンのゴシックに、ポストモダンの崇高さを通して加わる。ポストモダンの崇高さには、自我によって作られた理論は限界がある。ユングは、根本的に他者に依存する、ポストモダンの自己表現を提供することで、これを成し遂げる。ユングのポストモダンの崇高さには、異様なまでのゴシック趣味が存在する。それは、ユングの女性性への関係で、最もぞっとする恐怖の中に、男性的自己と結びつく欲求を汚すものとして横たわっている。この女性的な他者への恐怖は、特に女性的亡霊の催眠状態での再現によって、記号表現されている。
3. 本来のゴシックは、美学と特に文学に属する。自己―意識的な作品の文学的特徴への気づきは、ひとつのゴシック的特徴である。

　ユングの著作は少し文学を弄んでいるようにも見えるが、ユングの考えを理解し、「理論」としてそれらの考えを構成すること、不可欠なのだ。個人的神話とグランドセオリーの間の継続的な再調整、最も重要な概念、無意識の不可知性の中核の認識が意味するのは以下の事だ。ユングの心理学は、その崇高なエネルギーを示すために寄与する、こころの文学という特徴を持つ。ユングの神話の利用は、ナラティブの観念の記号表現である。そこでは、フィクション

としての「物語」もしくは理論的表現が連続体として出会う。実際、文学的構成は、ユングにとって、ユングの世代の中の「個人的神話」として、理論を組み立てる唯一の手段である（第2章参照）。

　ジェンダーの問題について、ユングは、ポストモダン主義者というより、一貫したゴシックの著者であるというのが、筆者の結論である。これは、ポストモダン主義、もしくはポストモダンのフェミニズムへのユングの価値を拒否するものではない。むしろ、これは以下のように考えられる。ゴシック小説のナラティブの終止のように、ジェンダーの因習を回復し、再創設するために、ユングは二元論的構造への還元にいつも帰るのである。

ユングの幽霊物語：ゴシックとしてのユングの一例

　人生の後半、超常現象に関する本の序文を書く中で、ユングは自分自身の幽霊の物語を語っている。[42] ユングは、叙述する出来事が三十年前、イギリスで実際に自分に起こったことだと主張した。[43]

　男性の同僚のX博士と女性の召使と田舎のコテージを借りて滞在中、ユングは眠れなかった。ユングはベッドの中で、夜中の恐ろしいが理由のわからない匂いを確信するようになった。この解けない謎に、ユングはこの臭いが、何年か前に治療した高齢の女性患者の広がった悪性腫瘍にもっとも似ていると結論付けた。

　病気の異臭の後には、執拗なポタポタという音に眠りを妨げられた。そのような原因は無いにも拘らずである。ユングは倦怠感と無気力に悩み始めた。次の週末には、大きなコツコツという音と犬が寝室の周りを駆け回っている印象が、臭いと滴り落ちる音に交じりあった。同時に、ユングは女性の召使がこのコテージを怖がっていることに気が付き始めた。これらで、そのコテージに幽霊がでるという事が信じるに足るものであるとユングは確信する。

　騒音と臭いは、究極の恐怖にまで高まった。ベッドの中でユングは目を見開き：「枕をしている私のそばに、老女の首が見え、かっと見開いた右目は私を睨みつけた。顔の左半分は目の下から欠けていた」。[44][訳注18]「わたしは一飛びでベッドからはね起き」[訳注19] 他の寝室に移った。[45] ユングはそれ以降悩まされることはなかった。しかし、X博士の疑いが晴れてから、ユングはこの物語

を最後まで話す。コテージに一人で寝るようユングにすすめられ、この話を馬鹿にしていたX博士は同じように不思議な騒音に悩まされる。疑いを渋々ながら認めざるを得ず、そこでの滞在を取りやめる。自分の幽霊への恐怖を笑いものにしたこの同僚の敗北によって、ユングは嬉々として自分のナラティブの結論を述べている。(46)

　ユングのゴシックの一例としてのこの小さな逸話が明らかにするのは、次に続きがあるという事である。ユングは、自分自身の解説を、不自然な出来事として自分の心理学にあうような説明に吸い上げる。すべての出来事は、過剰ではなく「ユング派流」の適切なやり方で入れることができるのだ。ところがユングは、滴り落ちる音の説明はできない！

　従って、この細やかな物語は、その崇高な亡霊が理性の根源に及ばない点でゴシックである。また、理性の子ども、グランドセオリーへの小さな勝利によってゴシックである。滴り落ちる音は、同化できない過剰さとして残るのである。そうであるなら、古典的なゴシックのジャンルのこの幽霊物語を、どうやって心理学の構成に導くというのだろう？

　この幽霊物語を読み解く一つの方法は、ユング派のサトルボディの興味深い一例とみることである。ユングは、臭い、コツコツという音、「犬」を無意識のこころが身体によって外部の周りの物に描き出すと説明する。異常なまでに敏感な無意識が以下のように感じるのである。すなわち、一旦寝室に入った病人が、それをさまざまな身体的感覚として顕すのである。無意識が病的な臭い、ユングが言った「無気力」な身体を創り出す。これは、身体的な恐怖への抵抗であり、内的な心臓の鼓動が、寝室の壁を「コツコツとたたく」ように聞こえるのである。また、それは病気を「嗅ぎまわる」イメージとして犬を呼び起こす。そのクライマックスは、創造的無意識が、現実の悪性腫瘍の患者の不完全な記憶にもとづいた視覚的幻影を産みだす。

　このように、こころは、幽霊屋敷—幽霊物語—のゴシックの話を媒介として、身体を描写するのに利用する。魅惑的なことに、これらすべての現象を確実な根源に帰することが不可能な点である。その根源は身体の中か、潜在的レベルで病人の特殊な臭いを嗅ぎつける身体感覚にあるのだろうか？　もしくは、これは、「外国」の環境によるストレスがかかったこころが、身体的反応

を引き起こしたのだろうか？　もっと一般的に、幽霊物語の文学がユングの身体に刻まれたのか、もしくはユングの身体が幽霊物語の分野を引き起こしたのか？

ジェンダーもまたこのゴシック文学の特性がある。ここで、言いたいことは、貶められた女性の身体が、男性的な健康な身体と心を維持するために利用されてきた。身体と心が苛まれた中で、ユングは眠れない。さらに、ぞっとするのは、自分だけに現れた、みたところ外部の現象を明確にできないで、自分の正気を確信できなかったということだ。ユングの身体と心両方の病気が、その老婦人の最後の幻の中の女性性としてオカルトになったのである。

そしてユングは、この病気に近い女性性から、ベッドを飛び出し脱出することで、自分の苦痛を打ち破る。ユングは病的な女性の幽霊の横で休むことなく、同じ立場でよこたわろうとしない。

文字通り、ユングは身体の中に飛び込む。しかし、ユングにとってそれは精神的で概念的なものへの飛び込みでもある。なぜなら、ユングの身体とは違う物理的表現の後に、ユングは眠ることができ、またこの多くの幽霊物語を自分自身の理論的範疇に入れることができる。ユングは、ジェンダーの違いを構築するために、自分の身体という手段と、自分の理論の両方に区別を設けた。身体は、ユング理論の用語としてだけで理解はされない；身体はその構築にも寄与しているように見える。この幽霊物語の中で、身体は二重の幻影なのだ。ここでの身体とは、理論によって客観としてみられ、またそれは理論を産みだすようにも見えるのだ。

この幽霊物語は、脱構築と、健全な男性理論家対病気の女性患者という二元論の安定によって、ユング自身の回復をもたらす。この意味で、ユングの交霊術の論文を見直すと、ユングの霊媒のいとこに関しても同じやり方を確立されたといえよう。

ここでの幽霊物語は、ユング派のサトルボディが、女性性を貶めた地位に置く境界を再確認することで男性的権威として、どのように明確にされうるかという一例である。貶められるという事は、単に見下げられるだけではない；それはまた、決してその主体がそれ自身の形成においてそれを完全に放棄できない。幻の幽霊の女性の顔の一部は、ユング派の自我のジェンダーのもろさを

痛切に示すのである。完全な主体として女性を記述する主人の不能を雄弁に表す！

ゴシック物語のように、ユング自身の幽霊物語は、自然と超自然、男性性と女性性の境界の浸食と回復の上に成り立っている。物語の中で、女性性とは、病気の患者、幽霊の幻そしてその家が幽霊屋敷だと信じる女性の召使の記憶である。ユングのジェンダーの問題は、以下の二つのものの間に宙ぶらりんになる。一つは、理性による権威とX博士の懐疑であり、もう一つは、他者性を、劣等な地位の女性性として、オカルト風に記号化することである。加えて、ユングは外国（イギリス）に滞在しており、そこでは自分も自分の心理学も、自国にいるのではなく、自然もしくは理性的にも受け入れられなかった。

ベッドから飛び出したのは、理論にとびこむという身体的次元である。それは、ユング自身の、そこには参加していないオカルト女性性の男性的理論家という―男性の権威モデルのジェンダーの境界を再構成するのにユングにとって必要なものである。これは、全体的にゴシックのねじれである。そこでは、崇高なカオスが男性の合理性の支配と女性性を非合理／超自然と定義する。X博士の懐疑主義への勝利で終わるというユングの典型的なものであるが、滴り落ちる音という過剰さが残される。一つには、この幽霊物語は、ジュディス・バトラーの議論を非常に正確に描いている。すなわち、その議論とは男性性、主体性と女性的身体を卑しいものとして抑圧することの上に成り立つ異性愛についてである。一方で、ユングのゴシックの叙述は、ここでは、啓蒙主義の理性理論にとって代わる。その理論とは、内なるそして外なる女性的他者によって構成された一つの理論によってすべての他者性を追放する（X博士の懐疑論）。しかしまたフェミニズムはユングの滴り落ちる音に感謝できるだろう！

ユング派の理論を組み立て直そうという試みの中で、この音は緩やかな恐怖、限界の兆候、ポストモダンの崇高さの継続する鼓動を表現している。それらは、すべての現象を構成する一つの一貫した配置である。この滴り落ちる音は、虚構の感覚を、ユングのこの幽霊物語という組織の上の男性的勝利の構築の中に持ち込むのである：それは、審美的なものが哲学的―科学に従うのを拒否する。

幽霊物語の審美的形式の最後の有効性は、以下のことを強調することであ

る。すなわち、女性性は最終的には貶められるが、女性性は単一の固定的原因に還元可能なものではないという事である。この女性の幽霊は、何か一つの所為ではない。ユングの疲れた身体、不安なこころ、職業的な傷つきやすさ、外国での疎外感、ユングの女性召使との関係のどれか一つというわけではない。可能な説明は、多様で幻のようなものを残し、ユングの理論的考えを持ち込むことに拠って、それらを傘の下に入れる余地さえ残す。その理論の中の異質のもの（滴り落ちる音）、女性性の他者性の固定的できなさの両方は、無意識の不可知性と無限さがよく現れるということだ。この物語が教えるのは、ファリックアニマ（貶められた年老いた女性）は、一つの虚構でもあり、ユングの女性性が崇高でもあるということだ。

　グランドセオリーを美学的なゴシックに適応することで、ユングは女性性の崇高さへの言説的意識の場を開拓する。単にゴシックを投入することで、ユングはジェンダーの意味を手の届く存在と可能性の流れを遮る議論をこえたところに据える。ゴシックの審美的形式は、すべてのユングの幽霊に相応しい「ファンタジック」で居心地の良い場所を提供するのである。

ポストモダンのユンギアンフェミニズム：
エコフェミニズムとサイバーフェミニズムに関する覚書

　複数のフェミニズムの時代に、ユングはポストモダンのフェミニズムに貢献している。ユングの業績は、ポストモダンの身体、ポストモダンのナラティブ、崇高さとゴシックにフェミニスト注意を向けるという点で援助を可能にする。

　エコフェミニズム（自然との関係を強調する）とサイバーフェミニズム（科学技術との接点に関心を払う）は二つの運動である。それらは、二十一世紀の危機にある生態学的環境とコンピュータに支配されている中で共に重要である。第3章で述べられた伝統的ユンギアンフェミニズムは、すでにエコフェミニズムの主要な柱である。

　サイバーフェミニズムはいわゆる自然な非文化的身体とポストモダン時代の安定した自己の喪失をもたらす。このため、ポストモダン主義の誰もがサイボーグである。なぜなら、身体と主体性がとりとめなく脱構築されるからだ。

サイバーフェミニストは、不平等なジェンダーを元に戻そうとし、ポストモダン社会の中の政治的変容に対して働きかける。

　ユングがポストモダンのフェミニズムの崇高さを提供する限り、サイバーフェミニズムの上にユングの影をおとすかもしれず、またサイバー領域にユングの女性的亡霊を送るかもしれない。

6章のまとめ

　ユングの無意識の定義は、ある意味でユングの業績をポストモダン主義にかえる啓蒙主義の理性への挑戦である。しかしながら、ユングが存在するジェンダーは少なくともポストモダンなのだ。そこで、男性性を合理性、女性性を不合理にそろえる啓蒙主義の反対物の構造という特徴にしがみつくことをユングは欲している。

　二元的態勢へのグランドセオリーへの意欲にも拘らず、ユングの反対物の考えは、ジェンダーに対する姿勢だけではない。不可知な無意識という概念の発見の効果は、客観的権威を持ついかなる理論的提案の主張を退ける点で、決定的である。結果的に、その理論の中には、身体、ナラティブそして崇高さのためのポストモダンのユンギアンフェミニズムの議論をするための隙間がある。

　「個人的神話」はフェミニズムのポストモダンの運動に、その理論の限界を知らせることで、親和的なものになる。「グランドセオリー」はユングの啓蒙主義的外套である。それは、フェミニズムのポストモダン主義に静かに参加している。もしも、グランドセオリーが不可知で、崇高な無意識にジェンダーの確実性を脱構築させるように、構成するならば。

　フェミニズムの観点に立てば、グランドセオリーはユングをポストモダンの著者より、ゴシックの著者として説明する方がより正確である。それは、グランドセオリー／個人的神話が複雑に織り混ぜられているからである。これら、二つの相互作用は関わり合うが、以下の欲求への衝動をはっきりと表現している。すなわち、まず不合理でオカルトとしての女性性を擁護し、そして男性的理論家の役割をしっかりと支えるのである。

更なる学習のための文献

ユング派の錬金術

Schwartz-Salant, Nathan (ed.) *Jung on Alchemy*（London：Routledge, 1995）.
　　ユングの業績を学術的に紹介し、テーマ別に整理した論集。

ポストモダン主義、フェミニズムとユング

Barry, Peter, Beginning *Theory: An Introduction to Literary and Cultural Theory*（Manchester and New York：Manchester University Press, 1995）.
　　ポストモダン主義の本当の初学者にとって、Barryの章は有効な出発点となる。

Docherty, Thomas (ed.), *Postmodernism: A Reader*（London：Harvester Wheatsheaf, 1993）.
　　意欲的で幅広い論集だが、気弱な人向きではない。崇高さに関するLyotard とフェミニズムに関する深い一節を含む。

Hauke, Christopher, *Jung and the Postmodern: The Interpretation of Realities*（London：Routledge, 2000）.
　　この話題でこれぞという一冊。ジェンダーに関するユングのポストモダンの限界について良い。強くお薦めする。

Kemp, Sandra, and Squires, Judith, *Feminism: A Reader*（Oxford Readers；Oxford：Oxford University Press, 1977）.
　　1980年から1997年までに出版されたフェミニズムの著作から抜き出した掛け替えのない論集。ポストモダン主義とフェミニズムに強い。

ポストモダンの身体

Butler, Judith, *Bodies that Matter: On the Discursive Limits of Sex*（London：Routledge, 1993）.
　　読むのは決して楽ではないが、フロイト、ラカン、フーコーの理論的基礎を知っている読者には辛抱して読む価値はある。フェミニズム理論に非常に影響を与えている。

ユングと崇高さ

Hauke, Christopher, 'The Phallus, Alchemy and Christ：Jungian Analysis and the Sublime', in Petruska Clarkson (ed.), *On the Sublime in Psychoanalysis, Archetypal Psychology and Psychotherapy*（London：Whurr Publishers Ltd, 1997）, pp.123-44.
　　臨床的な観点から親しみやすく明快に論じた評論。ただ、崇高さのフェミニズム的意味合いは、ここではHauke のテーマではない。

ゴシックについて

Botting, Fred, *Gothic*（London：Routledge, 1996）.

ユングについての言及はないが、このテーマについて入門的で考えを賦活する紹介である。

Jung, C. G., *Psychology and the Occult* (Ark Paperbacks；London：Routledge, 1982), 'Foreword to Moser, On Spooks：Heresy or Truth?', pp. 143-52.

　ユングの幽霊物語。ジェンダーの構造に魅了されていることを明らかにしている。

原注

日本語版への序文

(1) Douglas, C. (1990/2000) *The Women in the Mirror：Analytical Psychology and the Feminine* (New York：Sigo Press).

(2) Jung, C. G.(1960) *The Structure and Dynamics of the Psyche, Vol 8, The Collected Works of C.G.Jung* (trans) R.F.Hull (London：Routledge).

第1章　ユングの生涯

(1) ユングとフロイトの関係に関するもっともよい著作には以下のものがある。John Kerr, *A Most Dangerous Method：The Story of Jung, Freud and Sabina Spielrein* (New York：Alfred A. Knof 1993), and William MacGuire (ed.), *The Freud/Jung Letters,* tr. Ralph Manheim and R.F.C. Hull （London：Hogarth Press and Routledge & Kegan Paul, 1974）ジョン・カー『最も危険な方法：ユング、フロイト、ザピーナ・シュピールラインの物語』とウィリアム・マクガイア編、ラルフ・マンハイム、R．F．C．ハル訳『フロイト／ユング書簡集』［ウィリアム・マガイア編、平田武靖訳『フロイト／ユング往復書簡集』（誠信書房、1979）］

(2) アニエラ・ヤッフェはもともと『思い出、夢、思想』の著者であった。後にそのテキストの初めの部分を書き換え、ヤッフェは編者として名前を残した。［C.G.ユング、ヤッフェ編、河合隼雄・藤縄昭・出井淑子訳『ユング自伝：思い出・夢・思想』（みすず書房、1972）］

(3) 『思い出、夢、思想』pp.26-7。

(4) ユングの幼少期のエミール・プライスヴェルクについては、ロナルド・ヘイマンの『ユングの生涯』(London：Bloomsbury, 1999, pp.8-38) を参照。

(5) 『思い出、夢、思想』p23。

(6) 年代を決定する最も良い伝記はハイマンの『ユングの生涯』である。

(7) 『思い出、夢、思想』pp.52-5。

(8) ヘイマン『ユングの生涯』pp.13-14。

(9) 『思い出、夢、思想』pp.125-7。

(10)ユングの博士論文「いわゆるオカルト現象の心理と病理」はもともとライプチヒで1912年に出版され、現在ユング全集1、pp.3-8『精神医学研究』に収められている。［C.G. ユング、宇野昌人、岩堀武司、山本淳訳『心霊現象の心理と病理』（法政大学出版局,2006）］

(11)ユングはフロイトのこの著作を自分の博士論文の注で用いている：ユング全集1、pp.56, 77-8。

(12)ヘイマン『ユングの生涯』pp.58ff。

(13)同上、p.35。

(14)Charet, F. X., *Spiritualism and the Foundations of C. G. Jung's Psychology* (New York：State University of New York Press, 1993). チャレット・F・X『スピリチュアリズムとC.G.ユングの心理学の基盤』。[F.X. チャレット、渡辺学・堀江宗正訳 『ユングとスピリチュアリズム』（第三文明社、1997）]。さらに Richard Noll, *The Jung Cult: Origin of a Charismatic Movement* (Princeton：Princeton University Press, 1994) リチャード・ノル『ユング崇拝：カリスマ運動の起源』。

(15)ユングとカントについては、チャレット・F・X『スピリチュアリズムとC.G.ユングの心理学の基盤』のp.287とヘイマン『ユングの生涯』のpp.220-8を参照せよ。

(16)ヘイマン『ユングの生涯』pp.55,64。

(17)同上、p.82。

(18)同上、p.109。

(19)『変容の象徴』の最初の出版は1911年から1912年であるが、現在ユング全集5に収められている。[C.G.ユング、野村美紀子訳『変容の象徴』(筑摩書房、1992、ちくま学芸文庫)]

(20)ヘイマン『ユングの生涯』pp.136-7。

(21)ジョン・カー『最も危険な方法：ユング、フロイト、ザビーナ・シュピールラインの物語』を参照。

(22)ユング「無意識の心理学」『分析心理学に関する2つの試論』所収の最初の出版は1917年、1926年、1943年改訂され、現在はユング全集7に収められている。[C.G.ユング、高橋義孝訳『無意識の心理』(人文書院、1977)]

(23)『思い出、夢、思想』pp.194-225。

(24)同上、p.203。

(25)チャレット・F・X『スピリチュアリズムとC.G.ユングの心理学の基盤』、ジョン・カー『最も危険な方法：ユング、フロイト、ザビーナ・シュピールラインの物語』、ヘイマン『ユングの生涯』を参照せよ。

(26)『思い出、夢、思想』pp.215-6。

(27)ユングの『死者への七つの語らい』は1916年に私家版として出版され、匿名で以下の副題がつけられていた。「東洋が西洋と交わる都市アレキサンドリアのバジリデス著、死者への七つの語らい」。1925年に私家版としてH.G.バイネス訳の英語版が出版された。現在では Robert Segal, *The Gnostic Jung*(Princeton：Princeton University Press, 1992のpp.181-93.ロガード・シーガルの『グノーシス派のユング』で見られる。

(28)『思い出、夢、思想』pp.216。

(29)ヘイマン『ユングの生涯』p.226。

(30)同上、p.284。

(31)ユングとナチの詳細については、ヘイマン『ユングの生涯』とアンドリュー・サミュエルズの「国家心理学、国家社会主義、そして分析心理学、ユングと反ユダヤ主義への考察、1部と2部」*Journal of Analytical Psychology*, 37, (1992), pp.3-28, pp.127-8。これ等の論文は改訂され、Samuels, Andrew, *The Political Psyche* (London：Routledge, 1993)、アンドリュー・サミュエルズ『政治的なこころ』として上梓されたpp.287-336。

(32)ユングの「ヴォータン」(1936)は最初 *Neue Schweizer Rundschau* (Zurich, 1936)に発表された。現在、「最近の出来事に関する二つの評論　ナチドイツに関する考察（*Essays on Cotemporary Events, Reflections on Nazi Germany*)」として（German edition,1946；London：Kegan Paul Trench Trubner, 1947；アンドリュー・サミュエルズ編（Ark Paperbacks；London：Routledge, 1988)にある。また、ユング全集10、pp.177-243にも所収。

(33)ユング全集10、p.166。

(34)同上、pp.165-6。

(35)同上、p.165。

(36)同上、p.152。

(37)フロイトは「アーリア人」と「ユダヤ人」という用語を1913年のフェレンチ宛の手紙の中で用いている。アンドリュー・サミュエルズ「国家主義心理学、1部」、p.8-9。

(38)「人種的層」は、決してユング心理学の主流ではない、ヨランデ・ヤコービの『C.G. ユングの心理学』(*The psychology of C.G.Jung*　London：Kegan Paul Trench Trubner, 1942)、p.33 とユング『分析心理学のセミナー』(1925)、現在ユング全集B、p.133 に見られる。

(39)ユング「無意識の役割」、ユング全集10とアンドリュー・サミュエルズ『政治的こころ』、p.311にある。

(40)ユング全集10、p.13。

(41)ヘイマン『ユングの生涯』、p.382。

(42)同上、p.317。

(43)『ヨブへの答え』はユング全集11、pp.355-470に所収。『神秘的結合』はユング全集14にある。[C.G. ユング、林道義訳『ヨブへの答え』(みすず書房、1988)]

(44)『思い出、夢、思想』p.320。

(45)この分野への補足資料は、*The Valkyries : The Women around Jung* (Shaftesbury：Element Books, 1990)アンソニー・マギー　『ワルキューレ：ユングをめぐる女性たち』から採った。

(46)同上、pp.55-63。

(47)同上、pp.80-1。

(48)同上、pp.64-9。

(49)同上、pp.44-54。

(50)M. Esther Harding, *Women's Mysteries, Ancient and Modern* (1935；New York：Harper & Row Colophon, 1976)[M. エスター・ハーディング、樋口和彦・武田憲道訳『女性の神秘―月の神話と女性原理（ユング心理学選書(8)』(創元社、1985)]

(51)アンソニー・マギー　『ワルキューレ：ユングをめぐる女性たち』pp.37-43。

(52)Linda Fierz-David, *Women's Dionysian Initiation : The Villa of Mysteries in Pompeii,* Gladys Phelan (trans.) M.エスター・ハーディング序文付 (Jungian Classics Series Ⅱ：Dallas, Tex.：Spring Publications Inc., 1988)、リンダ・フィールズ・デイヴィッド『女性のディオニュソス的イニシエーション　ポンペイの神秘の邸宅』。これは1955年の著者の死の前に *Psychologische Betrachtungen zu der Freskenfolge der Villa dei Misteri in Pompeii : Ein Versucho* としてあわただしく完成された。1957年、スイスのチューリッヒの心理学クラ

208

ブによって謄写版印刷された。

(53)この議論に関するもう一つの見方は拙著 *C.G. Jung and Literary Theory : The Challenge from Fiction* (London：Macmillan, 1999)『C.G. ユングと文学的理論　小説からの挑戦』の、特に2章と5章で扱われている。

(54)スピリチュアリズムの歴史については、チャレット・F・X『スピリチュアリズムと C.G. ユングの心理学の基盤』と Diana Basham, *The Trial of Women : Feminism and Occult Science in Victorian Society* (London：Macmillan, 1992) ダイアナ・ベイシャム『女性の試練：フェミニズムとビクトリア朝社会のオカルトの科学』を見よ。

第2章　ユング心理学理論の紹介

(1) C.G. Jung, *Modern Man in Search of a Soul* (London：Kegan, Paul, Trench, Trubner, 1933 ; Arc Paperbacks, London：Routledge, 1984), p.132.

(2) 同上、p.136。

(3)『思い出、夢、思想』、p.210.

(4)「個人的神話」については同上 pp.17,195,224. をみよ。

(5) 同上、p.224。

(6)『ユング全集』9(1). p.79.［C.G. ユング、林道義訳『母元型の心理学的諸側面　元型論　増補改訂版』（紀伊国屋書店、1999)］

(7) C.G. Jung, *Modern Man in Search of a Soul*, p.2.

(8)『ユング全集』7所収、『分析心理学に関する2つの試論』の初期、後期版をみよ。

(9) Samuels, *Andrew, Jung and the Post-Jungians* (London：Routledge, 1985).［アンドリュー・サミュエルズ、村本詔司・村本邦子訳『ユングとポスト・ユンギアン』（創元社、1990)］

(10)Jung, C.G., *Aspects of the Feminine* (Princeton：Princeton University Press, 1982 ; Ark Paperbacks ; London：Routledge, 1982), p. 50. ユング、C.G.『女性性の諸側面』

(11)同上。

(12)Samuels, *Andrew, Jung and the Post-Jungians* (London：Routledge, 1985), pp.210-12.［アンドリュー・サミュエルズ、村本詔司・村本邦子訳『ユングとポスト・ユンギアン』（創元社、1990)］

(13)Jung, C.G., *Aspects of the Feminine* (Princeton：Princeton University Press, 1982 ; Ark Paperbacks ; London：Routledge, 1982), p. 171. ユング、C.G.『女性性の諸側面』

(14)同上、p.61。

(15)同上。

(16)同上、p.96。

(17)同上、p.20。

第3章　女神と女性原理

(1) M. Esther Harding, *Woman's Mysteries: Ancient and Modern* (1935 ; New York：Harper & Row Colophon, 1976).［M.エスター・ハーディング、樋口和彦、武田憲子訳『女性の神秘—月の神話と女性原理（ユング心理学選書（8)）』（創元社、1985)］

（2）Emma Jung, *Animus and Anima* (Woodstock, Conn.：Spring Publications, 1957).［エンマ・ユング著、笠原嘉、吉本千鶴子訳『内なる異性―アニムスとアニマ（バウンダリー叢書)』（海鳴社、2013)］

（3）同上、p23。

（4）同上、p4。

（5）Linda Fierz-David, *Women's Dionysian Initiation：The Villa of Mysteries in Pompeii,*（trans.）Gladys Phelan and with an introduction by M. Ester Harding (Jungian Classic Series Ⅱ；Dallas, Tex.：Spring Publications Inc., 1988), p.64.

（6）Irene Claremont de Castillejo, *Knowing Woman：A Feminine Psychology*（Boston：Shambhala, 1973)

（7）Hilde Binswanger, 'Positive Aspects of the Animus', *Spring：A Journal of Archetype and Culture*（1963), pp.82-101.

（8）同上、p.87。

（9）Ann Ulanov, *The Feminine in Jungian Psychology and in Christian Theology* (Evanston, Ⅲ.：Northwestern University Press,1971).

（10）Ann and Barry Ulanov, *Transforming Sexuality：The Archetypal World of Anima and Animus*（Boston：Shambhala, 1994).

（11）同上。

（12）Marion Woodman, *Addiction to Perfection：The Still Unravished Bride*（Toronto：Inner City Books, 1982).

（13）Marion Woodman, *The Owl was Baker's Daughter：Obesity, Anorexia Nervosa and the Repressed Feminine* (Toronto：Inner City Books, 1980)［マリオン・ウッドマン著、桑原知子、山口素子訳『女性性の再発見―肥満とやせ症を通して（ユング心理学選書)』（創元社、1987)］

（14）Polly Young-Eisendrath, with Florence Wiedemann, *Female Authority：Empowering Women through Psychotherapy* (New York：Guilford Press, 1987).

（15）Polly Young-Eisendrath, *Hags and Heroes：A Feminist Approach to Jungian Psychotherapy with Couples* (Toronto：Inner City Books, 1984)［ポリー・ヤング-エイゼンドラス著、村本詔司、織田元子訳『夫婦カウンセリング―女が真に求めるものは何か（ユング心理学選書)』（創元社、1987)］

（16）Claire Douglas, *The Woman in the Mirror：Analytical Psychology and the Feminine* (Boston：Sigo Press, 1990)

（17）E.C. Whitmont, *Return of the Goddess* (New York：Continuum Publishing, 1982), p.128.

（18）Harding, *Woman's Mysteries*, p.105.

（19）Toni Wolf, 'A Few Thoughts on the Process of Individuation in Women' (1934), *Spring* (1941), pp.81-103.

（20）Erich Neumann, *The Origins and History of Consciousness* (Princeton：Princeton University Press, 1954)［エーリッヒ・ノイマン著、林道義訳『意識の起源史　上』（紀伊国屋書店、1984)、エーリッヒ・ノイマン著、林道義訳『意識の起源史　下』（紀伊国屋書店、1985)］

(21)June Singer, *Boundaries of the Soul* (New York : A. Knopf, 1972).

(22)June Singer, *Androgyny: Toward a New Theory of Sexuality* (Boston : Sigo Press, 1976). [ジューン・シンガー著、藤瀬恭子訳『男女両性具有―性意識の新しい理論を求めて I 』（人文書院、1981)。ジューン・シンガー著、藤瀬恭子訳『男女両性具有―性意識の新しい理論を求めて II 』（人文書院、1982)]

(23)同上、p8。

(24)同上、p10。

(25)Claremont de Castillejo, *Knowing Woman*, p.42.

(26)Ann Ulanov, *The Feminine,* p.13.

(27)Ginetee Paris, *The Sacrament of Abortion,* (trans.) from the French by Joanna Mott (Dallas, Tx. : Spring Publications, 1992).

(28)同上, p.27.

(29)Sylvia Brinton Perera, *Decent to the Goddess: A Way of Initiation for Women* (Toronto : Inner City Books, 1981). [シルヴィア・B・ペレラ著、杉岡津岐子、小坂和子、谷口節子訳『神話に見る女性のイニシエーション（ユング心理学選書；20)』（創元社、1998)]

(30)Christine Downing, *The Goddess: Mythological Image of the Feminine* (New York : Crossroad Publishing Co., 1984).

(31)同上、p.4。

(32)Marion Woodman, *The Pregnant Virgin: A Process of Psychological Transformation* (Toronto : Inner City Books, 1985).

(33)同上、p.10。

(34)Linda Schierse Leonard, *Meeting the Madwoman: An Inner Challenge for Feminine Spirit* (New York : Bantam Books, 1993).

(35)Linda Schierse Leonard, *The Wounded Woman: Healing the Father-Daughter Relationship* (Athens, Oh. : Swallow Press, 1982).

(36)Nancy Qualls-Corbett, *The Sacred Prostitute: Eternal Aspect of the Feminine* (Toronto : Inner City Books, 1988). [N. クォールズ - コルベット著、菅野信夫、高石恭子訳『聖娼 - 永遠なる女性の姿』（日本評論社、1998)]

(37)Jean Shinoda Bolen, *Goddess in Everywoman: A New Psychology of Women* (New York : Harper & Row, 1984). [ジーン・シノダ・ボーレン著、村本詔司・村本邦子『女はみんな女神』（新水社、1991、絶版), (2007) 女性ライフサイクル研究所（電子版）http : // www.flcflc.com/book/books/image/goddesses.pdf]

(38)Whitmont, *Return of the Goddess*, p.viii.

(39)Anne Baring and Jules Cashford, *The Myth of the Goddess: Evolution of an Image* (Harmondsworth : Viking, 1991).

(40)同上、p.158。

(41)同上、p. xi 。

第4章　ユンギアンフェミニズムとは

(1) Andrew Samuels, *Jung and the Post-Jungians* (London：Routledge, 1985), pp.210-12.［アンドリュー・サミュエルズ著、村本詔司、村本邦子訳『ユングとポスト・ユンギアン』（創元社、1990）］

(2) James Hillman, 'Anima', Spring：*A Journal of Archetype and Culture* (1973), 97-132, 'Anima Ⅱ', *Spring: A Journal of Archetype and Culture* (1974),pp.113-46.

(3) Hillman, 'Anima Ⅱ',p.140.

(4) さらなる元型心理学者については、Karin Barnaby と Pellgrino D'Acierno（編）*C.G.Jung and the Humanities, Towards a Hermeneutics of Culture* (London：Routledge, 1990), pp.307-40を参照せよ。

(5) James Hillman, *Healing Fiction* (New York：Station Hill Press, 1983), pp.307-40.

(6) James Hillman, *Archetypal Psychology: A Brief Account* (Dallas, Tex.：Spring Publications Inc., 1983 ／ 2004), p.25.［ジェイムズ・ヒルマン著、河合俊雄訳『元型的心理学』（青土社、1993、p.33）］

(7) ジェームズ・ヒルマンとロバート・ブライの関係については、デイヴィッド・テイシー、*Remaking Men: Jung, Spirituality and Social Change* (London：Routledge,1997), p.91を見よ。また、Hillman and Bly, "Creativity Symposium', in Barnaby and D'Acierno (eds.), *C.G. Jung and the Humanities*, pp.153-61参照。

(8) 神話創造的男性探求運動の中核となる二つの教科書は、Robert Bly, *Iron John: A Book about Men* (Reading, Mass.：Addison-Wesley, 1990［ロバート・ブライ著、野中ともよ訳『アイアン・ジョンの魂（こころ）』（集英社、1996)]）と Robert Moore and Douglas Gillette, *King, Warrior, Magician, Lover* (San Francisco：Harper Collins,1990)である。

(9) Robert, *Bly, Iron John*, p.4.

(10)同上、p.4。

(11)アンドリュー・サミュエルズは *The Political Psyche*(London：Routledge, 1993), pp.183-95の中でブライの神話創造的男性探求運動について言及している。

(12)Tacey, *Remaking Men*.

(13)同上、p.43。

(14)同上、p.48。

(15)同上、p.49。

(16)同上、p.69。

(17)Demaris S. Wehr, *Jung and Feminism: Liberating Archetypes* (Boston：Beacon Press, 1987)［デマリス・S・ウェーア著、村本詔司・中村このゆ訳『ユングとフェミニズム　解放の元型』（ミネルヴァ書房、2002)]

(18)同上、p.10。

(19)Naomi R. Goldenberg, 'A Feminist Critique of Jung', in Robert L. Moore and Daniel J. Meckel (eds.), *Jung and Christianity in Dialogue: Faith, Feminism and Hermeneutics* (Mahwah, NY：Paulist Press, 1990), pp.104-11.

(20)同上、p.108。

(21)Estella Lauter Carol Schreier Rupprecht (eds.), *Feminist Archetypal Theory: Interdisciplinary Re-Vision of Jungian Though* (Knoxville, Tem.: University of Tennessee Press, 1985)

(22)Erich Neumann, *Art and the Creative Unconscious,* (trans.) Ralph Manheim (Princeton: Princeton University Press, 1959), p.82.

(23)Lauter and Rupprecht (eds.), *Feminist Archetypal Theory*, pp.13-14.

(24)同上、p14。

(25)Carol Schreier Rupprecht, 'Enlightening Shadow: Between Feminism and Archetypalism, Literature and Analysis', in Barnaby and D'Acierno (eds.), *C.G.Jung and the Humanities*, pp.279-93, p.286.

(26)Lauter and Rupprecht, *Feminist Archetypal Theory*, p.227.

(27)サミュエルズの*Jung and the Post-Jungian*［アンドリュー・サミュエルズ著、村本詔司、村本邦子訳『ユングとポスト・ユンギアン』（創元社、1990）］を見よ。

(28)Hester MacFarland Solomon, 'The Development School', in Polly Young-Eisendrath and Terence Dawson (eds.), *The Cambridge Companion to Jung* (Cambridge: Cambridge University Press, 1997), pp.119-40, p.225.

(29)Andrew Samuels, *Jung and the Post-Jungians* (London: Routledge, 1985), pp.210-12.［アンドリュー・サミュエルズ著、村本詔司、村本邦子訳『ユングとポスト・ユンギアン』（創元社、1990）］, *The Plural Psyche: Personality, Morality and Father* (London: Routledge, 1989) と *The Political Psyche* (London: Routledge, 1993) を参照せよ。

(30)Andrew Samuels, *The Political Psyche* は政治、権力、心理学の分野でユングを再考する好例である。また、*Politics on the Couch: Citizenship and the Internal Life* (London: Profile Books, 2001) を参照せよ。

(31)Samuels, *The Plural Psyche,* p.104.

(32)同上、p.98。

(33)同上、p.98-100。

(34)同上、p.104-5。

(35)同上、p.71-2。

(36)同上、pp.82-5。

(37)同上、pp.82。

(38)同上、pp.94。

(39)Samuels, *The Political Psyche*, p.131.

第5章　脱構築とポスト・フロイディアンフェミニズム からみるユンギアンフェミニズム

(1) 脱構築とデリダの紹介に関しては、Christopher Norris, *Deconstruction: Theory and Practice, rev. edn* (London: Routledge, 1991) を参照の事。［クリストファー・ノリス著、荒

木正純、富山太佳夫訳『ディコンストラクション』（勁草書房、1985）〕

(2)　ラカンについての紹介は、Malcolm Bowie, *Lacan* (Fontana Modern Masters；London：Fontana Press, 1991) を参照のこと。

(3)　リュス・イリガライ、エレーヌ・シクスー、ジュリア・クリステヴァの著作の紹介は、Toril Moi, *Sexual/Textual Politics: Feminist Literary Theory* (London：Methuen, 1985)を参照。

(4)　構造主義の紹介としては、Peter Barry, *Beginning Theory: An Introduction of Literary and Cultural Theory* (Manchester：Manchester University Press, 1995) を参照。ポスト構造主義については、Julian Wolfreys (eds.), *Literary Theories: A Reader and Guide* (Edinburgh University Press, 1999) を参照。

(5)　デリダに関しては、Norris, Deconstruction［クリストファー・ノリス著、荒木正純、富山太佳夫訳『ディコンストラクション』（勁草書房、1985）］を参照。また、Jacques Derrida, *Of Grammatology, Gayatri Chakravorty Spivak* (trans.)(Baltimore：Johns Hopkins University Press, 1976)［ジャック・デリダ著、足立和浩訳『グラマトロジーについて　下』（現代思潮新社、1972）、ジャック・デリダ著、足立和浩訳『グラマトロジーについて　上』（現代思潮新社、2012）］を参照。

(6)　Norris, *Deconstruction*, p.31.

(7)　脱構築の言語に関する分かりやすい説明は、Terry Eagleton, *Literary Theory：An Introduction, 2nd edn* (Oxford：Blackwell, 1985；repr. 1996), pp. 110-30.［テリー・イーグルトン著、大橋洋一訳『新版　文学とは何か―現代儀表理論への招待』（岩波書店、1997）］に見いだされる。

(8)　デリダの引用は、Wolfreys (eds.), *Literary Theories: A Reader and Guide*, p.270。1996年のデリダとの完全なインタビューは、John Brannigan, Ruth Robbins and Julian Wolfreys, *Applying: To Derrida* (London：Macmillian,1996). の中に見られる。

(9)　Wolfreys (eds.), *Literary Theories*, p.278.

(10)CW 9(1), p.183.

(11)CW 16, para.537.

(12)Jung, C.G. (1963) *Memories, Dreams, Reflections*, New York：Random House, Inc. p.187 本部分の翻訳は以下の翻訳書に従った。［ユング著、河合隼雄、藤縄昭、出井淑子訳『ユング自伝1-思い出・夢・思想』（みすず書房、1972／1973、p.267）］

(13)Jung, *Letters,* ed. G. Adler, tr. R.F.C. Hull (Princeton：Princeton University Press, 1975), vol.1, p.411.

(14)Christopher Hauke, *Jung and the Postmodern: The Interpretation of Realities* (London：Routledge, 2000), esp. pp. 1-17.

(15)CW 16, paras.541, 542.

(16)CW 9(1), p.182.

(17)Mark Currie, 'Poststructuralism', in Wolfreys (eds.), *Literary Theories*, pp.317-27, at p.324.

(18)　Andrew Samuels, *The Political Psyche* (London：Routledgen, 1993).

(19)Andrew Samuels, *Jung and the Post-Jungians* (London：Routledge, 1985), pp.212.［アンドリュー・サミュエルズ著、村本詔司、村本邦子訳『ユングとポスト・ユンギアン』（創元

社、1990)〕

(20)Samuels, *The Political Psyche*, p.131.

(21)同上、p.140。

(22)同上、p.141。

(23)Luce Irigary, *This Sex which Is not One*, (trans.) Catherine Porter with Carolyn Burke (Ithaca, NY：Cornell University Press, 1985), originally published in French (Editions de Minuit, 1977).〔リュス・イリガライ著、棚沢直子、小野ゆり子、中嶋公子訳『ひとつではない女の性』(勁草書房、1987)〕

(24)同上, p.129。

(25)Luce Irigary, *Elemental Passions* (New York：Routledge,1992), p.1.〔リュス・イリガライ著、西川直子訳『基本的情念（アクト叢書)』（日本エディタースクール出版部、1989)〕

(26)Luce Irigaray, *An Ethics of Sexual Difference* (London：Athlone Press 1993), p.116.

(27)Luce Irigaray, *Marine Lover* (New York：Columbia University Press,1991), p.46.

(28)CW 16, para.402.

(29)シクスーの gift と proper については、*Moi, Sexual/Textual Politics*, pp.110-113 を参照。

(30)さらなるエクリチュール・フェミニンについては、同上,pp.108-20 を参照。

(31)Morag Shiach, 'Their "Symbolic" Exits, it Holds Power-We, the Sower of Disorder, Know it Only too Well', Sandra Kemp and Judith Squires (eds.)、*Feminism：A Reader* (Oxford Reader；Oxford：Oxford University Press, 1997) pp.269-74.

(32)CW 14, para.706.

(33)ユングとクリステヴァに関係する最近の価値ある論文としては、Tessa Adams, 'Jung, Kristeva and Maternal Realm', *A Journal of Jungian Studies*, 48(1997), pp.7-17, と 'The Creative Feminine：Kristeva and the Maternal Body', in Bruna Seu and M. Colleen Heenan (eds.), *Feminism and Psychotherapy：Reflections on Contemporary Theories and Practices* (London, Saga Publication, 1999), pp.157-71 を参照。

(34)Toril Moi, ' Feminist, Female, Feminism', in Kemp and Squires (eds.), *Feminism*, pp.246-50.

(35)Julia Kristeva, 'Women's Time', in Toril Moi (ed.), *The Kristeva Reader* (Oxford：Blackwell, 1986), pp.187-213.

(36)同上、p.210。

(37)同上。

(38)CW 9(1), p.199.

(39)Jung, 'The Psychological Aspects of the Kore', in CW 9(1)), pp.182-203.

(40)同上、p.188。

第6章　ポストモダンのユンギアンフェミニズム

(1) さらなるポストモダン主義に関しては、Perter Brooker (ed.) *Modernism/Postmodernism* (London：Longman, 1992) を参照せよ。

(2)「グランドナラティブ」が失われたもしくは衰弱したというポストモダンの感覚は、Jean-Francis Lyotard, *The Postmodern Condition：A Report on Knowledge*, (trans.) Geoff

Bennington and Brain Massumi, Fredric Jameson 序文 (Minneapolis：University of Minnesota Press, 1979).

(3) デリダと形而上学的なものについては、Terry Eagleton, *Literary Theory：An Introduction, 2nd* edn (Oxford：Blackwell, 1985；repr. 1996), pp. 110-30を参照。また Susan Lowland, *C.G. Jung and Literary Theory：The Challenge from Fiction* (London：Macmillan, 1999), pp.17-24 を参照。

(4) CW 14, p381.

(5) フェミニストのアプローチをユングに用いるポストモダンの小説には、Margaret Atwood, *Alias Grace* (London：Boomsbury,1996)［マーガレット・アトウッド、佐藤アヤ子訳、岩波現代文庫『またの名をグレイス（上）（下）』（岩波書店、2018）］、Michel Roberts, *The Wild Girl* (London：Methuen,1983) そして *In the Red Kitchen* (London：Methuen, 1990) を参照のこと。

(6) ユングの幽霊の物語は、'Foreword to Moser, On Spooks：Hersey or Truth? *Psychology and the Occult* (Ark Paper backs：London：Routledge, 1982), pp.143-52 に見られる。

(7) ゴシックに関しては、Fred Botting, *Gothic* (London：Routledge,1996) を参照。

(8) 錬金術のさらなる宗教的、哲学的次元については、Titus Burckhardt, *Alchemy：Science of the Cosmos, Science of the Soul*, (trans.) William Stoddart (London：Stuart &Watkins 1967), esp. pp11-12を参照。

(9) CW 12, p.482.

(10)CW 14, p.555.

(11)同上。

(12)同上、p.556。

(13)同上、pp.555-6。

(14)同上、p.173。

(15)このユング心理学におけるこころの統一の三つの段階については、Nathan Schwarz-Salant (ed.), *Jung on Alchemy* (London：Routledge, 1995), pp.150-1を参照せよ。

(16)Christopher Hauke, *Jung and the Postmodern：The Interpretation of Realities* (London：Routledge, 2000), pp.236-63.

(17)性化された身体に関するジュディス・バトラーの著作には説得力がある。*Gender Trouble：Feminism and the Subversion of Identity* (New York：Rountledge,1990)［ジュディス・バトラー著、竹村和子訳、『ジェンダー・トラブル：フェミニズムとアイデンティティの攪乱』（青土社、1999／2018）］と *Bodies that Matter：On the Discursive Limits of Sex* (London：Routledge, 1993).

(18)ユングの身体を形而上学的範疇と捉えた記述は、私信のなかに見られる：ユングからヘンリー・A・マレー、1935年9月10日付, *in Letters,* ed. G. Adler, tr.1, R.F.C.Hull (Princeton：Princeton University Press, 1975), p.200.

(19)身体とユングに関しては、Hauke,*Jung and the Postmodern*, pp. 175-90を参照のこと。

(20)Schwarz-Salant,*Jung on Alchemy*, p.145.

(21)CW 12, p.283.

216

(22) フーコーについては、*The Foucault Reader: An Introduction to Foucault's Thoughts*, ed. Paul Rabinow (London：Penguin Books, 1984) esp. introduction, pp.3-29 を参照。

(23) Patricia Waugh, Stalemates?：'Feminists, Postmodernists and Unfinished Issues in Modern Aesthetics', in Philip Rice and Patricia Waugh (eds), *Modern Literary Theory: A Reader, 3rd. edn* (London：Arnold, 1989, 1992), pp. 322-40, と Alice Jardine, 'The Demise of Experience：Fiction as Stranger than Truth?', in Thomas Docherty (ed.) *Postmodernism: A reader* (London：Harvester Wheatsheaf, 1993), pp.433-42.

(24) Hauke の*Jung and the postmodern* を参照。

(25) Butler の*Bodies that Matter,* p.68

(26) 同上、p.9。

(27) 同上、p.10。

(28) 同上、p.15。

(29) Butler, 'Lesbian Phallus and the Morphological Imaginary', 同上, pp.57-91.

(30) 同上、p.87。

(31) CW 14, p.180.

(32) スキゾフレニックポストモダンの自己については、Fredric Jameson, *Post-modernism, or, the Cultural Logic of Late Capitalism* (London：Verso, 1991), pp. 1-54.

(33) 小さな「女性性」対男性性というロマン主義の崇高さについては、Edmund Burke, *A Philosophical Enquiry into the Origins of our Ideas of the Sublime and the Beautiful* (1757), Botting, *Gothic*, p. 39 より引用を参照。

(34) Jean-Francois Lyotard, 'The Sublime and the Avant-Garde', in Docherty (ed.), *Postmodernism: A Reader,* pp.244-56,at p.250.

(35) 同上、p.249。

(36) Christopher Hauke, 'The Phallus, Alchemy and Christ：Jungian Analysis and the Sublime', in Petruska Clarkson (ed.), *On the Sublime in Psychoanalysis, Archetypal Psychology and Psychotherapy* (London：Whurr Publishers Ltd, 1997), pp.123-44, at p.128.

(37) CW14, p.551.

(38) 同上、p.379。

(39) 筆者の意図は、女性的崇高さ先鋭的な政治的変容の場所にすることである。この考えは、Slavoj Zizek の *The Sublime Object of Ideology* (London：Verso, 1989)［スラヴォイ・ジジェク著、鈴木晶訳、『イデオロギーの崇高な対象』(河出書房新書、2015)］に負うところが大きい。*Bodies that Matter* の Judith Butler は Zizek の業績をジェンダーに関するフェミニズムの展開より乏しいと批判している。

(40) ローランド, *C.G. Jung and Literary Theory*, の第4章と第5章を参照。また、Avril Horner と Angela Keane 編, *Body Matters: Feminism, Textuality, Corporeality*, (Manchester：Manchester University Press,2000) のなかの pp.244-53, 'Imaginal Bodies and Feminine Spirits：Performing Gender in Jungian Theory and Margaret Atwood's *Alias Grace*' を参照。

(41) Robert Louis Stevenson, *The Strange Case of Dr Jelyll and Mr Hyde* (World Classics；Oxford University Press, 1998),Emily Bronte, *Wuthering Height* (London：Penguin Classics, 1985).

(42)ユングの幽霊の物語への筆者の注意を最初に向けてくれたスーザン・アチソン博士に謝意を表する。

(43)Foreword to Moser, On Spooks：Heresy or Truth?［C.G.ユング著、島津彬郎・松田誠思編訳『オカルトの心理学』（サイマル出版会、1989、pp.89-106）］を参照。

(44)同上、p.150。

(45)同上。

(46)同上、p151。

訳注

第1章

［1］参考文献、原注で取り上げられた文献で和訳されているものを［ ］に示した。

第2章

［1］ポスト構造主義——1960年後半から1970年後半頃までにフランスで誕生した思想運動の総称である。文字通り「post（〜の後に）構造主義」と解釈すべきであるが、明確な定義や体系を示した論文は未だ存在していない。ただしポスト構造主義者たちのアプローチは隠喩、主題、合理性といった古典的な概念に対する批判において一致しており、全体主義、父権主義、差別主義、自民族中心主義、啓蒙思想などを否定している。代表的な思想家はミシェル・フーコー、ジャック・デリダ、ジル・ドゥルーズ、ジャン＝フランソワ・リオタール、ロラン・バルトなど。

第3章

［1］本部分の翻訳は以下の翻訳書に従った。N.クォールズ−コルベット著、菅野信夫、高石恭子訳『聖娼　永遠なる女性の姿』（日本評論社、p.66）。
［2］本部分の翻訳は以下の翻訳書に従った。エンマ・ユング著、笠原嘉、吉本千鶴子訳（2013）『内なる異性—アニムスとアニマ（バウンダリー叢書）』（海鳴社、2013）。
［3］オルペウス教——もしくはオルフェウス教。古代ギリシアにおける密儀教。
［4］サテュロス——ギリシア神話に登場する半神半獣の自然の精霊。
［5］本部分の翻訳は以下の翻訳書に従った。ジューン・シンガー著、藤瀬恭子訳『男女両性具有——性意識の新しい理論を求めてⅠ』（人文書院、1981）。
［6］イピゲネイア——ギリシア神話、アガメムノンの娘。トロイ戦争に向かう船の風を確保するために女神アルテミスへのいけにえに供されたが、アルテミスに助けられその女神官となった。
［7］エコフェミニズム——エコフェミニズムという語は1974年、フランス人フェミニストのF・ドボンヌ（Françoise d'Eaubonne）の著書『フェミニズムか死か (Le Féminisme ou la mort)』で初めて使用され、誕生した。エコロジー運動とフェミニズム運動の概念を併せ持った社会的・経済的な思想や活動の総称。エコロジカルフェミニズムとも呼ばれる。
［8］ゾーイ（Zoe）——ギリシア由来で生命、命、人生を意味する。
［9］ビオス（bios）——ギリシア語由来で命、生活、暮らしを意味する。上記のZoeとの違いは、哲学、神学、倫理学それぞれに個別の定義があり、その区別は文脈による。
［10］パフォーマティブ（performative）は直訳すれば哲学・言語学の用語で遂行文。すなわちI apologize.（私は謝罪する）と言葉でのべることが、謝罪の行為を示すような言説。
［11］参考文献、原注で取り上げられた文献で和訳されているものを［ ］に示した。

第4章

[1] Jung, C.G. (1963) *Memories, Dreams, Reflections*, New York：Random House, Inc. p.17 本部分の翻訳は以下の翻訳書に従った。［ユング著、河合隼雄、藤縄昭、出井淑子訳『ユング自伝1-思い出・夢・思想』（みすず書房、1972／1973、p.17）］

[2] James Hillman, *Archetypal Psychology：A Brief Account* (Dallas, Tex.：Spring Publications Inc., 1983／2004), p.25. 本部分の翻訳は以下の翻訳書に従った。ジェイムズ・ヒルマン著、河合俊雄訳『元型的心理学』（青土社、1993、p.33）。

[3] 本部分の翻訳は以下の翻訳書に従った。ロバート・ブライ著、野中ともよ訳『アイアン・ジョンの魂（こころ）』、（集英社、1996、p.15）。

[4] 本部分の翻訳は以下の翻訳書に従った。デマリス・S・ウェーア著、村本詔司・中村このゆ訳『ユングとフェミニズム　解放の元型』（ミネルヴァ書房、2002、p.25）。

[5] 参考文献、原注で取り上げられた文献で和訳されているものを［ ］に示した。

第5章

[1] Jung, C.G. (1963) *Memories, Dreams, Reflections*, New York：Random House, Inc. p.187 本部分の翻訳は以下の翻訳書に従った。［ユング著、河合隼雄、藤縄昭、出井淑子訳『ユング自伝1-思い出・夢・思想』（みすず書房、1972／1973、p.267）］

[2] 『ミドルマーチ』イギリスの作家ジョージ・エリオットの小説。1872年刊。コベントリーをモデルにした地方都市ミドルマーチを舞台に、人間のいだく観念的理想が、現実に直面して、錯誤、屈折、成就あるいはざせつするさまを描く。作者の最高作とされるばかりか、完ぺきなプロット、精妙な心理描写によって、イギリス小説最高達成の一つとされる。

[3] この著書の日本語タイトルの翻訳は以下の翻訳書に従った。［ジャック・デリダ著、若桑毅、梶谷温子訳『エクリチュールと差異（上・下　叢書・ウニベルシタス）』（法政大学出版局、1977・1983）］

[4] 本部分の翻訳は［3］に同じ。

[5] この著書の日本語タイトルは以下の訳書に従った。［リュス・イリガライ著、棚沢直子、小野ゆり子、中嶋公子訳『ひとつではない女の性』勁草書房、1987）］

[6] 本部分の翻訳は以下の翻訳書に従った。［リュス・イリガライ著、西川直子訳『基本的情念（アクト叢書）』（日本エディタースクール出版部、1987、p.i)］

[7] 本部分は以下の翻訳書に従った。［J.クリステヴァ、棚沢直子、天野千穂子訳『女の時間』（勁草書房、1991）］

[8] 本部分は以下の翻訳書に従った。［J.クリステヴァ、棚沢直子、天野千穂子訳『女の時間』（勁草書房、1991、p.148）］

[9] 同上。

[10] 参考文献、原注で取り上げられた文献で和訳されているものを［ ］に示した。

第6章

[1] Jung, C.G. (1963) *Mysterium Conjuctionis*, CW 14, New York & London：Routledge, p.377, para. 534 本部分の翻訳は以下の翻訳書に従った。［ユング著、池田紘一訳『ユング・コレクション6 結合の神秘　錬金術に見られる心の諸対立の分離と結合Ⅱ』（人文書院、2000／2011、p.156)］

[2] Nead, L. (1997) 'Getting Down to Basics：Art, Obscenity and the Feminine Nude', in (ed.) Kemp, S., Squires, J., *Feminism*. Oxford & New York：Oxford University Press, p.445.

[3] 本部分の翻訳は以下の翻訳書に従った。［C.G. ユング著、池田紘一訳『結合の神秘　錬金術に見られる心の諸対立の分離と結合Ⅱ』（人文書院、2000／2011、p.160)］

[4] この著書の日本語タイトルは以下の訳書に従った。［C.G. ユング著、池田紘一訳『結合の神秘　錬金術に見られる心の諸対立の分離と結合Ⅱ』（人文書院、2000／2011、p.492)］

[5] 本部分の翻訳は以下の翻訳書に従った。［C.G. ユング著、池田紘一訳『結合の神秘　錬金術に見られる心の諸対立の分離と結合Ⅱ』（人文書院、2000／2011、p.493)］

[6] 本部分は以下の翻訳書に従った。［C.G. ユング著、池田紘一訳）『結合の神秘　錬金術に見られる心の諸対立の分離と結合Ⅱ』（人文書院、2000／2011、p.493)］

[7] 本部分は以下の翻訳書に従った。［C.G. ユング著、池田紘一訳『結合の神秘　錬金術に見られる心の諸対立の分離と結合Ⅱ』（人文書院、2000／2011、p.493)］

[8] 本部分は以下の翻訳書では「象徴的に」あるいは「比喩的に」となっているが、ここでは英語版に従った。［C.G. ユング著、池田紘一訳『結合の神秘　錬金術に見られる心の諸対立の分離と結合Ⅰ』（人文書院、2000／2011、p.221)］

[9] 本部分は以下の翻訳書に従った。［C.G. ユング著、池田紘一・鎌田道生訳）『心理学と錬金術Ⅱ』（人文書院、1976／1989、p.76)］

[10]遂行態。言語学の用語。発言した時点でその動作を行ったのと同じ意味を持つ動詞から来ている。

[11]本部分の翻訳は以下の翻訳書に従った。［C.G. ユング著、池田紘一訳）『結合の神秘　錬金術に見られる心の諸対立の分離と結合Ⅱ』（人文書院、2000／2011、p.364)］

[12]『ザ・ワイルド・ガール（*The Wild Girl*)』(1984) は *The Secret Gospel of Mary Magdalene* としても知られているミシェル・ロバーツによる小説。フランス、プロバンス地方に伝わる五つのゴスペルから、イエス・キリストとマグダラのマリアの関係を扱っている。

[13]『イン・ザ・レッド・キッチン（*In the Red Kitchen*)』(1990) はミシェル・ロバーツによる小説。ヴィクトリア朝時代の霊媒フローラ・ミルクを通して、何人かの女性の独白で構成されている。

[14]ミシェル・ロバーツ。イギリスの小説家。1949年にカソリックの母親とプロテスタントの父親の間に出生。1992年に*Daughters of the House* (1992) でブッカー賞を受賞。初期には活発なフェミニスト、社会運動家でもあった。

[15]Margaret Atwood, *Alias Grace, McClelland & Stewart,* (1996).『［マーガレット・アトウッド著、佐藤アヤ子訳『またの名をグレイス（上・下)』（岩波現代文庫、2018年)］マーガ

レット・アトウッドの小説。十九世紀にカナダで実際に起こった殺人事件を題材にその犯
人とされる美貌の少女と架空の精神科医の関係を軸に扱った世界的ベストセラー。

[16]マーガレット・アトウッド。1939年生まれのカナダを代表する小説家。60冊以上の著
書を出版し、ブッカー賞を二度受賞している。日本でも多くの著書が紹介されている。
七十年代にはフェミニズム運動の旗手としても活動した。

[17]サイバーパンク（cyberpunk）。80年代に流行したSFの一分野。またそれらの運動・思
想。

[18]本部分の翻訳は以下の翻訳書に従った。［ C.G.ユング著、島津彬郎・松田誠思編訳 『オ
カルトの心理学』（サイマル出版会、1989年、P.102）］

[19]本部分の翻訳は以下の翻訳書に従った。［ C.G.ユング著、島津彬郎・松田誠思編訳『オ
カルトの心理学』（サイマル出版会、1989年、P.102）］

索引

訳者あとがき

　本書は Susan Rowland *Jung A Feminist Revision*, Cambridge：Polity Press, 2002 の全訳であるが、巻頭にあるユングの年表と巻末にある用語集は、紙数の関係とすでに日本でユング心理学に関心を持つ読者にはおなじみであるので、割愛した。翻訳に当たっては著作権を有する Polity Press 社より許諾を得た。

　著者のスーザン・ローランド博士は、アメリカ、カリフォルニア州、パシフィカ研究所大学院のユング心理学、元型心理学の博士課程の人文学科の共同代表である。2003 年に創立された国際ユング学学会（IAJS）の創立メンバーであり、初代の会長であった。また、アメリカを中心とする国際ユング学研究者学会（JSSS）の元会長である。専門は英文学であるが、以下をはじめとする、ユング心理学、フェミニズム、エコロジーに関しても多くの著作を精力的に執筆している。*Jung as a Writer*, 2005, 本書 *Jung：A Feminist Revision*, 2002, *The Ecocritcal Psyche*, 2012, *Remembering Dionysus*, 2017, *Jungian Literary Criticism：*the Essential Guide, 2019, *Jungian Arts-Based Research and the Nuclear Enchantment of New Mexico*, 2021（公刊予定）。同時に博士は探偵小説の中に表現された女性像についての研究家であり、自身小説家でもある。本書は博士の膨大な業績の初めての日本への紹介ではないだろうか。以下のサイトで博士の広範で深い業績の一端に触れることができるだろう（https://www.susanrowland-books.com/）。

　博士は訳者にとっては長年の友人であり、IAJS での活動を温かく見守ってきてくれた恩人でもある。 IAJS は学際学会であり、分析家、心理治療者のみならず博士のようにユング心理学に関心を寄せる他の専門領域の研究者も参加できる非常にユニークな学会である。博士に初めてお目にかかったのは、当時博士が教鞭を執っていたイギリス、グリニッチ大学で、博士が会長を務めた 2006 年の第一回の IAJS の国際学会であった。遥か遠い日本から参加し、初めての国際学会で右も左も分からぬ訳者を温かく歓迎してくださった。また、IAJS の会長として、学会運営に手腕を発揮されると共に、深い学識と魅力的なお人柄で多くの人を引き付けてやまなかった。その学会で初めて本書に触

れ、先に村本詔司氏と共訳で2002年にミネルヴァ書房から『ユングとフェミニズム』を出版していた訳者は、ユング心理学とフェミニズムの懸け橋となる本書にたちまち魅了され、学会場で博士のサインを貰って帰国した。

　本書の内容は、著者のローランド博士が「序文」と「日本語版序文」で簡潔に述べているので、屋上屋をかす愚は避けたいと思うが、1,2章ではユング心理学について紹介し、3,4章ではユング心理学の中のフェミニズムについて、特に女性研究者の業績を中心に紹介している。ユング心理学は、女性性、男性性の二元論でその基本概念が構成されているため、反フェミニズムとみなされてきた。しかし、ユングに続く女性研究者たちは、それらを修正しながら、女性が自分の力で成長し、自己実現する道を切り開いてきた。5,6章では、フロイト派、また構造主義、ポスト構造主義、啓蒙主義、ポストモダン主義、ゴシックなどの潮流から、改めてユングの業績を見直し、批判すべき点は批判しながら、ユングの業績にフェミニズムへの萌芽を丹念に掘り起こしている。ここでは、博士の哲学、文学への博覧強記がいかんなく発揮されている。また、ユング心理学に対する深い愛情を見ることができる。

　いつか本書の翻訳をと意気込んでみたものの、日ごろの教育と臨床活動に忙殺され、遅々として進まず、2015年から追手門学院大学心理学部紀要に1章ずつ発表し、結局六年以上の歳月を費やしてしまった。それに加えて、稚拙な語学力、哲学は全くの素人の浅学菲才のユング心理学の一学徒に過ぎない訳者には、到底力の及ばぬ仕事であった。ご専門の方からみれば噴飯ものの誤訳、迷訳の連続であろう。お叱り、ご指摘を覚悟している。それでも、訳者の拙い質問に博士は根気強くお付き合いくださった。ここに改めて感謝の意を表する。また、本書は追手門学院大学2020年度教育・研究成果刊行支援をえて発刊した。また、追手門学院大学心理学部紀要に初出した各章の転載をご快諾いただいた心理学部に心から御礼申し上げる。初出一覧を以下に示す。公刊助成の決定から出版まで極めて短期間であったが、その間励まし続けて下さった丸善プラネット株式会社の橋口祐樹氏に厚く御礼申し上げる。

　2020年11月　　　　　　　　　　　　　　　　　　中村このゆ

初出一覧

スーザン・ローランド著　中村このゆ訳　（2015）ユング：フェミニスト改訂版（1）
　　追手門学院大学心理学部紀要第9巻, pp.109-133.

スーザン・ローランド著　中村このゆ訳　（2016）ユング：フェミニスト改訂版（2）
　　追手門学院大学心理学部紀要第10巻, pp.83-105.

スーザン・ローランド著　中村このゆ訳　（2017）ユング：フェミニスト改訂版（3）
　　追手門学院大学心理学部紀要第11巻, pp.11-35.

スーザン・ローランド著　中村このゆ訳　（2018）ユング：フェミニスト改訂版（4）
　　追手門学院大学心理学部紀要第12巻, pp.39-62.

スーザン・ローランド著　中村このゆ訳　（2019）ユング：フェミニスト改訂版（5）
　　追手門学院大学心理学部紀要第13巻, pp.1-29.

スーザン・ローランド著　中村このゆ訳　（2020）ユング：フェミニスト改訂版（6）上
　　追手門学院大学心理学部紀要第14巻, pp.43-55.

【訳者紹介】
中村　このゆ
追手門学院大学心理学部教授、社会学博士、臨床心理士、公認心理師
同志社大学文学部文化学科心理学専攻卒業
甲南大学大学院人文科学研究科応用社会学専攻博士課程修了
日本摂食障害学会評議員、International Association for Jungian Studies(IAJS)
理事(2015〜 2020)

著書:『拒食症・過食症のＱ＆Ａ』(共著) ミネルヴァ書房(1995)、『神経性
食欲不振症の心理臨床』風間書房(1997)、『ユングとフェミニズム』(共訳)
(2002)、『まっ、いっか!摂食障害―当事者のまなざしから―』(編著)晃洋書
房(2014) 等。

フェミニストが見直す　ユング

2021年2月26日初版発行

著　者　スーザン・ローランド

訳　者　中村このゆ

発行所　追手門学院大学出版会
　　　　〒567-8502
　　　　大阪府茨木市西安威2-1-15
　　　　電話(072) 641-7749
　　　　http://www.otemon.ac.jp/

発売所　丸善出版株式会社
　　　　〒101-0051
　　　　東京都千代田区神田神保町2 -17
　　　　電話(03) 3512-3256
　　　　https://www.maruzen-publishing.co.jp/

編集・制作協力　丸善雄松堂株式会社

©Konoyu Nakamura, 2021　　　　　　　　　Printed in Japan

組版／石井眞知子
印刷・製本／大日本印刷株式会社
ISBN978-4-907574-24-6 C3011